終末期の意思決定

コロナ禍の人生会議に向けて

冲永 隆子 著

晃洋書房

終末期の意思決定

――コロナ禍の人生会議に向けて――

● 目　次 ●

凡　例　　1

まえがき　　3

はじめに　　9

第1章　本書の概要 ··· 13

第1節　研究目的　　14

第2節　本書の構成と考察の手順　　18

第3節　本書の概要　　19

第4節　定義　　26

第2章　終末期医療と意思決定 ······································· 35

第1節　延命医療　　37
第1項　延命医療とQOL──恣意的価値判断の危険性　　37
第2項　高齢化社会における延命医療　　41

第2節　延命医療中止をめぐる意思決定の問題　　46
第1項　延命医療中止をめぐる出来事　　46
第2項　「死の自己決定権」と「無益な治療」論　　49
第3項　日本における医療選択と意思決定　　51

第 3 章　事前指示 ⸺⸺⸺⸺⸺⸺⸺⸺⸺⸺⸺⸺ 63

第 1 節　終末期の意思表示　65
第 1 項　アドバンス・ディレクティブ AD　65
第 2 項　アドバンス・ケア・プランニング ACP　71

第 2 節　日本の事前指示（書）をめぐる諸問題　77

第 3 節　事前指示はいかにあるべきか　84

第 4 節　日本の事前指示・ACP の現状　89
第 1 項　日本における事前指示・ACP の実用化の試み　90
第 2 項　日本における事前指示・ACP の文献調査　94

第 4 章　患者と家族の意思決定を支えるケア ⸺⸺⸺⸺⸺ 119

調査研究の問題意識と目的　120

第 1 節　質問紙調査の概要（時期・対象・項目・方法）　121

第 2 節　全変数の単純集計結果　125

第 3 節　基本的属性と相談相手変数，きっかけ変数とのクロス集計結果　147

第 4 節　自由記述式回答の質的分析結果　158

第 5 節　考察と結論（まとめ）　173

おわりに 課題と展望　　187

あとがき　　205

参考文献　　209

資料一覧　　229

　1「私の希望表明書」（日本尊厳死協会）

　2「私の医療に対する希望」（宝塚市医師会）

　3「私の医療に関する希望書（事前指示書）」（東京ほくと医療生協）

　4「『尊厳生』のための事前指示書」（じんぞう病治療研究会）

　5「私のリビングウィル　自分らしい最期を迎えるために」（聖路加国際病院）

　6「リビング・ウィル（京女案）」（国際バイオエシックス研究センター）

<凡　例>

● 本文中の強調箇所について，地の文の中の強調は太字，引用文の中の強調は下線に統一する．引用文中の下線による強調は筆者による．

● 筆者による補足の括弧は「　　」，出典明記は（　　）を使用する．

●「　　」は引用文，発話，和文論文タイトル，さらに，言葉の通常の意味を保留したいときに使用する．『　　』は書籍タイトルか，引用文内での発話や引用を表すのに使用する．

● 調査アンケート回答文の引用も含め，すべての引用文は原文のままとし，修正しない．

「涙とともに種を蒔く者は，喜び叫びながら刈り取ろう．

種入れをかかえ，泣きながら 出ていく者は，束をかかえ，

喜び叫びながら 帰って来る．」（詩篇 126:5-6）

まえがき

　2020年パンデミック時代の到来．予期せぬ世界的難局の一年で，新型コロナウイルスの脅威は私たち一人ひとりに計り知れない苦悩をもたらした．コロナ禍にあってこれまでの生活様式，人生観，死生観そのものが一変し，私たちはこれからの人生をどう生きていくのか，今一度立ち止まって考えていく必要が出てこよう．いのちに関わる万が一の時，どんな医療やケアを受けたいかを自分の意思で決定できない状況に備えて，家族や医療者らと繰り返し話し合うことを「アドバンス・ケア・プランニング Advance Care Planning: ACP」という．厚生労働省が「人生会議」の愛称をつけ普及をめざしてきたが，2019年11月の「人生会議」啓発ポスターが物議を醸し永久撤収となった．

　本書ではアドバンス・ケア・プランニング研究そのものに焦点を当て，日本における「人生会議」の普及に向けて，これから本書で紹介する意識調査を基に，皆さんと共に考えていきたい．

　本書は筆者の京都大学博士学位論文「終末期の意思決定支援に向けての日本人の意識」人博第882号 (2019)[1]をベースにしており，まえがきやあとがきの加筆以外，内容全体にほとんど手を加えていない．が，あれから二年以上経過してしまった．

　というのも言い訳になるが，ご周知のように，2020年3月頃より，世界規模の感染症拡大による甚大な被害が日増しに深刻さを増してきたことから，従来の「人生会議」議論とは異なる，コロナ禍での影響を想定した新たな視点が必要であると痛感し，追加調査を模索してきた．しかしながら，コロナ禍での「人生会議」意識調査の計画は思うように進まず，対面調査を断念した．

　本書ではコロナ禍の「人生会議」に向けて，この二年間に行ってきた数々の研究活動報告[2]と，そこでの考察の足がかりを，断片的ではあるが，今後の課題として記述しておこうと思う．

　本題に入る前に，筆者がなぜ「人生会議」を研究するに至ったかの簡単な経緯[3]を述べたい．

3

■死生学・生命倫理学，「研究の父」との出会い

　パウル・クレーの画集を書店で買い求めた19歳の筆者は，クレーの画集の横に山積みになった，ヴィクトール・エミール・フランクル博士の『夜と霧』に目が留まった．フランクルとは，ロゴセラピー（人生の意味論）の大家であり，ナチスの強制収容所から奇跡の生還を遂げたユダヤ人精神科医である．筆者はフランクルの理論に感銘を受け，しだいに「生きることは何か」を探求すべく，死生学の領域，「生命倫理」の研究者をめざすようになった．世の中は苦労されている人々に溢れているので，筆者の苦労なんて取るに足らないものではあるけれど，人生におけるさまざまな逆境に直面し，そのたびに強いストレスにさらされ生きにくさを覚えた．様々な困難，特に実父の看取りを体験する中，苦しかった分だけ喜びは大きく，フランクルの『それでも人生にイエスと言う』を実感している．

　生命倫理の教員となった筆者がこだわり続けてきたのは，「人（医療者・患者・家族）の痛み，苦悩」と向き合うこと，「ケアの倫理」を共に考えることである．また，学問の楽しさを伝えること，教員と学生，教員同士，学生同士が共に学ぶことの楽しさを実感しあうことである．「コロナ禍の人生会議」をめぐり，リモート講義や学会・研究会等でそうした「痛み，苦悩，ケア」の対話を続けてきたので，その概要をさいごに述べたい．

　さて，筆者が生命倫理の研究を行なう直接のきっかけとなったのは，1992年から所属していた京都の国際バイオエシックス研究センター星野一正ゼミナールでの活動である．恩師の星野氏は，筆者にとってまさに「研究の父」で，生命倫理学，とりわけ終末期医療の意思決定関連の研究，またその後のACP研究に多大な影響を及ぼしている[4]．星野氏は，1990年に京都大学を定年退官後，京都女子大学・宗教文化研究所教授・国際バイオエシックス研究センター・ディレクター，アメリカ内分泌学会名誉会員アメリカ解剖学会名誉会員，New York Academy of Science会員，日本生命倫理学会初代会長等，国内外で幅広く活躍されてきた．

　筆者が星野ゼミでの活動を開始したのはこの頃で，筆者が属していた「リビング・ウイル」をはじめ「脳死・臓器移植」，「安楽死・尊厳死」，「人工妊娠中絶」等，テーマごとに自主研究グループが形成されていた．その後，「リビ

ング・ウイル」活動を発端にした，後述する「患者の意思確認」をめぐる ACP
研究へと引き継がれていった．

■実父との死別経験，「意思確認」の必要性から ACP 研究へ

「『大切なものはそんなに簡単に奪われない，かけがえのない人はたやすく死
なない』と，どこかで高を括っていた．しかし大学 1 年の秋，父の『死』を経験し
た．その経験を通して『かけがえのないものであっても，いとも簡単に奪い去ら
れる』ということを身をもって学んだ.」（竹之内裕文『死とともに生きることを
学ぶ　死すべきものたちの哲学』ポラーノ出版，2019年，4頁）

父の死を体験するまで筆者は，死のリアリティーを感じることができなかった.
　唯一無二のかけがえのない父の死．筆舌に尽くしがたいほどの絶望感，虚無
感，無意味感．会いたいときに会えない寂しさ．父との死別経験を経て，筆者
は生まれてはじめて「人の死」なるものを身をもって痛感した.
　親との死別は過去の喪失，配偶者との死別は現在の喪失，子供との死別は未
来の喪失．筆者はまさに過去を失ったかのような悲しみに襲われた．夢のなか
で，失われていく過去の思い出をつなぎ止めるように奪い去られないように何
度も父の名を呼んだ．夢の中の父は笑顔で「わしを殺すなよ」と答えて，筆者
は「そうか，死んではなかったんだ．悪い夢を見てたんだ」と安堵するが，現
実は違っていた……ということをこれまでに何度も繰り返してきた.
　父が亡くなる 3 日前に友人ドクターのいる某センターに，父の肺のレントゲ
ン写真 4 枚を持って「お願いです！どうか父を助けてください！」と，取り乱
して泣き叫んで向かったのがもう 14 年以上前のこととは……．
　父には主治医から告げられた終末期の病態を一切合切伝えることができな
かったので，長女である筆者がその都度，主治医より訊かれた「セデーション
（鎮静），心肺蘇生，人工呼吸器，人工透析，人工栄養・水分補給はどうするか」
等の情報を伝えることもできなかったし，本人と母と妹とで相談することもで
きず，途方に暮れていた.
　その後もグリーフケアが不十分だったせいか，父の看取りはどうだったの

か，本人は満足して死んでいったのか，QOL（Quality of Life: 生命／生活の質）はどうだったのか，そのことばかり後々まで引きずって，心身共に病んでしまった．そうした苦い経験があり，事前指示（後のACP）の必要性を痛切に感じたのだった．

以前，胸部CTの画像上の特徴などから悪性腫瘍の可能性を考慮して腫瘍マーカーの一種である可溶性IL2レセプターを検査に提出していたが，4580と非常に高い値（正常は220-530）であり，呼吸器内科ドクター，血液内科ドクターに相談したところ，悪性リンパ腫の可能性が高いと考えられた．悪性リンパ腫の治療としては標準的な化学療法が確立しているが，現在の全身状態では困難なため，仮に行なうとしても一部（ステロイド製剤）のみを使用する予定であった．但し，ステロイド製剤の使用は易感染性状態を惹起するため，感染症の治療には負の影響を及ぼすというリスクを負わなければならなかった．いずれにしても感染症のコントロールがついていない状況に変わりはないため抗生剤の変更を考えた．と，いうのも，今までは腎機能保護を優先して，使用しなかった腎毒性の強い抗生剤も選択肢に入れざるを得なかったからだ．その場合，感染症がコントロールできたとしても腎機能が廃絶し，一生透析が必要な状態になる可能性が高い．

父は透析治療に対しては非常にマイナスのイメージをもち，治療に対しては消極的意向を示していた．父は常々私に「透析になるくらいなら死んだ方がマシ」のような発言をしていた．当時は「透析一歩手前のエンドトキシン」だったので安堵していたが，透析の標準治療に対する十分な知識も持ち合わせていなかったので無理もなかった．医療者と患者・家族の「情報の非対称性」（情報・知識が平等に与えられていない）であろうか．現在，筆者が仕事でご一緒している，透析治療を34年以上継続し，精力的に活動，人生を豊かに過ごされている友人，一般社団法人ピーペック代表理事の宿野部武志さんを紹介できたのなら父の意向は違っていたのに，と思うと残念に思える．

その後，京都大学こころの未来研究センターのカール・ベッカー教授（現在，京都大学医学部内　学際融合教育研究推進センター政策のための科学ユニット特任教授）の指導の下，ACP研究へと導かれていった．

次章より本論に入る．

註

1) https://repository.kulib.kyoto-u.ac.jp/dspace/handle/2433/242730

2) 沖永隆子「《教育実践報告》学生と共に考える『コロナ時代の生命倫理』──リベラルアーツ教育に向けた実践報告」帝京大学共通教育センター論集 Vo.12, 2021, 53-75 頁．沖永隆子・足立大樹・川崎志保理・北原秀治・入澤仁美「より良い最期を迎えるための人生会議の在り方について ──コロナを挟んで，終末期における倫理的課題及び死生観は変化するのか──」生命倫理学会第 32 回年次大会公募ワークショップⅣ．

3) 沖永，前掲書, 58 頁．「死のリアリティ」7 回目八王子・板橋共通「コロナ時代の生命倫理と死生学」講義の YouTube 収録動画 https://www.youtube.com/watch?v=R7LbupMizpk&t=468s
竹之内裕文『死とともに生きることを学ぶ　死すべきものたちの哲学』序章・1 章・2 章, BBC ニュース日本語版「COVID-19 末期患者を診続けた医師たち 「死」をどう考える」のコメント．病院における「死の隠蔽，死のタブー視」，新型コロナ感染末期患者の看取り，死の受容について考える．

4) 沖永隆子「公立福生病院の透析中止問題から考える『患者の意思確認』」帝京大学学修・研究支援センター論集 Vol.11，2020，45-58 頁．「2．患者の意思確認とアドバンス・ケア・プランニング」（人生会議）49 頁．

5) 一般社団法人ピーペック PPeCC とは，それぞれの慢性疾患領域において，生活・就労支援，エンパワーメント支援の活動をしてきた仲間が集い，2019 年 1 月に設立された，非営利型の一般社団法人．病気をもつ人は可哀そう，護られる存在という社会の価値観をぶち破り，病気をもっているからこそ「社会を変えるパワーがある !」，という想いを胸に「病気があっても大丈夫と言える社会の実現」をめざし活動している．https://ppecc.jp/

はじめに

　近年，医療技術のめざましい進歩は，疾病の克服という観点において，多大な成果をもたらした．

　しかし，現在の医療水準ではあらゆる医療技術を駆使したとしても明らかな治療効果が期待できない場合がある．こうした回復の見込みのない，いわゆる末期状態にある患者に対する医療に向けて，患者の QOL 向上を視野に入れた医療のあり方が問われ，臨床ケアをめぐるさまざまな倫理的問題が指摘されている[1]．

　バイオエシックス（生命・医療倫理学）[2]は，主に医療経済や介護保険との関連で運営状況の困難さ（施設数，マンパワー不足），在宅ケアの困難さ（住宅環境の不備，介護の人手不足，病状の急変時の対応）等の制度的な問題に加えて，「病名告知」の問題，精神的ケアのあり方等に関わる内面的な問題も扱う[3]．

　筆者が平成 16 年に携わった「終末期における望ましい医療の内容に関するガイドラインの策定に関する研究」（厚生科学研究費補助金平成 16 年度特別研究事業，主任研究者　国立保健医療科学院　林謙治次長）においても，検討されるべき課題として，死をめぐる患者の意思決定や医療選択[4]，インフォームド・コンセント[5]のあり方が挙げられた．

　厚生労働省でも旧厚生省の時代から，終末期医療検討会において，幾度にわたって終末期医療の倫理的課題が検討されてきた．そこでは，倫理的諸問題として，死をめぐる患者の自己決定[6]，意思決定や治療選択のあり方が重要ポイントに挙げられた[7]．

　日本老年医学会の「『高齢者の終末期の医療およびケア』に関する『立場表明』（平成 13 年），厚生労働省の「終末期医療の決定プロセスに関するガイドライン」（平成 19 年），「終末期医療における患者の意思の尊重に関する法律案」など，近年，終末期医療のあり方をめぐる各種のガイドラインや勧告が公表されてきた．それに伴い，国民一人ひとりが，延命治療の差し控えや中止についての意思決定を求められるようになってきた．

本書では，終末期医療の意思決定や事前（医療）指示に関する議論を中心に，バイオエシックスの視座から考察を深めていきたい．

　以下，本書の概要を説明していく．

註

1) 沖永隆子「ターミナル・ケアの確立過程に基づく精神的援助の在り方——二つの緩和ケア病棟の事例を中心に——」，京都大学大学院人間・環境学研究科修士論文，1999 年，1 頁.

2) 本書では，「バイオエシックス」もしくは「生命倫理学」と統一して表記する.

3) 厚生省・日本医師会編『末期医療のケア　その検討と報告』中央法規出版，1989 年，4 頁．沖永隆子「〈特集　臨床倫理の現在〉スピリチュアル・ケア——末期がん患者へのこころのケア——」『理想（675）』理想社，2005 年，70 頁.

4) 患者が医師より診断や治療に対する十分な説明を受け，理解し同意すること．患者の熟知した上での同意の意味．本書で扱う幾つかの重要な用語（「インフォームド・コンセント」等）は 27 頁以降で定義する.

5) 「医療の実践と生命倫理」についての報告（平成 16 年 2 月 18 日　日本医師会　第Ⅷ次生命倫理懇談会）．林謙治「平成 16 年度　厚生科学研究費補助金　厚生労働科学特別研究事業報告書　資料編『終末期における望ましい医療の内容に関するガイドラインの策定に関する研究』」（H16- 特別-024）改訂版，2005 年，6-11 頁.

6) 自己決定（self-determination）は，自己か他者かを明確に区別したいときに使い，意思決定（decision making）は，先の見通しを立てて決めるときに使う．医療系・看護系領域ではたいてい意思決定の方を使用する（柳原清子「家族の『意思決定支援』をめぐる概念整理と合意形成モデル——がん臨床における家族システムに焦点をあてて——」，『家族看護』，Vol.11　No.2，日本看護協会出版会，2013 年，147-153 頁）.

7) 児玉知子「国内動向参考資料」『平成 16 年度　厚生科学研究費補助金　厚生労働科学特別研究事業報告書　資料編「終末期における望ましい医療の内容に関するガイドラインの策定に関する研究」』（H16- 特別 024），2004 年，114 頁.

第1章

本書の概要

第1節　研究目的

　本書の目的は，超高齢社会を迎える日本を背景に，
1. 患者本人の治療選択に対する希望の実現，
2. 家族の混乱予防，
3. 医師・医療者の混乱回避，
4. 国民の意向に反する，過剰医療に伴う医療費負担の軽減，

といった4つの課題に対処するために，人生の最期に向けての事前ケア計画，すなわち，より良いアドバンス・ケア・プランニング（Advance Care Planning: ACP，以下ACPとする）をめざすことである．

　本研究では，厚労省の終末期医療に関する意識調査等で[1]，事前指示書作成に約70%以上の人が賛成している一方で，実際に書面を作成している人が約3%であるという実態を受けて，こうした原因は何であるのか，ACP意識調査を基に事前指示書の作成・ACP実施への抵抗感を探った．

　ACPの意義：4つの益は以下のとおりである．

　1. 患者は，ACPにおいて自らの意思決定を周囲に示すことで，自身が望む医療やケアを受け入れられる．

　患者の最善の利益とは何かを考える，本人の意向を中心に据えた医療が可能になり，望ましいインフォームド・コンセントへと向かう．ただし，意思決定が困難な高齢者への配慮という視点では，共同意思決定ないし合意形成が求められる．本人が本人らしく最期を迎えることができるようになり，周囲が本人をどのように支えることができるか，知ることができる．

　つまり，ACPによって，本人の生き方，価値観，死生観，本人の人生にとって大事なことや考え方，最期の期間の過ごし方の希望を知ることができる．また，ACPをこれから実施していく人にとって，自身の人生の終焉や死と向き合うことでQOL（人生の質）を高めることになる．

　2. 家族は，希望する相談相手への事前指示によって，医療の内容決定を自

然に受け入れられる.

　より良い相談相手への事前指示ということでは，本 ACP 調査の結果から，たとえば ACP 実施にあたり，夫は妻に，妻は子に相談するきっかけ作りの提案ができる．中には誰にも相談したくない，自身で決定したいという意思があったが，今後は，そうした意見に対応できるような，「おわりに」で後述するビデオ教材などを視野にいれた ACP 支援を検討していきたい.

　また，家族は，本人の意思決定を根拠なく憶測することの心理的・精神面での苦悩から解放されることで，心理的・精神的苦痛の軽減につながる．さらに，本人の意思が不明なときには，家族は本人が健康なうちから（本人の）生きがいや生き方の価値観を知ることで，「もしもの時に」その時々の最善を図ることができる.

　3.　医療者は，①患者家族に望まれている医療行為を行なうことができる．また，②延命措置の差し控えをめぐる医療者の刑事訴追の心配がなくなる.

　① ACP 未実施者のきっかけに関する回答数で最多だった「医療診断」の場で，これから ACP を行おうとする人々への普及や活用法を検討するにあたって，医療者への提案ができる.

　② ACP を実施することで，医療者がこれまで抱えていた心理的葛藤，すなわち医療措置の差し控えや中止への刑事訴追の心配がなくなる[2].

　医療者にとっては事前指示の有無によって，（医療者が）法的責任に問われる程度が異なる．医療者から見て本人の希望が，延命なのか，差し控え・中止なのかを判断しかねる場面で，尊厳死・自然死についての社会的コンセンサスがなく，法律上の問題があるといった様々な理由から，とりあえず延命が選択される現状がある（第 2 章）.

　　「それぞれの医療現場で，複数の医療者・患者家族間でどうすることが患者のためなのかを話し合って合意形成すれば法的問題にはならない．これが，厚生労働省の『人生の最終段階における医療の決定プロセスに関するガイドライン』（2007）の趣旨でもある[3]」.

厚労省ガイドラインには，医師単独でなく医療・ケアチームで対応し，本人の意思を尊重し，本人と家族と医療・ケアチームが徹底した合意主義によって意思決定すること，緩和ケアを充実させることが要であると記されている．医療上の意思決定に当たり，ACPによって，本人，家族，医療者がきちんとコミュニケーションをとっていくことが推奨されている．

4. 国民は，過剰な医療保険料負担を結果として軽減することが可能となる．高齢化社会を迎えた日本において，高騰する医療費が国家財政を逼迫するなか，高齢者にとって，ACPは延命医療の差し控えや中止の意向を支えるツールにもなり，（本人たちが）望まない延命医療に係る医療費を削減し，結果的に医療費増大の抑制につながる．

日本医師会のこれまでの生命倫理懇談会の議論（特に，1992年，2006年，2008年，2014年）においても，医療経済の観点について，「終末期医療における医療資源の分配は避けて通れない問題」であり，「医療資源もまた限られた資源である以上，患者の尊厳を損なう医療に資源を費やすのではなく，患者の望む医療に資源を振り向ける努力が必要である」としている[4]．

欧米豪で高齢者の終末期医療に携わってきた宮本顕二・礼子医師夫妻は，人工栄養で延命されたくないという国民の要望と，医療費を抑制したいという政府（米国では民間）の方針が一致する[5]ことの利点を紹介している．老体に負担のかかる人工栄養補給法（Artificial Hydration and Nutrition: AHN）を本人の意思に反して行なうことは，患者の尊厳を冒す行為であり「非倫理的」であるとみなす欧米豪の現状と，逆にAHNを控えることが「非倫理的」であると捉える多くの日本の医師（あるいは日本社会全体）の現状がある．

日本の背景，要因にあるのは，「生存期間が延長できる手段があるのであれば，延長するのは当たり前であって，それをしないのは人命軽視である」，AHNで命をつなぐ患者の生存権を脅かす高齢者医療の切り捨てであるといった反対の声がある．

しかし，ACPは延命医療を差し控えたい，中止したいという意向と，逆の延命医療を続けたいという意向とを対等に支えるものである．

AHN打ち切りの強制力をもつものではないと考える．あくまで様々な価値

観をもつ本人の主体性を尊重し，希望を叶えるための意向確認である．十分な意向確認とコミュニケーションプロセスがないなかで，納得のいかないまま，気が付くと医療費がどんどんかさみ，本人も家族も身体的にも精神的にも追い詰められていく．そのようなことがないようにACPで意思確認をはかることが望まれる．

　そこで，本書では，終末期の延命医療をめぐる患者本人と家族，あるいはそれに代わる第三者にとってのより良い意思決定支援，ACPを検討する．

　患者が将来的に昏睡状態等の意識不明の末期状態に陥り，延命措置に対する自己決定を行なうことが困難な状況下で，患者本人と患者を取り巻く人々の関係性をどのように考えるか，患者が何を望んでいるか，誰がどのように本人の意思を推定できるのかを検討することである．

　意思決定（decision-making）とは，『看護大事典第2版』（2010）によれば，「臨床現場の様々なジレンマ，軋轢に向けての問題解決や目的，目標の達成のために取るべき方向や手段について，複数の選択肢のなかからどれか一つを決めること」をいい，そうした患者や家族が直面する難しい問題に対する対処・試みを，「意思決定支援」と呼ぶ[6]．

　一方，自己決定（self-determination）とは，簡潔にいえば「自分のことを自分で決めること」である．そして自己決定権とは「責任能力があれば，自己の私事については，愚考でも他人に危害を及ぼさない範囲で自由に決定してよいとされる権利[7]」であるとされる．

　先に述べたように，意思決定とは，複数の選択肢のなかから一つの手立てを選び取るという，判断一般を広くさす語である．自己決定は，意思決定のなかの限定された一つの形式として捉えることができる．

　ところが，「意思決定支援」をネット書店等で検索すれば，経営学やビジネス関連のものばかりが何百冊もヒットする一方で，医療分野ではそれに比べるとわずかしかヒットしない．医療分野における患者や家族の「意思決定支援」をテーマに扱った研究はまだ十分に行われていないのが現状である[8]．

　1990年代に入ってはじめて，米国において，終末期に向けての意思決定支援の一つであるACPが注目されるようになると，日本においてもその必要性

が求められ，実現に向けてしだいに検討されるようになった[9]（第3章）．

　本書では，日本のACP研究の展望について，筆者が関わった京都大学こころの未来研究センターにおける，1000人以上の一般市民を対象にしたACP（事前要望書）に関する意識調査研究[10]に基づき，検討を行った（第4章）．

　ACP未普及の日本において，今後どのように応用，発展させるべきかの提案を行った．

　将来的に，病院，診療所等の臨床現場，テレビや家族会議まで，様々な場面で役立つことが可能な，日本の意思決定支援（ACP）を提言することを，本研究の目的とする．

第2節　本書の構成と考察の手順

　先に述べた本書での目的，すなわち，日本における終末期のより良い意思決定支援としてのACPの提言のために，以下の手順で論を進める．

　第2章で，終末期医療の意思決定をめぐる現状について，倫理的課題の核となる，延命医療とQOL，高齢化社会における過剰な延命医療，終末ケアについて論じる（第1節）．第2節では，日本人の終末期に向けての意思決定に影響を及ぼす社会的倫理的背景からこれらの問題を考察する．

　第1節は，高齢化社会における延命医療の問題の背景，第2節は，延命医療中止をめぐる問題の背景が論述のテーマで，第2章では，特に終末期医療の倫理的諸問題について，延命治療中止をめぐる意思決定の問題について日本の現状から扱う．

　日本では本人の意向確認がないまま，家族の同意だけで延命医療の中止が行われるといった非倫理的な事件が相次ぎ，社会問題となった．医師が刑事責任を問われたり，家族や医師が本人の終末期の意思決定は何かわからず混乱したりしないよう，本人が自らの意思を前もって周囲に伝えておくことの重要性が盛り込まれたACPの取り組みが，近年注目されている．ここでは，ACPが日

本に求められるようになった社会的背景について記述した.

　第 3 章で，まず，事前指示の概念の成立を，米国の終末期における患者の死を選択する権利確立の背景から述べ（第 1 節第 1 項），また，本人の意思を支える意思決定支援への変遷のなかで，患者本人の意思尊重や自己決定から，どのように事前指示概念は生まれたのかの検討を行なう（第 1 節第 2 項）．次に，ACP の定義について，日本の ACP 研究から整理し，次いで，近年，注目されている日本における ACP 研究の動向を述べる（第 3 節）．

　第 4 章で，筆者が行った ACP 研究班プロジェクト調査の内容報告を行なう．最初に調査研究の問題意識や目的について述べ，質問紙調査の時期，調査対象，調査事項，調査方法の概要を述べる（第 1 節）．つぎに，全回答者の基本的属性である年齢と性別，事前要望書を作ったか作っていないかの目的変数，要望書作成にあたっての相談相手変数，きっかけ変数等の全変数の単純集計結果を出し（第 2 節），さらに，回答者の基本的属性（年齢と性別）と回答傾向の関係をクロス集計によって調べた（第 3 節）．そして，自由記述式回答の質的分析結果に基づき考察を行った（第 4 節）．量的分析結果や質的分析結果への考察と結論をまとめた（第 5 節）．おわりに，今後の課題と展望について述べた.
　以下に本書の概要を述べる.

第 3 節　本書の概要

　第 1 章では，本書の研究目的と考察の手順など本研究の概要を述べた.
　本研究では，第 1 章に掲げた 4 つの課題から，ACP の意義と問題点を確認し，ACP 実現に向けての開発研究として，一般市民対象の ACP 意識調査結果から，事前指示書・ACP 実施への抵抗感を探った.

　第 2 章では，バイオエシックスの視点から，高齢化社会における過剰な延命医

療と QOL，終末ケアをめぐる問題の背景について論じた．延命医療の中止を
めぐる倫理問題を中心に，日本における自己決定やインフォームド・コンセン
トのあり方について考察した．

　高齢化社会において延命医療，たとえば人工栄養水分補給の問題がある．欧
米豪と日本とでは，経管栄養を行なうことに対する考え方や意識の違いがあ
り，欧米豪ではしだいに食べられなくなる高齢者に対する経管栄養は非倫理的
であるのに対し，日本では逆で，経管栄養を差し控えることが非倫理的である
とみなされている．なぜなら，脱水や低栄養は終末期の高齢者に悪いことと考
えられているからである．なお，海外における高齢者への人工栄養の反・非倫
理性についての記述は，宮本夫妻の文献の他，池上らの調査（2002），天本調
査（2002），さらに，筆者が海外文献レビューで見つけた Matsumura らの調査
（2005）など多数ある．

　日本の場合，多くの医師が人工栄養の差し控えや中止に，法的責任の理由以
外に，心理面で抵抗があることが，1999年の浅井調査で明らかになっている．
人工栄養をめぐる医師への意識調査を行った 2004年の会田調査でも，胃ろう
介入の目的は，患者の利益よりも家族の思いを優先させる，医師の保身ではな
いかとの考察がある．

　尊厳死法案が提案された背景には，終末期状態の患者の治療を中止した医師
の行為が，法的，社会的に問題とされた事案が相次いだことがある．いずれの
事案も患者の意思が確認されておらず，患者の自律尊重の点から倫理的に問題
のあるケースばかりであると思われる．患者の意向を確認しない，患者の自律
を侵害するような事件や事案が相次ぎ，医療従事者の間に延命治療を中止した
ら刑事責任を問われるかもしれないという不安が広がっていった．

　このような事件を受け，延命治療の中止行為が刑事訴追される可能性がある
として，厚労省，学術団体，各学会がガイドラインを策定することになった．

　新たな動きとしては，2018年 3月の「人生の最終段階における医療の決定
プロセスに関するガイドライン」改訂などがある．改訂のなかでの重要ポイン
トは，ACP の取り組みが強調されているところにある．本人が自らの意思を
伝えられなくなる前に，本人の意思を推定する者について，家族等の信頼でき
る者を前もって定めておくことや，どのような生き方を望むのかを日ごろから

繰り返し話し合う重要性などが盛り込まれた.

　「無益な治療」「過剰な治療」の捉え方には, 本人と家族, 医療者に違いがあると思われるので, 判断は主観的になり得る. 多様な価値観を活かすためにACP があると考えるが, 直前の本人の意思尊重, 家族や医療者の共同意思決定により, 患者の最善の利益をめざすことが重要である.

　尊厳死で懸念される「周囲の反応」というのは, 本人の意思に反して延命医療の差し控えにより死期が早められるのに対し, ACP で懸念される「周囲の反応」は, 本人の意思に反して延命させられることである. 本人の死の自己決定がどこまで守られるか, 「周囲の反応」をどう避けるか, といった倫理的問題があるが, 徹底した話し合いを必要としている.

　日本においては, 「患者の自己決定権」が制度化しておらず, 患者の決定した意思表示の内容を医師が実施することの法的な保障がないことが特徴である. また, 一般的にいって, 「個人の意思」というものが軽視されやすく, むしろ「家族全体の意思」が重視される傾向がある.

　たとえば, 昭和 54 年 (1979 年) の「角膜及び腎臓の移植に関する法律」や昭和 58 年 (1983 年) に施行された「医学及び歯学の教育のための献体にかんする法律」また, 平成 4 年 (1992 年) に臨時脳死及び臓器移植調査会 (脳死臨調) が提出した最終答申「脳死及び臓器移植に関する重要事項について」のそれらの条項に, 家族の承認があれば移植してもよいとの条件付けがある. さらに先の東海大学附属病院事件の判決条項のなかの「治療行為の中止」がある. 「家族の意向」が法律に反映されているのは, 日本人の「家族主義的」傾向によってもたらされているためのように思われる. 最大限に「本人の意思」の尊重が法律によって守られている欧米とは, きわめて対照的である.

　このような状況をふまえて, 筆者が出席していた, 平成 15 年度当時の, 「望ましい医療のあり方をめぐる終末期医療検討会」や多くの学会では, 日本人は「個人主義」よりも「家族主義」が強いため, 「患者の自己決定権」を強調するよりも「集団 (意思) 決定権」(group decision making), すなわち患者本人と周りの家族, 医師との合意が必要である, と議論されていた.

　第 3 章では, ACP 概念が形成されるまでの過程, すなわち, 患者の自律尊重

に基づく AD（Advance Directive：事前指示）から，意思決定支援としての ACP
への流れについて述べた．

　アドバンス・ディレクティブ事前指示概念の成立については，米国のカレン
事件とナンシー事件が影響している．世界で初めて人工呼吸器の取り外しが求
められた，カレン事件をきっかけに，カリフォルニア州自然死法が成立し，リ
ビングウイルの法制化が進んだ．同時期に，日本では安楽死協会が誕生し，そ
の後，1984年に尊厳死協会と名称を変更した．また，世界で初めて人工栄
養水分補給すなわち胃ろう取り外しが求められた，ナンシー事件をきっかけ
に，患者の延命拒否の意向を代理人指定によって保証する，カリフォルニア州
持続的委任権法ができ，1990年に患者の自己決定権法が制定され，90年代，
2000年代に入って，「共同意思決定」（shared decision making）や ACP 概念が
登場してきた．ACP は AD 事前指示の否定的な側面，つまり普及率や作成完成
度が低いといった問題点を克服するため，登場した新たな概念であった．

　ところで，事前指示の普及の大きなきっかけとなったカレン事件やナンシー
事件が，日本人の意識にどのような影響を与えたのだろうか．

　患者の意思決定支援の一つとしての事前指示の普及や取り組みに尽力してき
た日本尊厳死協会（旧日本安楽死協会）発足と，レットミーディサイド（私に決
めさせて）研究会や各種のリビングウイルセミナー勉強会の成立など，カレン
事件やナンシー事件が直接のきっかけとなった．カレン裁判の判決のあった
1976年，元国会議員の産婦人科医太田典礼が中心となり，医師，法曹界，大学
教授などを糾合し日本尊厳死協会が発足すると同時に，第一回死の権利協会世
界連合が日本で開催された．そこでは本人意思を尊重するリビングウイルの普
及がめざされ，協会によって生と死に関する啓発運動が展開されていった．

　その背景には，近代医療技術の急速な進歩がもたらした，生命維持装置によ
るやりがいのない無意味な延命措置に対する疑問と，「スパゲッティ症候群」
のような状態でいつ果てるともなく無理やり生かされ続ける，非倫理的な姿に
対する不安や恐怖が，日本人の意識の上にもたらされたからだと思われる．

　末期患者が無用な延命医療を拒否して死を選ぶことが，個人のプライバシー
権による選択の自由であるとして米国で主張されてきたが，日本ではこうした
自己決定権やプライバシー権といった意識や観念が強調されることはほとんど

ない．自己決定という考え方が，日本の医療倫理として定着したかといえばそうではなく，何度も医師が患者の自己決定の確認に関して曖昧な状況で延命措置の中止が行われるという事件が続いている．米国では当人の意思確認がもっとも重視されているのに対し，日本では当人が昏睡状態になった時点で決定権は家族に移ったと信じられているが，本人が意思を表明しているのならそれに従うという原則を貫かなくてはならない，と筆者は考える．

　本研究では，本人の事前の意思を尊重し，本人の意思決定を支える事前指示やACPが，今後，日本で勧められていくために，意識調査を実施し，検討を行った．

　ACPは，生命維持治療の選択を書面にしたり，医療代理人を指名したりするのにとどまらない，包括的なものとされており，脳死臓器提供意思表示のドナーカードのようなアドバンス・ディレクティブ Advance Directive: AD，人工呼吸器や人工栄養水分補給の停止の意思を示すリビング・ウィル Living Will: LW，心肺蘇生処置の停止の意思を示す Do Not Resuscitate（生き返らせるな）: DNR，また，Do Not Attempt Resuscitation（蘇生の処置を試みるな）: DNARを含む．ACPは，自己の生命・身体に関わる医療選択という重要軸であるため，書面の形で表示されることが望ましいと考え，本ACPプロジェクトでは，話し合いのプロセスにとどまらず文章化することをめざしている．よって，ACP実施のほか，ACP作成と表現している．DNRやAD，またLW，DNRを含むACPは延命措置の差し控え，中止だけでなく，使用継続の意思確認であるのに，ACPは死への誘導，尊厳死のすすめといった飛躍の議論がある．さらに，ACPはそうした医療面だけでなく，人生をどう生きるのかの生活面，人生観，価値観も含まれるが，ここでは議論の余地がある．たとえば，ACPを人生会議と呼ぶとき，そこにかかわるケアの担い手，対象が医療者で良いのか，といったように．

　筆者は1992年から所属していた京都の国際バイオエシックス研究センターで事前指示書やリビングウイルの普及活動を数年間行い[11]，また，国立医療・病院管理研究所（現国立保健医療科学院）の「終末期における望ましい医療の内容に関するガイドライン策定」（2005年）研究班での検討会議にて，日本における意思決定のあり方について[12]，以下の私見を述べてきた．

結論として筆者は，死の自己決定，すなわち延命措置の差し控えや中止の意思決定と，生の自己決定，すなわち延命措置の継続や治療の開始等の意思決定とは，事前指示において同様に尊重されるべきだと考える．なぜなら，筆者は，これまでバイオエシックスが支持してきた本人の自律尊重の精神に基づき，延命措置の差し控えや中止，開始や継続の希望は，全ての人々に認められる医療選択の一つと考えるからである．日本で事前指示書をめぐる法制化が進まない背景のひとつに，事前指示書への反対派・慎重派の「（事前指示書の法制化は）障碍者への差別を助長し，弱者の切り捨てにつながる．行政による事前指示書の「押しつけ」は安楽死や尊厳死への誘導になる恐れがある」の声がある．現在もACPの「押しつけ」は，障碍者や難病患者の生存権を奪うとの反対意見があり，ACPをテーマにした研究会ではよく耳にする内容である．

　筆者はこうした反対派の主張には幾つかの誤解や飛躍した議論が含まれるとしながらも，意思表明できない「社会的弱者」の高齢者や障碍者の場合は，事前指示書やACP実施の際に，周囲が本人の意思を最大限汲み取る努力が必要であること，事前指示書やACPはひとつの権利であり義務ではないことを主張したい．事前指示書の法制化や，ACPを活用した医療施設に診療報酬支払を促進し，全ての病院へのACPの診療報酬の義務化には慎重な立場である．あくまで事前指示書やACPは，希望する人たちの間で，医療選択の意思を周囲に表明するために活用されれば良いと考える．

　本書での立場は，事前に医療選択を行なう各人の自由，意思尊重をめざすことにある．そうした各人の意思決定を支えるACPの普及をめざす，筆者自身の立場を，第3章第3節で述べた．

　次に，国内のACPに関する文献調査レビューを基に，日本におけるACP研究の動向を探った．ACPはLWやADを含む広範な概念として紹介されており，ACPの解説が文献内容のほとんどを占めていた．事前指示書を書く人がなぜ少ないのかを示した先行研究は，第4章のACP意識調査（2014－15年）を始める時点で，赤林らの1997年調査が本邦における唯一の調査であった．

　本ACP研究班では，海外研究の文献レビューを出発点としたが，米国をはじめとする海外でのほとんどの調査は，ACP実施への抵抗感を探る内容という

より，医師が ACP の期待にどう応えたのかという内容ばかりで，ACP 研究先進国の調査と日本での調査とでは次元が異なることもわかり，割愛した.

　そこで，本邦の先行研究で明らかにされなかったところ（男女の性差など特徴の違いからの分析）を探るために，一般市民対象の ACP に関する質問紙調査を実施するに至った.

　第 4 章では，2014 年 8 月 -2015 年 3 月にかけて実施した，終末期に関する講習会に参加の 20-80 代の男女 1053 人を対象にした，ACP 意識調査（京都大学こころの未来研究センター上廣こころ学研究部門プロジェクト「患者と家族の終末期に関する希望を実現するための倫理支援開発研究」）の報告ならびに分析結果に基づく考察を行った.

　本研究では，厚労省の終末期医療に関する意識調査等で，事前指示書作成に約 70％以上の人が賛成している一方で，実際に書面を作成している人が約 3％であるという実態を受けて，こうした原因は何であるのか，ACP 意識調査を基に事前指示書（事前要望書）・ACP 実施への抵抗感を探った.

　以下の 3 つの点について調べた.

1.　事前要望書を考えたり書いたりしているか

　全回答者 1053 人中，55 人が作成していた（5％）. 選択式の質問項目には，事前要望書の必要性を尋ねる項目がなかったので，回答者が要望書に必要性を感じていたかどうか，はっきりとしたことはわからないが，2014 年厚労省意識調査において，約 70％以上の人が賛成しているのにも関わらず，実行に移せていないのが約 3％であったことから，本調査の回答者のほとんどは要望書に対して，必要性を感じていたのではないかと推察する. 本調査ではほとんどの人が実行に移せていない，移さないという実態が明らかとなった. 男性は病院や医院の場で医療者からの影響を受けやすいと考えられるため，医療者や妻から男性（夫）への ACP の働きかけが期待される. 高齢男性の自己決定を促進させる ACP も検討していきたい.

2.　誰が相談相手になっているか，何がきっかけになっているか

　既作成 55 人中，夫または妻 28 人（50.9％），子供 20 人（36.4％），親・兄弟姉妹・医師・自分それぞれ 4 人（7.3％）. 既作成の半数以上が配偶者を相談相

手に選んでいた．男性は女性に比べ，配偶者や医師と相談する傾向にあること
がわかった．未作成男性においても，配偶者を選ぶ傾向が強いことは明らかで
あった．

　「葬儀」が要望書作成のきっかけとなること，高齢になればなるほど関連が
あることがわかった．既作成者のきっかけの多くは「家族会議」や「葬儀」で
あることから，葬儀をきっかけに家庭内での話し合いの場が期待できよう．

3. 何が妨げになり，どのようにそれを乗り越えることができるか

　自由記述式回答カテゴリー集計分析結果より，特に，既作成者において，「作
成しても実現されるのかわからない」という不安やためらい，「すべての状況
を紙一枚に収めるのは困難である」といった形式面の問題があることがわかっ
た．とりわけ，意思表明できなくなった場合の自分の意思を実現してくれる相
手の法的効力の問題，すなわち，日本の事前指示制度の家族や後見人の持続的
委任権法の未確立など，制度面での見直しが今後の課題であることがわかった．
要望書を作成しても実現されるかわからない，の不安を解消するためには，要
望書の形式・書式面の工夫が必要となろう．

第4節　定義

　1.「バイオエシックス」(bioethics) は，「医療や生命科学に関する倫理的・
哲学的・社会的問題やそれに関連する問題をめぐり学際的に研究する学問であ
る」(国際バイオエシックス学会，1992)[13]．

　北米を中心に展開したbioethicsは，1977年に上智大学の青木清によって
初めて「生命倫理」と訳された．当時の文部省が「バイオエシックス」と外来
語のカタカナ表記を認めなかったので，「生命倫理」が正式に科目名として承
認された．

　しかし「生命倫理」という訳語にまつわる誤解も生じており，すなわちマス
コミにしばしば登場する「生命倫理に触れる」「生命倫理に反する」というよ

うな，生命の扱い方に関する特定の倫理規範のことをさす表現と誤解されやすいとの指摘があるため，北米を中心に発展してきた bioethics を，ここでは「バイオエシックス」もしくは「生命倫理学」と表記する[14]．

　ただし，カリキュラム上，科目名称が「生命倫理」とある場合や引用文献で「生命倫理」とある場合は，そのままで表記する[15]．

　次に，本書で主に扱う重要な用語，「インフォームド・コンセント」と「意思決定」について定義する．

　2.　「インフォームド・コンセント」は「さまざまな表現での定義があるが，最も端的には『Information（情報・説明）に基づく Consent（同意・承諾）』と定義される[16]．

　ジョンセンらによれば，『患者の自律性の尊重が実践に適用されたものがインフォームド・コンセントである[17]』とされる．さらに，ビーチャムらは『人が行為において有能で，十分な開示を受け，その開示を理解し，自発的に行為し，そしてその介入に同意するなら（また，そうするときにのみ），その人は介入に対し，インフォームド・コンセントを与えたことになる[18]』．

　インフォームド・コンセントは，患者が（医師より）開示された情報を理解し，決定する能力をもつことを前提としているため，その主体となる患者は，意思決定能力を有する者となる．

　医師は，患者の自律性を尊重し，患者の自己決定を実現させるために，患者に対して十分な情報提供を行わなければならないと同時に，患者からの「熟知同意」を得なければならない[19]．

　インフォームド・コンセントは，患者が医療方針の決定に際して必要な情報を持った上で同意を与えること[20]，つまり，「十分に説明を聞いた上での同意」や「納得同意」，「よく知った上での同意」（厳密には，情報を与えられただけでなく，その情報に通じ，熟知した上での同意）となるが，これは①「最終的に『患者の同意』それ自体をさす意味においてのインフォームド・コンセント」である．

　一方で，清水哲郎のような②「最終的に『患者の同意』に至るまでのプロセスをさす意味においてのインフォームド・コンセント」の定義も存在する．

清水は，〈インフォームド・コンセント[21]〉をキーワードとしつつ，日本の医療現場に流布している（医療側から患者側への一方的な情報に基づく）プロセスを批判した上で，それに代わる（医療側と患者側の双方的な情報に基づく）≪情報共有から合意へ≫というプロセスを提示している．

　日本の医療現場に流布しているプロセスというのは，「治療方針決定という場で，医療側が，候補となる選択肢について適正に説明を行い，患者側がそれを理解して（家族と話し合うなどして）どうしたいのかを決めることが要請される」といったような「医療側から患者側への一方的な情報の流れにおいての意思決定プロセス構造」である．

　つまり，清水はこうした医療側から患者側への一方的な情報の流れに基づく従来型〈インフォームド・コンセント〉からの脱却を図るために，医療側から患者側への説明（医学的情報中心＝biologicalな情報）と患者側から医療側への説明（患者の人生や考え方についての情報中心＝biographicalな情報）という双方向の流れを通して，決定の基礎となる情報を共有した上で，一方が他方に同意するというより，双方（当事者）の合意をめざすのである．

　従来の〈インフォームド・コンセント〉における「説明と同意」は医療者が説明を行い患者が同意を与えるといった「決定の分担論」であるのに対し，医療者と患者（と家族）が共同主体となるプロセス把握は，「共同決定論」である．

　清水は「このようなプロセス把握において informed consent は，まず合意が成立した上で，これに基づき患者が医療者に合意された治療をすることの許諾を与えることとして位置づけられる（清水，2005）」．

　本書で使用する「インフォームド・コンセント」は，上記のような意思決定プロセス自体の意味を含ませないことから，「患者が医師より診断や治療に対する十分な説明を受け，理解し同意すること．患者の熟知した上での同意」と統一して用いる[22]．

　なお，ACPと親和性のある複数の人間が共同で決定し合意に至るプロセスをさす意味の場合には，以下の「共同決定」で定義するが，基本的にはプロセス自体を含む場合には，「意思決定プロセス」や「共同で行なう意思決定プロセス」あるいは「共同決定プロセス」と表現する．

　3.　「意思決定」とは先述のとおり,「臨床現場の様々なジレンマ, 軋轢に向けての問題解決や目的, 目標達成のために取るべき方向や手段について, 複数の選択肢の中からどれか一つを決めること(『看護大事典第 2 版』2010)」である.

　「意思決定」が「複数の選択肢の中から一つの手立てを選び取るという, 判断一般を広くさす語である」のに対して,「自己決定」は, 意思決定のなかの限定された一つの形式として捉えることができる.

　つまり,「意思決定」にはさまざまな形式があり, たとえば, ①患者が単独で行なう「自己決定」, ②医師が先導して行なう「父権主義的(パターナリズムモデル)決定」, ③患者(あるいはその家族と共に)と医師をはじめスタッフ全員との間の「共同 / 協働(意思)決定」などが考えられる. これらは, 基本的には誰が主体となって決めるのかという視点から分類される.

　中山和弘は, 医療における意思決定を, 意思決定の主体によって, 以下の 3 つのタイプに分けている.[23]

　①患者が自分で決める「インフォームドディシジョンモデル(情報を得た意思決定モデル)」：患者が自分で主体的に意思決定を行なうというものである. 医師と患者で一緒に決めるのではなく, 患者は医師以外からも積極的に幅広く情報を収集する.

　②医師を中心に決める「パターナリズムモデル(父権主義モデル)」：患者に選択肢を選ぶ能力がないという想定で, 患者にはその機会を与えず, 医師が意思決定する. 従来行われてきた専門家主導の父権主義的な方法で, 父親が小さな子供のためによかれと思って子供の意向をあまり聞かずに意思決定することから来ている. パターナリズムは患者の自律を侵害するといったマイナスイメージが伴うが, それ自体は「悪い」ものではないし,「患者本人の意思を無視したもの」とも限らない.

　③医師と患者が一緒に決める「シェアードディシジョンモデル(情報を得た意思決定モデル)」：医師と患者が話し合い, 協働して意思決定する方法である. 医師は提供する情報を制限せず, 患者の意思決定に必要な情報をできるだけ提供しようとするものである. 共にもつ情報を共有し, 選択肢を選ぶ理由も共有するパートナーとなる.

　このモデルは, 医師と患者が, それぞれの情報を提供し, その情報の共有を

基に決定し，合意に至るということから，先の清水の≪情報共有から合意≫形成プロセスに近い．

本書で扱う「共同（意思）決定」は③の意味で使う．

その場合，「共同で行なう意思決定プロセス」をさすのではなく，「共同意思の決定（ないし「決定された共同意思」）」という意味をさす．先述のように，「インフォームド・コンセント」についても同様の規則性でもって定義付けを行なう．すなわち，「最終的な患者の同意に至るまでのプロセス」をさすのではなく，「最終的な患者の同意」それ自体をさす．

なお，「集団意思決定」（group decision making）と「共同意思決定」（shared decision making）とでは，本人と家族と医療スタッフ全員の合意という意味において両者に違いはないが，「共同意思決定」は「集団意思決定」よりも，コミュニケーションを図った上での合意形成を強調するところに違いがある．

また，本書で扱う「代理（意思）決定」という言葉には，①「自己決定」できない患者について，患者本人の意思（事前医療指示〈アドバンス・ディレクティブ Advance Directive: AD〉あるいは口頭で伝えられているもの）を代理・代弁すること，②意思決定そのものを患者本人に代わって行なうことの二つの意味がある．

リビング・ウイルないし事前指示書の「代理人指定（Surrogate Decision/Proxy Consent）」が①にあたり，患者本人の意思推定を行なう家族や第三者が「本人の最善の利益」に基づく判断で行なう決定が②にあたるが，①との区別が曖昧なので，本書では②の意味で使う場合は，「代理判断[24]」と表現する．

②は，厳密な意味で本人の意思とは異なる場合があると考えられる．①の場合は，「代理人（指定）による決定」を使用する．この場合，すでに「意思決定」が患者本人において行われていて，代理人によって実行されるという意味である．

註

1)　厚労省の終末期医療に関する意識調査等検討会「人生の最終段階における医療に関する意識調査報告」(19 年度, 26 年度, 29 年度) ※ HP には平成 24 年度とあるが, 平成 26 年度の誤記. https://www.mhlw.go.jp/toukei/list/saisyuiryo_a.html

2)　町野朔「この人に聞く『人生の最終段階における医療』に名称を変──町野朔氏(終末期医療に関する意識調査等検討会座長)──」週刊社会保障, 68 (2773) [2014. 4. 21], 2014 年, 36-37 頁.

3)　会田薫子「医療倫理の視点から考える」増田寛也＋日本創成会議編『高齢者の終末期医療を考える』生産性出版, 2015 年, 18-19 頁.

4)　日本医師会第ⅩⅤ次　生命倫理懇談会　答申「超高齢化社会と終末期医療」平成 29 年 11 月, 4 頁, 6 頁, 8 頁. http://dl.med.or.jp/dl-med/teireikaiken/20171206_1.pdf

5)　宮本顕二・宮本礼子『欧米に寝たきり老人はいない　自分で決める人生最後の医療』, 中央公論新社, 2015 年, 31 頁.

6)　中山和弘・岩本貴編『患者中心の意思決定支援──納得して決めるためのケア』中央法規出版, 2012, 1 頁.

7)　藤井可「患者の利益と無益性」浅井篤・高橋隆雄編『シリーズ生命倫理学 13　臨床倫理』丸善出版, 2012, 126-127 頁. 藤井によれば, 現行法上では, プライバシー権(アメリカ合衆国憲法)や幸福追求権(日本国憲法)に由来するとされている. 太陽出版『生命倫理事典』2002.

8)　中山和弘・岩本貴編『患者中心の意思決定支援──納得して決めるためのケア』中央法規出版, 2012, 1 頁.

9)　「特集　現場で活用できる意思決定支援のわざ」『緩和ケア』Vol.25, No.3, 2015, 172-173 頁.

10)　京都大学こころの未来研究センター上廣こころ学研究部門プロジェクト「患者と家族の終末期に関する希望を実現するための倫理支援開発研究」[平成 27 年度教員提案型連携研究プロジェクト] 終末期に対する早期支援(『きずな形成』領域). 本研究班では話し合いのプロセスとしての ACP にとどまらず文章化をめざしている. よって, ここでは, ACP 実施のほかに ACP 作成という表現を用いている.

11)　中村(沖永)隆子 (1993)「尊厳死とリビングウイル」京都女子大学宗教・文化研究所『国際バイオエシックス研究センターニューズレター』第 8 号, 8-11 頁.

12)　沖永隆子 (2005)「終末期医療と生命倫理」『平成 16 年度厚生科学研究費補助金　厚生労働科学特別研究事業報告「終末期における望ましい医療の内容に関するガイドラインの策定に関する研究」(H16‐特別‐024)』63-84 頁.

13)　医療倫理 Q&A 刊行委員会編『医療倫理 Q&A』太陽出版, 1998 年, 24 頁.

14) アルバート・R・ジョンセン著，細見博志訳『生命倫理の誕生』勁草書房，2009 年，39-40 頁，486-496 頁.

15) 土屋貴志「『bioethics』から『生命倫理学』へ──米国における bioethics の成立と日本への導入」加茂直樹・加藤尚武編『生命倫理学を学ぶ人のために』世界思想社，1998 年，14-27 頁.

16) 前田正一「第 8 章　インフォームド・コンセント」赤林朗編『入門・医療倫理 I』勁草書房，2005 年，142 頁．西田晃一「第 6 章　患者の意思決定能力」浅井篤・高橋隆雄責任編集，シリーズ生命倫理学編集委員会編『シリーズ生命倫理学 13　臨床倫理』丸善出版，2012 年，102 頁.

17) アルバート・R・ジョンセンほか, 赤林朗ほか監訳『臨床倫理学　第 5 版』新興医学出版社，2006 年，60 頁.

18) インフォームド・コンセントを構成する 5 要素を有能，開示，理解，自発性，同意としている（ビーチャム・チルドレス，立木教夫・足立智孝監訳『生命医学倫理（第 5 版）』麗澤大学出版会，2009 年，73 頁）.

19) ここでいう「熟知同意」は，村岡潔によれば，1980 年代初頭の中川米造訳である．「インフォームド・コンセントの『インフォームド　Informed』という言葉は，「情報を与える Inform」という動詞の受身形（いわく，『情報を与えられた』ではなく，『情報に通じた』『知っている』『博識の』といった形容詞なのである．このため，これまでの日本語訳としては『熟知同意』が最も原語に近い」（村岡潔「インフォームド・コンセント再考」佛教大学『文学部論集』第 87 号，2003 年 3 月，154 頁，162 頁）．http://archives.bukkyo-u.ac.jp/rp-contents/BO/0087/BO00870R153.pdf

20) 清水は「Informed」を「同意に際して情報を持っている状態を伴っていること」としている．清水哲郎（2015）「特集論文　本人・家族の意思決定を支える──治療方針選択から将来に向けての心積りまで──」『医療と社会』Vol.25，No.1，35-48 頁．https://www.jstage.jst.go.jp/artide/ilen/25/1/25_35/_pdf

21) 清水は日本に Informed consent が導入された時に「説明と同意」と解説され「説明と同意」という意味を持つ和製英語のインフォームド・コンセントを〈〉付きで記している（清水哲郎「医療現場における意思決定のプロセス──生死に関わる方針選択をめぐって」『思想』976: 4-22，2005 草稿〈http://www.l.u-tokyo.ac.jp/~shimizu/cleth-dls/euthanasia/506siso.pdf〉），清水哲郎・会田薫子「終末期ケアにおける意思決定プロセス」シリーズ生命倫理学編集委員会編『シリーズ生命倫理学 4　終末期医療』丸善出版，2012 年，24 頁.

22) 「インフォームド・コンセント」にはさまざまな表現での定義，諸説があり，「プロセス」の意味を含む上記のもの以外に「システム」としての意味が含まれるものがある．村岡潔は「患者が，自分の病気の診断や治療方針に関して，医師やその他の医療者による解

説，病院図書館やその他の方法で得られた書物・ビデオ等の閲覧などによって意思決定に必要十分な医療情報を得て，医師が提案する医療（診断・検査・治療）に同意したり拒否したりすることが保障されるシステム」と定義している（村岡潔「インフォームド・コンセント再考」佛教大学『文学部論集』第 87 号，2003 年 3 月，154 頁）．インフォームド・コンセントについての次の誤用も紹介されている．「ある病院のカンファレンス室のドアに『ただいまインフォームド・コンセント中』という札がかかっていた．……『初めて [お医者さんから] インフォームド・コンセントを体験しました』」など（森川功「アメリカ合衆国の現状と日本の現状」『からだの科学』日本評論社，通算第 181 号，1995 年 3 月 1 日発行，16-19 頁）．

23)　中山和弘「第 1 章医療における意思決定支援とは何か」中山和弘・岩本貴編『患者中心の意思決定支援――納得して決めるためのケア』中央法規出版，2012 年，20-21 頁．

24)　倉岡（野田）有美子「第 3 章高齢者医療における代理意思決定とその支援」中山和弘・岩本貴編『患者中心の意思決定支援――納得して決めるためのケア』中央法規出版，2012 年，84 頁．

─── 第2章

終末期医療と意思決定

2013年以降，我が国の高齢化率は25％を超え，2025年には，戦後ベビーブーム期生まれの団塊の世代（1947-50年生まれ）が後期高齢者（75歳）となるピークを迎える．これまで経験したことのない多死社会を迎える今，人生最期の迎え方に対する意識も高まりつつあることから，「最期まで自分らしく生きる」ことを可能にする支援のあり方が求められる．

　超高齢化に備える必要性が強調されるなか，厚生労働省は，昭和62年以来，概ね5年ごとに全5回にわたって行ってきた終末期医療に関する意識調査等検討会を行った．その名称を「末期医療」から「終末期医療」（2004年）に，さらには，「終末期医療」から「人生の最終段階における医療」（2012年）へと変更した．その議論の中心は，患者の状態像をがんに限定せず高齢者へと拡大することによって，医療行為のみに注目せず，最期まで患者個人の尊厳を尊重した人生の生き方に着目した，医療およびケアの提供である[1]．

　2012年1月28日に日本老年医学会によって公表された「高齢者の終末期の医療およびケアに関する立場表明」[2]では，終末期医療における治療の差し控えや中止についての見解が初めて明らかになった．立場表明では，患者本人にとっての最善を考え，本人のためにならないのであれば，胃ろうや腸ろうなどの経管・人工的水分栄養補給法（artificial hydration and nutrition: AHN），また，人工呼吸器装着の差し控えや中止も選択肢として考慮に入れるべきことが明記された．

　同年6月に同学会で「高齢者ケアの意思決定プロセスに関するガイドライン 人工的水分・栄養補給の導入を中心として〜」が公表され，関連学会，機関において検討・審議が重ねられてきた．

　こうしたなか，ＮＨＫの報道番組『クローズアップ現代「人生の最期どう迎える？　〜岐路に立つ延命治療〜」』（2012年5月17日放送）や『特報首都圏ＮＨＫ総合1「延命医療をやめられますか」』（2015年10月16日放送）などにおいて，岐路に立つ延命医療の実態が浮き彫りにされ，長引く延命医療のなかで，患者本人にとっての最善の医療をめぐる家族の苦悩と医師の不安や葛藤の様子が伝えられた．

　このように，医療技術の進歩に伴い延命医療が登場したことにより，人生の最期をどう迎えるかの選択肢が広がるにつれ悩みも増大した．人生の終焉を迎

える前の（自分の身体をどうするかの）意思決定という問題が横たわる.

　さて, 本章では, 筆者のこれまでの取り組みである,

1.「終末期における望ましい医療の内容に関するガイドラインの策定に関する研究」（平成 16 年度　厚生科学研究費補助金　厚生労働科学特別研究事業, 主任研究者　国立保健医療科学院　林謙治次長）報告[3]と, 2. 日本医学哲学・倫理学会主催の文部科学省科研費研究成果公開講座「高齢者医療・終末期医療と地域医療」（2013 年・平成 25 年度）,「終末期における治療の差し控えや中止とその倫理的問題——よい死を迎えるために」（2015 年・平成 25 年度）[4],「『気づき』からはじまる臨床倫理——治療方針をめぐるよりよい意思決定のために」（2017 年・平成 29 年度）[5]等の報告を基に, 終末期医療における意思決定の問題を扱いたい.

　とりわけ, 終末期医療の議論のなかで頻出する「延命医療（措置）と QOL」（第 1 節）と, その延長線上に出てくる, 延命治療中止をめぐる意思決定の問題（第 2 節）についての考察を行なう.

第 1 節　延命医療

第 1 項　延命医療と QOL——恣意的価値判断の危険性

　ここでは終末期医療における延命医療（治療）の問題について, QOL との関係から論じていきたい. 延命医療に関する議論を始める前に, まず, その用語の示す意味をみていこう.

　「延命」という語は「命（生きている期間）を延ばす」という意味であり, **字義通り**には「延命治療」という言葉に何かマイナスの含意があるわけではない. ある意味で,「医学的治療のほとんどは延命治療である」とも言える.

　ところが,「延命治療」の代表例である人工呼吸器や胃ろうなどに対しては,「過剰な治療」といったマイナスのイメージを伴う.

　たしかに「延命医療の問題」というとき, 人工呼吸器や胃ろうの差し控えや

中止に対するジレンマをさすことが多いが，人工呼吸器や胃ろうが実際には「過剰な延命治療」とは限らず，患者本人にとっての生きる支えや生きる道具になる場合もある[6]。

　そうでないと，延命医療が無駄に生かされるための「単なる延命医療」あるいは「無駄で無益な治療」として，差し控えがどんどん正当化されていってしまう危険性があると考える．また，こうした延命医療の差し控えや中止に伴う「無益な治療」概念の他に，「医療資源」（医療費削減）の概念の危うさが指摘されているので，項を改めて論じることにする（第2節第2項）。

　本項では，延命医療中止をめぐる意思決定において，（特に医療者側が）「医学的無益／無益な治療（medical futility）」を根拠に，QOLの過小評価が行われるといった恣意的価値判断が伴う危険性について論じていきたい。

　日本語の「延命医療」には原語があり，英語では，"life-prolonging treatment"または"life-sustaining treatment"あるいは"life-support"と呼ばれている。日本語訳はそれぞれ「延命医療」「延命治療」「生命維持治療」となる。

　具体的には，人工的な栄養・水分補給法としての，経鼻栄養，中心静脈栄養，胃ろう，腸ろう等がある。

　終末期における延命医療としては，心機能・血圧維持のための薬物投与，中心静脈や経管栄養（非経口栄養），輸血，人工透析，気管挿管・気管切開などの気道確保，人工呼吸，人工心肺，心肺蘇生（心臓マッサージ，電気的除細動，心臓治療薬の投与等）などが挙げられる。輸液は，液体を皮下，血管内，腹腔内などに投与することで，栄養補給，脱水症状の治療目的で行われ，血管への点滴によることが多い。中心静脈栄養は，鎖骨下などからカテーテルを入れ，右心房近くの大静脈のところで栄養液を補給する方法で高カロリー輸液でもある。

　ところで，「延命医療」という語にはいくつかの類語があり，たとえば，「延命治療」「延命処置」「延命措置」「生命維持治療」「生命維持処置」があるが，会田によれば，「治療」と「措置」とでは各語が含むニュアンスが異なり，価値づけが行われていることを[7]，以下のとおり，指摘している。

　すなわち，「延命治療」と「生命維持治療」は「延命医療」と同義語であるといえる一方で，「延命措置」や「生命維持措置」という場合，そこには「この医

療行為はもはや治療や医療ではなく措置である」という含意があるといえる.[8]

　終末期の定義と治療停止が考慮の対応となる患者の具体的な状態を初めて示した日本救急医学会は,「救急医療における終末期に関する提言（ガイドライン）」（日本救急医学会, 2007）のなかで,「延命措置」という語を意識的に使用している. つまり, このガイドラインでは,「治療ではなく, 単なる延命措置」とすることで, それが, すでに治療とはいえなくなったものという価値づけを行っている.

　そして, 延命治療は延命措置とすることで,「生きながらえさせる治療」から「やりがいのない治療」,「無益・無駄な治療」の意味を帯びるようになる.

　延命医療には「無益・無駄な治療・医療行為」という否定的な含意がある一方で,「生命維持治療」には字のごとく「生命を維持する治療」という肯定的な含意があるという見方もある.

　日本学術会議臨床医学委員会終末期医療分科会が 2008 年に出した報告書「終末期医療のあり方について ── 亜急性型の終末期について ──」での延命医療の定義（www.scj.go.jp/ja/info/kohyo/pdf/kohyo-20-t51-2.pdf）には,

　　「“何らかの治療行為を行わなければ死に至るはずのものを, 生きながらえさせる”ための治療としての意味合いで使われている. ……無駄な医療行為との意味合いが含まれて使われることも少なくないが, 延命治療を行うことと, 行っている延命治療の医学的無益性の判断とは本来別の問題であると考えられる. さらに, 治療内容は人工呼吸器や補助循環に止まらず, 終末期では輸液管理や栄養管理までが延命治療に含まれることが多い. このように, 延命治療が意味するところは広汎である」

と, ある.

　一方,「医学的無益」という概念が全面に出された例として紹介されているのは, 1995 年の東海大学付属病院事件判決（横浜地裁）（後述する）による尊厳死の定義である. そこには,「尊厳死: **無駄な延命治療を打ち切って自然な死を迎えること**を望むこと」とし, 当該行為の記述のみならず, それについての価値判断を含んでいる. 加藤太喜子は, 治療行為の中止が「無駄な延命治療

を打ち切って自然な死を迎えることを望むいわゆる尊厳死の問題でもある」というこの箇所に，医学的無益という論点が関係しているのだと指摘している[9]．

　水野俊誠と前田正一によれば，この場合の「無駄」とは，治療が延命の効果をもたらさないという意味ではなく，**生命の質（QOL）が低いため延命の価値がないという意味**である[10]．

　延命医療には，QOLを落としつつ，無理やり生命を延ばすという意味合いがあり，それを無駄な医療と捉える観点からだと，「無益な治療」となる．しかも，「無益」という語は扱う者によって，しばしば恣意的に解釈される可能性があるため[11]，注意が必要である．

　たとえば，転倒事故で重度の不可逆的脳障害になった86歳女性ヘルガ・ワングリー（Helga Wanglie）の人工呼吸器管理をめぐる事件[12]を紹介した，バーナード・ロウ（Bernard Lo）は，家族が延命を望んでいるのにもかかわらず，医療者が呼吸器を「医学的適応がない」とした例を挙げ，「医学的適応がない」や「無益な治療」は医師が直感的に使いがちな用語であるが，きわめて慎重に用いなければならないとしている[13]．

　延命そのものを本人や家族が望むケースに対し，医療者が一方的に「無益」と判断することは大問題である．両者のあいだに，価値判断による隔たりがあり，結局は，QOLを誰がどのように評価するのかによって延命行為に対する価値判断が分かれるからである．

　ここ最近，盛んに議論されるところの人工的水分栄養補給法 AHN・胃ろう（胃チューブ，PEG）をめぐる意思選択について，医療者側の無益な治療論に基づく（医療者側と患者側双方の）QOL評価の影響を考えてみたい．

　たとえば，医療者が，食事を生きがいとしている患者にとっては AHN を装着することは，QOLを下げるだけで何の益ももたらさないと評価するとしよう．しかし実際にその患者の生きがいは食事ではなく，執筆活動や芸術作品など創造的価値にあるとしたら，胃ろうはそれを可能にさせる生活の支え，生きる道具ともなるため，QOLの向上につながるかもしれない．

　AHNを設置するかしないかの価値判断は，たとえば，院内コンサルテーションなどで行われる4分割法[14]（「医学的適応性」の「医学的無益性」検討事項）での

検討の場で可能であろう．さらに，患者本人と家族，その場にいる医療スタッフ全員で行なう ACP の検討の場でも可能であろうと考える．

　延命医療をめぐる意思決定の場面で問題となってくるのは，患者本人や家族だけでは自分たちの意思を決定すること自体が困難だからである．その意味においても，4 分割法や ACP などのアプローチは必要だと考える．

第 2 項　高齢化社会における延命医療

　日本では，高齢者が終末期に食べられなくなると，人工的水分・栄養補給法 AHN: Artificial Hydration and Nutrition（つまり，鼻チューブや胃ろう，点滴）が行われることが多い．そのため，高齢者の病棟は，何年も寝たきりの患者で占められている．不快な人工栄養の管を抜こうとすると体が縛られる[15]．

　2007 年から 2013 年にかけて，スウェーデン，オランダ，オーストラリア，スペイン，オーストリア，アメリカなどの高齢者の終末期医療の現場を調査してきた，宮本顕二・宮本礼子医師夫妻は，諸外国の高齢者施設と比較して，日本の高齢者施設，高齢者終末期医療のいくつかの問題点を指摘している[16]．

　宮本によれば，「欧米豪では，高齢者が食べられなくなっても，点滴や経管栄養は行われず，寝たきりの高齢者はみられないのに対し，日本ではそれらが当然のように行われている」のだという．

　「欧米豪では高齢者が終末期に食欲がなくなるのはあたりまえのこととして捉えており，経管栄養を行なうことは非倫理的（患者の尊厳を冒す行為）[17]」と考えられるからだ．

　一方，「日本では食べることを拒否している高齢者にも無理やり食べさせることがあるため，誤嚥性肺炎が多い．日本の死因の第 3 位は肺炎で，その多くは誤嚥性肺炎である．日本では，脱水や低栄養は終末期の高齢者にとっても悪いことと考えられている[18]」．

　それに対して，欧米の終末期における人工栄養補給法 AHN の研究では，終末期の AHN の差し控えは苦痛の原因にならないどころか，緩和ケアであるとみなすのが常識だという[19]．脱水になると脳内麻薬である β エンドルフィンが分泌され，それやケトン体の増加により沈痛鎮静作用をもたらし気分が良くなる．

低栄養になると，栄養源として自分自身の脂肪が使われるため，血中のケトン体が増加して意識がもうろうとするが人間の身体は，枯れるように死ねば，穏やかな最期を迎えられるようにできているのだという[20].

　海外における高齢者への人工栄養の反・非倫理性についての記述は，宮本夫妻の文献の他，池上らの調査[21]（2002），天本調査[22]（2002），会田文献[23]（2011），樋口文献[24]（2014）等がある.
　池上らがスウェーデン，オランダ，フランスで行った調査（2002）では，自分で食べることが困難になった高齢者には経鼻経管栄養や胃ろうを作るほどの人工的な処置は行わないのが通常であると報告されている.　日本の高齢者医療の分野で著名で海外事情に通じる天本宏は，欧州では「食べられなくなったら寿命」というコンセンサスがあり，「食事をしない老人に無理に食べさせるのは人権侵害」という考え方があると報告している.
　会田は，米国老年医学会ガイドラインが「人工的な栄養投与はほとんどの症例において患者のためにならない.　適切な口腔ケアを行い，小さな氷のかけらを与えて水分補給する程度が望ましい」，欧州静脈経腸栄養学会（ESPEN）が「胃ろう栄養法は誤嚥性肺炎や褥創の発症を減少させ，患者のQOLを軽減するという医学的証拠（エビデンス）はない」と述べ，米国アルツハイマー協会，豪アルツハイマー協会等のガイドラインは，経管栄養法が多くの合併症の原因になることなどの助言や勧告を行っていることを報告している.
　また，NPO法人「高齢社会をよくする女性の会」理事長の樋口恵子は，スウェーデンへの視察を通じて，北欧と日本の人工栄養に対する考え方の違いを以下に述べている.
　スウェーデンの医師は，家族の声に耳を傾けるが，「医学の倫理」に基づいて呼吸器などをつけることが非倫理的だと判断すれば外す.　日本では延命できるのを中止することこそ「非倫理的」と判断するが，スウェーデンでは回復の見込みのない患者に延命措置を続けることの方が「非倫理的」とみなしている.
　さらに，辻彼南雄（一般社団法人ライフケアシステム代表理事）らは海外各国の国際長寿センターでの終末期，看取りに関するヒアリング調査「理想の看取りと死に関する国際比較調査（日本，韓国，イスラエル，オーストラリア，チェコ，

オランダ，フランス，イギリス，アメリカ）」[25]（2012）で，日本は諸外国と比較して，高齢者認知症患者を終末期であると判断する割合が低く，人工栄養を行なう割合が高いグループに入ることを示している[26]．

　筆者の海外文献レビューで被引用件数の高かった，Yamaguchi らの調査[27]（2016），高齢者に人工栄養水分補給（AHN）への希望を訊く調査において，日本では，高齢患者の大多数が終末期の AHN に抵抗感を覚えているのにも関わらず，はっきりとした希望を持たなかった（意思表明していなかった），という結果が報告されていた．

　Kawasaki らの調査[28]（2015）（2011-12 に行われた東京の病院での質問紙調査）では，認知症高齢患者への胃ろうと人工呼吸器使用について，一般人と医療従事者との間に認識の違いがあり，約 60% の一般人は胃ろうが何であるかがわからなかったという結果が報告されている．

　また，Matsumura らの調査[29]（2005）（ICU に関する国際会議の参加者にメールでアンケート，3496 送信中 1961 返信）は，ICU における人生最期の態度：国際比較（北欧，南欧，トルコ，ブラジル，中央ヨーロッパ，カナダ，オーストラリア，日本，米国）を行っており，北欧や中央ヨーロッパ，カナダ，オーストラリアの参加者では人工呼吸器の差し控えや抜管が好まれるのに対し，日本，トルコの参加者は継続を好むという結果を示している．

　以上のことからわかるのは，国によって医師の延命措置に対する考え方の違いがあること，日本では（医師が）延命措置を継続する傾向にあること，日本では高齢患者や一般人において延命措置に対するはっきりした意思表示がないことなどである．

　日本の場合，多くの医師が AHN の差し控えや中止に，法的責任の理由以外に心理面で抵抗があることが，1999 年の浅井らの調査[30]で明らかになっている．

　鈴木隆雄は，複数の調査で，「『延命のための胃ろうによる栄養補給』は医療従事者では 8 割，一般市民では 7 割が拒否の意向を示している」として，とくに医師や看護師での拒否割合が高いのは，おそらく胃ろうによる延命措置が個人の尊厳や QOL を高めることに必ずしも適していないことを彼ら自身が強く思っているからであろう[31]，と分析している．

つまり，「栄養補給は生命を維持する必要にして最小限の基本的療養」という認識のもと，AHNを患者から差し控えたあとの死を直観的に非倫理的とみなす医師が大多数いるということである（むろん，終末期のAHNは不要という見解をもつ植村和正のような老年医学専門医もいるが，この立場は少数であろう[32]）．

　会田薫子は，AHNをめぐる医師への意識調査結果を基に，「AHNを控えることを非倫理的と捉える対象医師の多くが，胃ろうを作り，そこから流動食を流すという方法を自分が患者なら望まない，あるいは拒否すると回答し，自分の親にも行わないと述べた．……そうであるなら，AHNを差し控えたあとの死を非倫理的と感じるのは自己矛盾といえるのではないか[33]」と，指摘している．

　しかも，問題なのは，会田の調査によれば，こうした矛盾を抱えた医師たちの「胃ろうを選択する」という意思決定が，家族の意思決定よりも優先され，胃ろうが実施されるということである．つまり，胃ろう設置の趣旨説明を家族にして了解を得るというより，多くの場合，単に医師側の意思を家族に伝達して（家族が医師に言われるがままに）胃ろうを選択するように，「医師が患者の家族を誘導している」ということである[34]．

　さらに，医師にとって，胃ろうによる延命は，「患者本人のためというより，家族のため」というタテマエを用いることによって，家族の意思を尊重したふりをする医師の決定でもある．つまり，医師にとっての胃ろう介入の目的は，本人の利益よりも家族の想いを尊重することで，医師本人の保身のためである．また，意識を喪失した患者，あるいはそれに近い状態で意思疎通が図れない患者は，本人のためというより家族のために延命を続けるのが日本でのあり方であり，AHNによる延命期間は家族の死を迎える準備・受容のために重要であるとする対象医師の様子が報告されている[35]．

　これでは，誰のための胃ろうなのかがわからなくなってくる．

　加藤尚武は，「胃ろうの本当の目的は何か」ということを，『死を迎える心構え』（2016）で，「医師は刑事責任を逃れるため，家族は年金をとるため，介護人は手間をはぶくために胃ろうをつけたままにしておきたがる．その結果，私はいちばん楽な死に方ができなくなるかもしれない（183頁）」として，日本における高齢者，とくに認知症患者の場合には，一般的に意思決定能力がないとみなされることから，胃ろうを設置するかどうかは，周りの判断に委ねられ

る可能性について指摘する．認知症患者の場合には，自己決定尊重主義は効力
を失う．

　しかし加藤は，大井玄の『呆けたカントに「理性」はあるか』（新潮新書，
2015年，184-185頁）のなかの「胃ろうについての意向を認知症高齢者と健
康高齢者について調査した結果を比較すると，どちらも『死に方は自然にまか
せたい』がおおむね80％で，延命治療を選ぶのが9％ほどという」を引用しつ
つ，高齢者が認知症になったとしても，胃ろうに対する意思決定は可能で，尊
重されるべきだと結論づけている．

　つまり，大井によれば，「認知症高齢者の『直観的判断』が生物進化の何
十億年の歴史において保証された有効性をもつ」，経験値のない赤ん坊が「ワ
クチン接種を嫌がるのとは，嫌がる意味が異なる」ことを述べている．高齢者
の拒否は全生涯の経験と記憶に基づく意思表明であるため，その意思を尊重す
べきだとみているのである．

　この考えは，認知症高齢者の場合の「代理（意思）決定」ならびに「共同意思
決定」の問題に新たな示唆を与えるものと思われる．

　つまり，胃ろう設置をめぐる意思決定が不可能だとみなされていた認知症高
齢者本人に代わって，家族が苦渋の選択をしなければならないといった問題は
少なからず解消されうるのではないか．

　高齢者の意思尊重のあり方に一石を投じる調査結果だと思われる．

　さて，先の宮本の欧米豪の調査研究の内容に戻ろう．

　欧米豪で，終末期にAHNをしない理由は3つある．

　一つ目は，死生観が明確で，何もわからない状態で生き続けることは意味が
ないと考えている，

　二つ目は，倫理の問題で，高齢者は苦しむことなく尊厳をもってなくなるこ
とが大切であり，人工栄養で延命することは倫理的でないと考えていること，

　三つ目は，高齢化による医療費増大の抑制である．

　欧豪は早い時期から将来の高齢化を見越して，医療保険改革を進めてきた．
スウェーデンでは1992年のエーデル改革以来，社会的入院を減らし，施設や
在宅での看取りを進めて医療費を削減してきたという．

欧米豪では，人工栄養で延命されたくないという国民の要望と，医療費を抑制したいという政府（米国では民間）の方針が一致し，現在の状況が生まれているのだという[36]．

　宮本が述べるように，欧米豪とは文化的思想的社会的背景がかなり異なるため，そのままうのみにするわけにはいかないだろうが，今後日本独自の文化的思想的背景を探りながら，日本の「死生観」「倫理観」そして財政の観点を見据えた，終末期医療のあり方を考えるときにきている．

　第3章では，こうした日本の思想的背景とそれが影響を及ぼす意思決定のあり方を，ACPに対する意識調査より探っていきたい．

第2節　延命医療中止をめぐる意思決定の問題

第1項　延命医療中止をめぐる出来事

　近年の医療技術の進歩により，先進諸国が高齢社会に到達するなか，世界各国で，良い終末期をどのように実現させるか，そうした意思決定のあり方が大きな課題となり，議論の対象となっている．

　日本の尊属殺人被告事件（山内事件）[37]（1962）や東海大学付属病院事件[38]（1991），京都の国保京北病院事件[39]（1996），川崎協同病院事件（2005・2007・2009）等の事例や判決概要については，日本における終末期延命医療に関する法的判断の指標とされている．

　尊厳死法案が提案された背景には，終末期状態の患者の治療を中止した医師の行為が，法的，社会的に問題とされた事案が相次いだことがある（表　医師の延命医療中止行為が法的問題となった事案）[40]．

　いずれの事案も患者の意思が確認されておらず，患者の自律尊重の点から倫理的にも問題のあるケースばかりであると思われる．

　日本において，延命医療中止が深刻な社会問題として認識される大きな契機となったのは，2004年の北海道立羽幌病院において，誤嚥窒息のため心肺停止状態で搬送された90代の患者の蘇生後に，医師が人工呼吸器を外し，患者

を死亡させた事件であった．2006 年には過去 5 年の富山県射水市民病院での
医師による 7 人の患者からの人工呼吸器外し事件も全国紙の一面トップ記事
として大々的に報道された．

医師の延命治療中止行為が法的問題となった事案

発生場所	医師の行為	発生時期	概要	患者の意思の有無	刑事責任追及の有無
東海大学医学部付属病院	鎮痛・鎮静目的以外の全治療中止後，積極的安楽死	1991年4月13日	末期の多発性骨髄腫で昏睡状態患者58歳から医師が点滴等を取り出し，塩化カリウムを注射	なし家族の要請	医師：殺人罪
国保京北病院	積極的安楽死	1996年4月27日	末期がんで昏睡状態患者48歳に医師が筋弛緩剤投与	なし家族同意なし	医師：不起訴処分
川崎協同病院	延命措置中止，積極的安楽死	1998年11月16日	気管支喘息で植物状態，昏睡状態患者58歳から医師が呼吸器外し，筋弛緩剤投与	なしチューブ抜管を家族が要請	医師：殺人罪
北海道立羽幌病院	延命措置中止	2004年2月15日	心肺停止状態の90歳患者から医師が呼吸器外し	なし家族の同意	医師：不起訴処分
富山射水市民病院	延命措置中止	2000年9月～2005年10月	50～80代末期がん患者7人から医師が呼吸器外し	なし家族の希望	医師：不起訴処分
和歌山県立医科大学付属病院紀北分院	延命措置中止	2006年2月28日	医師が脳死状態と診断した患者から呼吸器外し	なし家族の希望	医師：不起訴処分

　2004 年に発生した北海道立羽幌病院（2006 年に不起訴処分），2006 年
（発生）の和歌山県立医大，2000-2005 年に発生し，2006 年に報道の富山
射水市民病院での事案．いずれも医師が殺人容疑で書類送検，その後いずれも
不起訴となった．[41]

また，東海大学付属病院事件，川崎協同病院事件においては，医師による治療行為の中止および積極的安楽死が行われた．

　この二つの事案では，医師の法的責任を問われた行為が異なった．東海大病院の事案では，積極的安楽死のみが問われたのに対し，川崎協同病院の事案では，治療行為の中止と積極的安楽死の両方に関する医師の法的責任が問われたのである．これまで医師が有罪となった例は，この東海大病院と川崎協同病院の2例しかなく，いずれも筋弛緩剤の投与まで行った事例であった．単に延命治療を中止したり差し控えたりした例で有罪となったものはなく，起訴もされていない．[42]

　しかしながら，以上のような事件や事案が相次ぎ，医療従事者の間に生命維持治療を中止したら刑事責任を問われるかもしれないという不安が広がっていった．

　このような事件を受け，延命治療の中止行為が刑事訴追される可能性があるとして，厚労省，学術団体，各学会がガイドラインを策定することになった．[43] 2007年に厚労省が「終末期医療の決定プロセスに関するガイドライン」を公表し，2015年にこのガイドラインは「人生の最終段階における医療の決定プロセスに関するガイドライン」と名称変更された．

　国によるこのガイドライン策定と並行して，学術団体などが報告書やガイドラインを公表した．2007年11月に，日本救急医学会が「救急医療における終末期医療に関する提言（ガイドライン）」，翌年2008年には，日本学術会議が「対外報告　終末期医療のあり方について ── 亜急性型の終末期について」を，そして，日本医師会が「平成18・19年度　生命倫理懇談会答申　終末期医療に関するガイドラインについて」を公表した．[44]

　これらのガイドライン等には法的拘束力はなく，医療従事者が従わなければならないという性質のものでもない．ガイドライン等に従ったからといって，常に法的責任を問われないとも限らない．[45] ガイドライン等は患者や家族の意思を尊重しようと配慮されている．

　各種ガイドラインが作られた後，延命治療中止行為のみによって医師の刑事罰が確定したケースはないが，治療行為中止と積極的安楽死の両方の法的責任を問われた川崎協同病院事件にみられるように，依然として刑事訴追の可能性

が残っているとして，法制化の必要性が指摘された[46]．

　厚労省の終末期医療に関するプロセス・ガイドラインが出された 2007 年以降，人工呼吸器や胃ろうを外したために起訴された例はなく，また，警察が介入して大きなニュースになった例もない．それでも日本では医師の法的免責を明確にするために，尊厳死法案が提案されているというのが現状である[47]．

　ただし，厚労省が 1987 年以降，ほぼ 5 年ごとに行ってきた，終末期医療に関する世論調査をみれば，終末期医療に関する法制化には消極的だという結果が出ている[48]．厚労省の「終末期医療の決定プロセスに関するガイドライン」（2007-）をはじめとする，日本集中治療学会，日本救急医学会，日本循環器学会から公表された「救急・集中治療における終末期医療に関するガイドライン〜 3 学会からの提言〜」（2014）といった，各種のガイドラインで十分とされている[49]．

　厚労省「終末期医療の決定プロセスに関するガイドライン」（2007），日本救急医学会ガイドライン（2007），日本老年医学会「立場表明 2012」（2012），日本老年医学会「人工的水分・栄養補給法の意思決定プロセスガイドライン」（2012），日本透析医学会ガイドライン（2014），救急・集中治療・循環器学会合同ガイドライン（2014）では，不要な治療を終了して看取ることは，緩和ケアの観点から医学的にも倫理的にも適切であるとされている[50]．

第 2 項　「死の自己決定権」と「無益な治療」論

　延命治療の差し控えや中止（日本でいう「尊厳死」）を肯定する際の根拠として「死の自己決定権」という考え方がある．

　「死の自己決定権」や「死ぬ権利」の主張は，「尊厳死」という言葉のきっかけにもなったカレン・アン・クインラン裁判（1975-76，植物状態に陥ったカレンの人工呼吸器の取り外しを両親が要求[51]）で問題となった延命治療の中止（消極的安楽死）だけでなく，医師幇助自殺（PAS）や積極的安楽死への合法化へ向けて進められている．

　尊厳死や安楽死，PAS が容認される背景に「死の自己決定権」や「死ぬ権利」概念があるが，「自分の命は自分のもの」という自律や自己決定の考えから権利の主張になる[52]．

患者の権利の一つである自己決定権や自律の尊重に基づき，本人に関わる全ての治療方針や選択をめぐる意思決定がなされるため，たとえその意思決定が本人の命を損なうものであったとしても，尊厳死や安楽死等が容認される根拠となりうる．

　児玉真美は，「死の自己決定権」を求める動きと並行して英語圏で進行している「無益な治療」論による一方的な治療の停止と差し控えについて，以下のような重要な指摘を行っている．

　　「死の自己決定権をめぐる議論では，生命維持を拒否したり，死ぬことに幇助を受けたり，あるいは直接的に手を下して死なせてもらうのは患者本人の自己決定権である，という主張が行われ，患者の決定権をめぐる議論だった．
　　それに対して『無益な治療』論では，患者や家族などが求める治療を，医療サイドが無益と考える場合には拒否することができる権限が主題となる．すなわち，こちらは医療職の決定権をめぐる議論である[53]」．

　患者にとって利益がなく無益な治療であれば，その治療を提供する義務は医師にはないという原則は医療現場ですでにコンセンサスとなっているからである．

　人工呼吸器や胃ろうなどの延命治療が患者にとって益のない治療とみなされた場合，医療側は実施する義務がない．

　先に加藤太喜子の論に基づき様々な問題について述べてきたように，いったい何をもって「無益な治療」と判断するのかという問題は非常に難しい議論であり，「無益」という概念をめぐっては，今なお激しい論争が続いている．一貫した「無益」の定義は存在しない．

　加藤太喜子は，「医学的無益」という概念は定義が困難であり，どの程度無益であるとみなすかについての線引きが恣意的であり，医療資源配分の問題とともに論じられる危険があると指摘している[54]．

　「無益な治療」「過剰な治療」の捉え方には，本人と家族，医療者に違いがあると思われるので，判断は主観的になりうる．多様な価値観を活かすためにACPがあると考えるが，直前の本人の意思尊重，家族や医療者の共同意思決定により，患者の最善の利益をめざすことが重要である．

　また，死の自己決定を尊重する形の尊厳死推進には，高齢者への延命医療が「無益な治療」「過剰な治療」であるとみなされ，延命医療差し控え・中止という医療費節減につながり危険であるといった批判がある．ACP による尊厳死の実現が高齢者の切り捨てにつながると危惧される意見もあろうが，前章で高齢者医療の現状，延命医療の問題を述べてきたように，ACP は高齢者の介護家族が抱える問題を克服し，彼らの希望を支えていくプロセスである．

　尊厳死で懸念される「周囲の反応」というのは，本人の意思に反して延命医療の差し控えにより死期が早められることに対し，ACP で懸念される「周囲の反応」は，本人の意思に反して延命させられることである．本人の死の自己決定がどこまで守られるか，「周囲の反応」をどう避けるか，といった倫理的問題があるが，徹底した話し合いを必要としている．

第 3 項　日本における医療選択と意思決定[55]

　先で述べたように，日本において，終末期状態の患者の治療を中止した医師の行為が，法的倫理的に問題とされた事案が相次いだ．

　いずれの事案も患者の意思が確認されておらず，患者の自律尊重の点から倫理的にも問題のあるケースばかりで，患者本人の望ましい医療選択とは何か，意思決定のあり方が問われる現状にある．

　本書では，医師による積極的安楽死行為の問題は，事前指示・ACP 議論の対象となる延命医療中止行為（消極的安楽死・尊厳死）とは本質的に別の問題であるため，深く論じない．ここでは，本人の医療選択・意思決定の問題を扱い，日本人の意識とその特徴から意思決定支援の在り方について述べていきたい．

　たとえば，東海大学付属病院事件判決での特徴は，昏睡状態の患者の積極的な治療の中止，「間接的安楽死」や「治療行為の中止」について「家族の推定」を容認した点である．つまり，死期の迫った患者なら，昏睡状態の場合を考慮して，家族から「本人の意思」を推定することを法律上可能にしたことである．

　治療中止の最大要件である「本人の意思」を家族からの推定にまで広げた点は，海外でも定着していないので，国内外で議論の的になった．この判決は，家族の意向が強く反映される日本の医療現場の実態にあわせた判断といえるかもしれないが，何よりもまず，「本人の意思」確認を最優先し，それができな

い場合の「家族の推定」を厳しい条件のもとで検証する必要があるといえよう．ただし，松浦裁判長は，この家族の忖度に関して，「家族の意思表示から患者の意思を推定すること，いいかえると，患者の意思を推定させるに足る家族の意思表示によることが許される」と述べていることに注意したい[56]．

　日本においては，「患者の自己決定権」が制度化しておらず，患者の決定した意思表示の内容を医師が実施することの法的な保障がないことが特徴である．また，一般的にいって，「個人の意思」というものが軽視されやすく，むしろ「家族全体の意思」が重視される傾向がある．

　たとえば，昭和 54 年（1979 年）の「角膜及び腎臓の移植に関する法律」や昭和 58 年（1983 年）に施行された「医学及び歯学の教育のための献体に関する法律」また，平成 4 年（1992 年）に臨時脳死及び臓器移植調査会（脳死臨調）が提出した最終答申「脳死及び臓器移植に関する重要事項について」のそれらの条項に，家族の承認があれば移植してもよいとの条件付けがある．さらに先の東海大学付属病院事件の判決条項のなかの「治療行為の中止」がある．「家族の意向」が法律に反映されているのは，日本人の「家族主義的」傾向によってもたらされているためのように思われる．最大限に「本人の意思」の尊重が法律によって守られている欧米とは，きわめて対照的である．

　このような状況をふまえて，望ましい医療のあり方をめぐる厚生労働省の終末期医療検討会[57]ないし多くの学会では，日本人は「個人主義」よりも「家族主義」が強いため，「患者の自己決定権」を強調するよりも「集団決定権」，すなわち患者本人と周りの家族，医師との合意が必要とされている．この意見は，がん告知の際の合意形成にもとづいていると考えられる．つまりそれは，がん告知をめぐって，患者が，「自分には知らせても家族には知らせないでほしい」と言い，逆に家族が，「私たちには知らせても本人には知らせないで」と言って，医師を困らせるケースである．

　なお，厚労省の第 3 回終末期医療検討会（平成 15 年 11 月 19 日議事録）で出された「集団決定権」という語は，個人の決定ではなく，家族や医師を巻き込んだ決定であり，議会では個人対集団を強調し，自己決定との区別をするために使用されていた．

　一方，shared decision making という語は，インフォームドコンセントを補

う新たな意思決定の方法であり，近年，コミュニケーションに基づく合意形成の手法として活用されている[58].

　共同意思決定は，集団決定よりも，（意思決定における）共同作業をより強調した意味合いをもつ[59].

　20年以上前の横尾京子の「日本の看護婦が直面する倫理的課題とその反応」調査報告によると，患者と家族関係においては，この傾向が強いとされている．また，当時の文部省の統計数理研究所（清水良一所長）が日本人の意識調査を行った結果，日本人はきわめて家族尊重型であることが明らかとなったと報告されていた．一番大切なものは何であるのかの問いにたいして国民は，「家族（42%）」ついで「こども（10%）」と答えている（1994年7月17日　朝日新聞）．

　家族との一体感は，医療現場において，患者本人とのあたたかい信頼関係にも，また家族の患者への干渉にもなりうるので，「家族の意向」をふまえた法制化には，十分注意が必要である．私たち日本人は，生きている家族だけでなく，故人との断絶も好まない．

　それは，現代において今なお根づいている儒教の宗教性，すなわち「孝」にもとづいている．先祖崇拝・親への敬愛・子孫の存続という三者を一つにした生命観としての孝，死の恐怖・不安からの解脱にいたる「宗教的孝」である．また，その儒教的精神は仏教や神道と融合して，お彼岸やお盆にみられる先祖崇拝へとつながっていく．日本の各家庭において精神的つながりが強い傾向にあることは，この（神仏儒習合のかたちをとった）日本固有の宗教観にもとづいているからだといえよう．

　それゆえ，家族は患者個人の死を独立した個の死として扱わず，「自己決定」の権利を認めたがらないのである．これは，「自己決定権」よりも「家族の同意を含めた決定」のほうが定着しやすい理由の一つであろう．それは，インフォームド・コンセントの多くの場面において，家族ばかりでなく，患者自身にもあらわれる．

　日本においては，「自己決定」がなじまないのが問題なのではなく，むしろ「自己決定」を支える基盤，いうならば「家族の同意を含んだ本人のインフォー

ムド・コンセント」がないことが問題なのである．それは，あくまでも「本人の意思」を第一に考慮させた上での「インフォームド・コンセント」（十分な情報提供に基づく本人による熟知同意）であり，最終的な患者の同意である．これをガイドラインないし法律上で整備する必要がある．

　具体的には，終末期医療の方針決定プロセスについての日本医師会の「終末期医療に関するガイドライン」（2008）では，たとえ本人の意思確認が可能な場合においても，家族がその意思決定に参与するよう考慮されるのが望ましいとされている．
　というのも，現状では，本人の意思が明瞭である場合とない場合とに分けて，家族の決定参与の程度をフローチャートで示しているが，前者（**本人の意思確認が可能な場合**）は**家族の決定参与がなく本人の意思決定のみ**で，後者（本人の意思確認が不可能な場合）は家族の決定参与があるとして，主として，認知症などのように本人の意思表明が不可能な場合にのみ，家族が決定に参与することが許されているからである．
　個人主義的な「西欧の自己決定」原則をそのまま日本に取り入れるのではなく，意思決定と表明が可能なうちから，家族や周囲の意見を取り入れる「共同意思決定」のあり方ないし実現に向ける必要があると思われる．

「インフォームド・コンセントにもとづく共同意思決定」
「自己決定」を支える「共同意思決定」へ
　「患者の自己決定」と「共同意思決定」とを定義するならば，おおよそ次のとおりである．「患者の自己決定」とは，「患者の生命と身体の最終決定権は患者自身にあるというバイオエシックスの基本理念にあり，医師の説明を理解し納得して，誰からも影響されずに自主的判断で選択した検査あるいは治療を受けようと自分で決定（自己決定）」である．つまり，患者みずからがもつ「自主的判断」および「選択権」を行使する権利をさす．さらに，患者がもつ権利としては，「真実を知る権利」も加わるが，これはインフォームド・コンセントの法的概念規定の範疇に入る．
　これに対して，「共同意思決定」とは，「患者本人と周りの家族と医師との

あいだの相対的な決定のことをさし，あくまでも『患者の自己決定』を主体とした，医師ないし医療スタッフ，家族など参与者とのあいだの合意」である．

　そもそも「インフォームド・コンセント」の基礎となる「患者の自己決定権」とは，「個人の人権と自由の尊重」および「権利・義務関係」が最も重視される個人主義の国，アメリカで生まれた法的概念である．しかし，私たち日本人は，権利意識と独立心に富んだ「自己決定」を強調されるよりもむしろ，支え合う環境のなかで葛藤と逡巡をくりかえしながらの「自己決定」の方に共感を覚えないだろうか．

　というのも，他人の手を介して初めて実現する場合が多い「患者の」自己決定権については，周囲がその「関与の仕方」を誤ることなく，繊細かつ適切な配慮をもってあたることが，何よりも大切になってくるように思われるからである．

　心身に不自由を抱き始めた患者の自己決定権は，他人の手を介してのみ実現させうることが多い．また，現代の医療問題の切札のように使われる「自己決定権」は，決定前の情報提供・決定後の実質的援助をいうように，その実現にほかからの「関与」が前提とされているからである．

　バイオエシックスはもともと，個人ないし契約主義またキリスト教文化から生まれたので，文化の異なる日本にそうしたアメリカ式「インフォームド・コンセント」を導入するわけにはいかない．[60]「自己決定権」の原理には，自由と平等の精神が根底にある．つまり，「人間尊重思想」と「神の前における人間の平等精神」の背景である．しかし，日本において，「自己決定」を実現させるためには，それを支える環境を法的に整備する必要がある．

　本章では，延命医療をめぐる患者・家族・医師同士のコミュニケーション不足，患者からインフォームド・コンセントを得ずして行った医師による独善的医療行為が原因で生じた，延命医療中止事件での問題点について述べた．

　第 3 章以降では，こうした本人の意思に基づかない延命医療中止事件が起こらないための「終末期の医療における患者の意思の尊重に関する法律案（仮称）（尊厳死法案）」法制化の背景（医師による延命医療中止行為が問題とされる事案の発生）と，各種ガイドラインの制定，さらに，事前対応策，すなわち，コミュニ

ケーションツールとなる，終末期に向けての事前指示 AD，ACP について論じていく．

　日本において延命医療中止をめぐる意思決定において議論を複雑にしているのは，「本人の意思」よりも「家族の意思」が最優先される社会の在り方であろうと考える．本書では，本人の意思を支える家族の在り方について，事前指示や ACP の意識調査を基に検討していきたいと考える．

註

1) 厚生労働省，終末期医療に関する意識調査等検討会報告書，平成 26 年 3 月　終末期医療に関する意識調査等検討会，VI-3（28 頁）「終末期医療」から「人生の最終段階における医療」への名称変更について．

2) 「新医療通信　終末期医療における延命治療の是非『延命治療の差し控えと中止』立場表明が意図するものとは」『シニア・コミュニティ』2012 年 7・8 月号，10 頁．「立場表明 2012」は 2001 年の立場表明の改訂．筑波大学大学院の飯島節教授の立場表明の目的と延命治療に対する考え方が紹介されている．

3) 「医療の実践と生命倫理」についての報告（平成 16 年 2 月 18 日　日本医師会　第Ⅷ次生命倫理懇談会）「平成 16 年度　厚生科学研究費補助金　厚生労働科学特別研究事業報告書　資料編『終末期における望ましい医療の内容に関するガイドラインの策定に関する研究』」（H16- 特別 -024），2004 年，6-11 頁．

4) 日本医学哲学・倫理学会　文部科学省研究成果公開講座「終末期における治療の差し控えや中止とその倫理的問題――よい死を迎えるために―― 資料集」2015 年，平成 27 年度科学研究費助成事業（科学研究費補助金）実績報告書（代表：勝山貴美子）．

5) 日本医学哲学・倫理学会　文部科学省研究成果公開講座「『気づき』からはじまる臨床倫理――治療方針をめぐるよりよい意思決定のために――資料集」2017 年，平成 29 年度科学研究費助成事業（科学研究費補助金）実績報告書（代表：沖永隆子）．

6) 沖永隆子「人生の終焉をどう支えるか――患者と家族の終末期の希望を実現させるための ACP（事前ケア計画）意識調査から――」『サイエンスとアートとして考える生と死のケア――第 21 回日本臨床死生学会大会記録――（日本死生学会誌増刊号）』エム・シー・ミューズ，2017 年，35 頁．

7) 会田薫子「延命医療問題とは何か」『延命医療と臨床現場　人工呼吸器と胃ろうの医療倫理学』東京大学出版，2011 年，2 頁．

8) 会田，前掲書，2 頁．

9) 加藤太喜子「『医学的無益』はいかなる場面で有効な概念か――医学的無益再考――」『生命倫理』Vol.21, No.1, 2011 年，44 頁．加藤太喜子（2016）「『医学的無益』に関するこれまでの議論紹介」櫻井浩子・加藤太喜子・加部一彦編『「医学的無益性」の生命倫理』山城印刷出版部，95-112 頁．加藤は，1995 年の東海大学付属病院事件判決文に加えて，「近年では，厚生労働省が 2007 年に発表した『終末期の決定プロセスに関するガイドライン』の『終末期医療及びケアの在り方』において『医学的妥当性と適切性を基に慎重に判断すべきである』と述べられている部分が，医学的無益という概念とかかわる」と指摘．

10) 水野俊誠・前田正一「第 14 章　終末期医療」赤林朗編『入門・医療倫理 I 』2005，251 頁．

11) 大西基喜「第 10 章　人工呼吸器外し」浅井篤・高橋隆雄責任編集，シリーズ生命倫理学編集委員会編『シリーズ生命倫理学 13　臨床倫理』丸善出版，2012，196 頁．

12) Angell, M., 1991. "The Case of Helga Wanglie――A New Kind of Right to Die Case." *The New England Journal of Medicine*, Vol.325, pp.511-512. Capron, A.M., 1991. "In re Helga Wangle." *Hastings Center Report*, Vol.21, Issue 5, pp.26-29. Cranford, R.E.,1991. "Helga

Wanglie's ventilator." *Hastings Center Report*, Vol.21, Issue 4, pp.23-25. 藤井可「第 7 章　患者の利益と無益性」浅井篤・高橋隆雄責任編集, シリーズ生命倫理学編集委員会編『シリーズ生命倫理学 13　臨床倫理』丸善出版, 2012, 128-129 頁.

13)　Bernard Lo, 2000, Resolving Ethical Dilemmas; A guide for Clinicinans 2nd ed, Lippincott Williams and Wilkins, Philadelphia. 大西, 前掲書, 196 頁.

14)　アルバート・ジョンセン (Jonsen, A.R) とマーク・シーグラー (Mark Siegler) らによる, 臨床倫理的アプローチの 4 分割法では, 「医学的適応」「患者の意向」「QOL」「周囲の状況」より, 患者の最善の利益をめざすための意思決定支援が行われる.

15)　宮本顕二・宮本礼子「諸外国の高齢者終末期医療」増田寛也＋日本創成会議編『高齢者の終末期医療を考える』2015 年, 26 頁.

16)　宮本顕二・宮本礼子「欧米豪にみる高齢者の終末期医療」『日本呼吸ケア・リハビリテーション学会誌』第 24 巻第 2 号, 2013, 186-190 頁. 宮本顕二・宮本礼子『欧米に寝たきり老人はいない　自分で決める人生最後の医療』中央公論社, 2015 年. 読売新聞の医療サイト「ヨミドクター」「(1) 寝たきり老人がいない欧米, 日本とどこが違うのか」 https://yomidr.yomiuri.co.jp/article/20150604-OYTEW52562/

17)　宮本, 2015, 28 頁.

18)　宮本, 同上.

19)　会田「胃ろうの栄養法をめぐって」『延命医療と臨床現場　人工呼吸器と胃ろうの医療倫理学』2011, 202 頁.

20)　会田, 前掲書, 202 頁. 宮本, 2015, 28 頁.

21)　池上直己, 油谷由美子, 石井剛ほか (2002)「要介護高齢者の終末期における医療に関する研究報告書」『医療経済研究機構』

22)　天本宏 (2002)「高齢者の医療供給体制はどうあるべきか 2 (座談会)」『病院』61, 819-823 頁.

23)　会田, 前掲書, 159 頁.

24)　樋口恵子 (2014)「おまかせデス (死) から自分のデスへ」樋口恵子編『自分で決める人生の終い方　最期の医療と制度の活用』ミネルヴァ書房, 197-205 頁. 樋口恵子 (2017)「終末期の医療——揺れる家族と当事者のこころ——」浅見昇吾編『「終活」を考える—自分らしい生と死の探求』上智大学出版, 83-109 頁.

25)　辻彼南雄「日本の看取り, 世界の看取り調査編「終末期, 看取りについての国際制度比較調査」「末期の医療, 介護と看取りに関する国際比較調査 (サマリー) 理想の看取りと死を考える」(ILC-Japan 企画運営委員会) 2012, http://www.ilcjapan.org/study/doc/summary_1101.pdf

26)　オーストラリア, フランス, イギリスは終末期と判断する割合が高く, 人工栄養補給を行わない傾向にある (上記資料, 18 頁).

27)　Yamaguchi, Y., Mori, H., Ishii, M., Okamoto, S., Yamaguchi, K., Ishijima, S., Ogawa, S., Ouchi, Y., Akishima, M. (2016) Interview- and questionnaire-based surveys on elderly patients' wishes about artificial nutrition and hydration during end-of-life care. *GERIATRICS & GERONTOLOGY INTERNATIONAL*. 16(11): 1204-1210.

28)　Kawasaki, A Matsushima, M., et al. (2015) Recognition of and intent to use gastrostomy or ventilator treatments in older patients with advanced dementia: Differences between laypeople and healthcare professionals in Japan. *GERIATRICS & GERONTOLOGY INTERNATIONAL*. 15(3): 318-325.

29) Nakazawa, K., Kizawa, Y., et al. (2013) Palliative Care Physicians' Practices and Attitudes Regarding Advance Care Planning in Palliative Care Units in Japan: A Nationwide Survey. *AMERICAN JOURNAL OF HOSPICE & PALLIATIVE MEDICINE*. 165(17): 1970-1975.

30) Asai, A., Maekawa, M., Akiguchi. I., et al. (1999) Survey of Japanese　Physicians' attitudes towards the care of adult patients in persistent vegetative state. *J Med Ethics*. 25: 302-308.

31) 鈴木隆雄『超高齢社会の基礎知識』講談社現代新書，2012，146 頁．

32) 石飛幸三『平穏死のすすめ　口から食べられなくなったらどうしますか』講談社文庫，2013 年，89 頁．

33) 会田，前掲書，203 頁．

34) 会田，前掲書，194-197 頁．大井玄『呆けたカントに「理性」はあるか』新潮新書，2015，41 頁．加藤尚武，前掲書，184 頁．

35) 会田，前掲書，180 頁．

36) 宮本，2015，31 頁．

37) 農業を営む当時 24 歳だった青年が，脳溢血で倒れたまま病床で激痛を訴え「殺してくれ」と叫び続けていた父親に対し，有機リン殺虫剤入りの牛乳を，事情を知らない母親の手を介して与えて死亡させた事件である．控訴審で弁護人は「安楽死」による無罪を主張したため，名古屋高裁では「安楽死」の是非の議論を避けて通ることはできなかった．昭和 37 年の名古屋高裁の「安楽死 6 要件」が満たされれば，殺人罪や尊属殺人罪の成立する余地はないものとして，殺人罪としては最も軽い懲役一年に執行猶予をつけた「自殺関与罪」の判決が下された．安楽死 6 要件は以下のとおり．①不治の病で死が目前に迫っている．②見るに忍びない苦痛がある．③その死苦の緩和の目的でなされる．④患者の意識が明確で意見表明ができる場合，本人の依頼（意思）がある．⑤医師の手による．より得ないときは特段の事情があること．⑥倫理的に妥当かつ容認しうる方法．本件では⑤，⑥の要件を欠くものとして，懲役 1 年執行猶予つきの有罪判決が下された．冲永隆子（2004）「『安楽死』問題にみられる日本人の死生観——自己決定権をめぐる一考察——」帝京大学短期大学編『帝京大学短期大学紀要』第 24 号，75 頁．

38) 東海大学医学部付属病院で，1991 年 4 月 13 日，当時の徳永助手（当時 36 歳）が，多発性骨髄腫（原因不明の不治のがんの一種）で入院していた男性患者（当時 58 歳）に，家族の強い要請を受けて，塩化カリウム等を注射，死亡させていたことが翌月に発覚．92 年 7 月，徳永元助手が殺人罪で起訴された．横浜地検は起訴にあたって，上記の「安楽死 6 要件①‐⑥」を判断基準とし，この内②（見るに忍びない苦痛がある），④（患者の意識が明確で意思表示ができる場合，本人の依頼（意思）がある），⑥（倫理的に妥当な方法）を満たさなかったとして，「安楽死ではなく，明らかに殺人」と判定した．

39) 1996 年 4 月 27 日，京都府北桑田郡京北町の町立国保京北病院院長の山中医師（当時 58 歳）が，末期胃がんで苦しんでいた男性患者（当時 48 歳）に，筋弛緩剤を投与し，死亡させていた事件が，ある男性の通報により発覚．マスコミが一斉に報道した．京都府警は，医師が患者を安楽死させた疑いがあるかもしれないとして捜査を開始．本人の同意を得ず，また筋弛緩剤投与の際に，家族に

その点滴薬の中身を告げていなかったことなど，多くの問題点があるとして，医師は殺人罪に問われる可能性が高いとされたが，嫌疑不十分で不起訴となった．病院長は解任され，本病院には無関係な町役場の職場に移動させられたが，98 年に元の職場に復帰．

40）　前田正一（2012）「1. 終末期医療における患者の意思と医療方針の決定──医師の行為が法的・社会的に問題にされた事例を踏まえて──」甲斐克則編『医事法講座第 4 巻　終末期医療と医事法』信山社，3-28 頁．岩尾總一郎（2013）「尊厳死のあり方　リビングウィルの法制化」『病院』72巻第 4 号 272 頁．田中美穂・児玉聡（2017）「『尊厳死』法案提案の背景」『終の選択　終末期医療を考える』勁草書房，220 頁．会田薫子（2011）「延命医療中止で書類送検──社会問題としての認識へ」『延命医療と臨床現場　人工呼吸器と胃ろうの医療社会学』44-45 頁．

41）　丸山英二（2013）「終末期の意思決定を支えるには──それぞれの立場から　法的立場から」『内科』112(6)，1362-1365 頁．田中美穂・前田正一（2014）「米国 50 州・1 特別区の事前指示法の現状分析──終末期医療の意思決定に関する議論の構築に向けて」日本医師会総合政策研究機構ワーキングペーパー No.329. https://www.jmari.med.or.jp/research/working/wr_562.html.，9 頁．

42）　樋口範雄（2017）「終末期医療と法的課題　アメリカとの比較から」清水哲郎・会田薫子編『医療・介護のための死生学入門』東京大学出版会，216 頁．

43）　田中美穂・前田正一，前掲書．

44）　田中美穂・児玉聡，2017，221 頁．

45）　亀井隆太（2015）「患者の事前指示書について──民法との関わりを中心に──」千葉大学法学論集　第 30 巻第 1・2 号，366 頁．

46）　田中美穂・前田正一，2014，9 頁．

47）　「終末期医療についての日本における法的課題」樋口，2017，217 頁．

48）　樋口範雄，2017，217 頁．厚労省，人生の最終段階における医療・終末期医療に関する意識調査まとめ　https://www.mhlw.go.jp/toukei/list/saisyuiryo_a.html

49）　樋口，前掲書，224 頁．

50）　会田薫子「人生の最終段階の医療とケア　ガイドラインの意味」東京保険医協会「シンポジウム　人生の最終ガイドラインを考える」（2019 年 1 月 19 日）パンフレット，12 頁．

51）　死の自己決定に関わるカレン事件やナンシー事件等の概要については，「第 3 章　事前指示」第 2 節第 1 項で詳しく述べる．

52）　谷田，2016 年，7 頁．

53）　児玉真美「第 2 章『無益な治療』論と死の決定権」『死の自己決定権のゆくえ　尊厳死・「無益な治療」論・臓器移植』大月書店，2013 年，74 頁．

54）　加藤太喜子，2011，43 頁．

55）　冲永隆子（2005）「終末期医療と生命倫理」林謙治編　平成 16 年度厚生労働科学特別研究事業報告書『終末期医療における望ましい医療の内容に関するガイドラインの策定に関する研究』63-84 頁．

56）　「松浦裁判長は，忖度することができる家族とはどのような家族かを詳しく定めており，医師がその家族が忖度することができる家族であることを確信できる場合という厳しい条件をつけていることを忘れてはならない」星野一正（1996）『わたしの生命は誰のもの　尊厳死と安楽死と慈悲殺

と』40 頁.

57)　意思の集団決定（家族の意思など）．第 3 回（平成 15 年 11 月 19 日）終末期医療に関する調査等検討会議事録の要約より．児玉知子「国内動向参考資料」平成 16 年度　厚生科学研究費補助金　厚生労働科学特別研究事業報告書「終末期における望ましい医療の内容に関するガイドラインの策定に関する研究」平成 17 年 3 月，113 頁.

58)　藤本修平，今法子，中山健夫（2016）「共有意思決定〈Shared decision making〉とは何か？──インフォームドコンセントとの相違」『週刊日本医事新報』No.4825 2016 年 10 月）．「共有意思決定」ないし「共同意思決定」「協同意思決定」などと訳されている.

59)　Elwyn G, Frosch D, Barry M, et al. (2012) Shared decision making: a model for clinical practice. *J Gen Intern Med* 27: 1361-1367.

60)　Becker, Carl B. (1990) Buddhist views of suicide and euthanasia. *Philosophy East & West.* 40(4): 550.

第 **3** 章

事前指示

近年の医療技術の進歩により，人の寿命は飛躍的に伸びたが，現代人は，人生の最期をどのような形で迎えるか，さまざまな問題を抱え，新たな局面を迎えるようになった．

　たとえば，持続的植物状態（遷延性意識障害）Persistent Vegetative State の[1]患者に対する議論にみられるように，終末期における治療の差し控えや中止について，胃ろうなどの経管栄養や人工呼吸器による延命措置の対応はいかにあるべきか，増加する医療費にどう対応すべきかなど，問題は山積している．

　65歳以上の高齢者は，2015年には日本人口4人に1人，2050年には3人に1人という，日本がこれまで経験したことのない超高齢社会は個人にも国家にも切実な課題をつきつけている．社会の高齢化に伴い，疾病構造が大きく転換し，人生における終末期の医療のあり方，人生の最期をいかに迎えるかが大きく問われるようになった．

　死期が近づき，重篤で回復の見込みのない患者が延命治療を受けずに自然な形で迎える死を尊重すべきか，いわゆる「尊厳死」を倫理的に認めるか否か，この問題をめぐって，1970年代末より議論が激しく戦わされてきた．甲斐によれば，日本における人工延命措置の差し控え・中止の問題は，1976年の米国のカレン・アン・クインラン事件判決（後述する）を契機として，1970年代末から，いわゆる「尊厳死」問題として議論されはじめた．[2]

　富山県射水市民病院事件（2006年報道．医師が2000〜2005年に末期がん患者7人の人工呼吸器を取り外し死亡させていた）など，相次ぐ人工呼吸器取り外し事件を受けて，国や日本医師会は終末期医療の指針を策定する必要に迫られるようになった．

　2007年に，超党派の国会議員でつくる「尊厳死法制化を考える議員連盟（以下，議員連盟）」が，「臨死状態における延命措置の中止等に関する法律案要綱集」を発表した．そして，2012年に，議員連盟は，尊厳死を行なう医師が法的責任を負わないための法律を定めようと，「終末期の医療における患者の意思の尊重に関する法律案（仮称）」を公表した．いわゆる「尊厳死法」である．

　法案には，すべての適切な医療を受けても回復の可能性がなく，死期が迫っている15歳以上の患者には，延命措置を望まないと意思表示する権利を認め，これに従った医師の責任は問わない，という主旨が盛り込まれている．[3]

　本章では，事前指示の概念の成立を，終末期における患者の死を選択する権利確立の歴史的背景（米国）から述べ[4]，カレン事件やナンシー事件が日本に及ぼした影響について論じる（第 1 節）.

　次いで，日本の事前指示に関する諸問題について，事前指示書の法制化の動きから整理し，事前指示書の法制化への反対派・慎重派の主張（第 2 節）に対する筆者の立場から，事前指示はいかにあるべきかを論じる（第 3 節）.

　また，日本の ACP の現状について文献調査から動向を探る（第 4 節）.

第 1 節　終末期の意思表示

第 1 項　アドバンス・ディレクティブ AD

　事前指示 AD は，バイオエシックスの重要な概念のひとつである，患者の自律 autonomy の尊重を実現させるために必要な概念として，米国においておおよそ 1970 年代に登場した[5]. 不治の病の回復の見込みのない，終末期における患者の死の選択権は，「死ぬ権利 the right to die」[6]の主張として，「患者の自己決定権」を根拠に正当化された[7].

　1960 年代の終わりから 70 年代の米国では，公民権運動に伴い，患者の権利意識がしだいに高まるようになると，1973 年アメリカ病院協会において，「患者の権利章典」が採択された. そこでの中心は「患者の自己決定権」であり，それを実現させるために前提となる，インフォームド・コンセントの在り方のなかで，「患者は法律に認められる限りで治療を拒否する権利と，そうした場合の医学的な結果について情報を与えられる権利をもつ」とされている. さらに，この「治療拒否権」は，1981 年の世界医師会による「患者の権利に関するリスボン宣言」によって，公的に権威づけられた. そこでは，「患者は，十分な情報を与えられた上で，治療を受容するか拒否するかの権利を有する」と謳われている.

　終末期にある患者が，自己決定権を行使するためには，将来判断能力を失って意思決定できない場面を想定した上で，意識が鮮明で意思表示可能な時期に，

あらかじめ医師側に「してほしいこと」や「してほしくないこと」などの医療措置に関する意思表示をしておかねばならない[8]．

ADとは，そのような「患者あるいは健常人が，将来判断能力を失った際に，自らに行われる医療行為に対する意向を，意識が清明なうちに，前もって示しておくこと」であり，広義には，事前ケア計画 Advance Care Planning: ACP とほぼ同義語とみなされる概念であるが[9]，厳密には異なる．ADはACPに含有される概念である．

ADやACPとの違い，また，その他の患者の意思決定を支える様々な概念や区別に関しては，第1節第2項【LW，AD，ACP，ALPの相関関係を表す概念図[10]】で，図表とともに解説するので，ここでは詳しく述べない．

ADには，主に，(1)医療行為に対して医療者側に指示を与える，「リビングウイル Living Will: LW（生前に法的効力を発する遺言，以下 LW とする）」と，(2)自らが判断できなくなった際の代理決定者を委任する「持続的委任権 durable power of attorney」の「代理人指定」，という二つの形態に分かれる[11]．

(1)は，「内容指示 Instructional Directive」という方法で，口頭でも有効とされており，それを Oral Living Will という．文章で示されたものは，一般に，LW，「事前指示書」などと呼ばれている（Written Living Will）．LWとは，「一定の知的判断能力のある成人が，将来末期病状を迎えて判断能力がなくなったときに，過剰な延命処置をとって欲しくない旨を，いわば事前に治療拒否の宣言として一定の文章に託しておくもの」，また「将来意思決定能力がなくなった時に，生命維持治療に関する意向について，事前に主治医や家族に知らせる指示書[12]」などと定義されている．

たとえば，わが国には，日本尊厳死協会[13]の「尊厳死の宣言書（リビング・ウイル）」があるが，1. 不治の病で死期が迫っているときの，死期を引き延ばすための延命措置の拒否，2. 最大限の苦痛緩和処置の要求，3. 数カ月以上の持続的植物状態に陥ったときの生命維持措置の拒否，の3つから構成されている．

ADのもう一つの形態である(2)は，「代理人指名 Surrogate Decision/Proxy Consent」の方法であり，LWを実行可能にするために，患者本人が意思決定できなくなる前に，自分の代わりに意思決定してもらう人を前もって指名しておくという方法である．たとえ，LWを遺しておいたとしても，その文章を誰か

が医師に示して，患者の意思を医師に実施してもらわなければ意味がないから[14]である．

　たとえば，米国では，持続的植物状態の場合の生命維持装置の取り外しの場合には，LW が法制化されているが，それ以外の場合には「医療のための AD（判断能力のある間に前もってしておく医師への医療指示）」がある[15]．これは，患者が自分自身で医療措置における自己決定ができない状態になったときに発効する医師への事前の指示文書のことであり，法的に保障される事前指示の文書を総括して，AD と呼んでいる．

　具体的には，終末期患者の「蘇生拒否（Do Not Resuscitate: DNR/Do Not Attempt Resuscitation: DNAR）」のための心肺蘇生処置の中止，人工栄養・水分補給の中止，さらには脳死後の臓器提供の意思表示である．

　米国で AD の法制化につながった背景には，カレン・アン・クインラン **Karen Ann Quinlan**（1954-85）事件（1975-76年）と，ナンシー・ベス・クルーザン **Nancy Beth Cruzan**（1957-90）事件（1983-90年）の二つの代表的な延命措置の中止をめぐる事件・裁判が影響している．

　以下に，AD の成立に大きな影響を与えた，カレン事件とナンシー事件の概要[16]を示す．

①カレン・アン・クインラン事件（1975-76）

　米国ニュージャージー州在住の当時 21 歳のカレンは 1975 年 4 月に行われた友人宅パーティ会場で，ジンという強いお酒に精神安定剤を混ぜて飲んだのが原因で意識不明の昏睡状態となり，意識が戻るのが絶望視された．その後も植物状態で生命維持装置（人工呼吸器）につながれたままの状態が続いた．両親は娘が機械につながれた植物状態患者として回復の希望もなく，生かされ続けるよりも，寿命が尽きたら医療の人為的介入なしに人間らしく死ねるように人工呼吸器を取り外してほしいと医師に申し出た．

　しかし，医師たちはこの両親の申し出を拒否したので，両親はやむを得ず高等裁判所に訴えたが認められず控訴した．その結果，76 年 3 月に，ニュージャージー州の最高裁判所は，カレンの生前中の意思表示，すなわち，回復不能な状態に陥った場合の治療拒否の意向を，後見人である父親により確認し，

人工呼吸器を取り外してもよいという判決を下した.

　裁判後にカレンから人工呼吸器は取り外されたが，その後 9 年間カレンは機械の助けなしに自力で呼吸し続け，水分と栄養分の供給と抗生物質の投与のみで生き続けた．1985 年 6 月に肺炎にかかり，31 年の生涯を閉じた.

　カレン事件以来，過去 30 年余りのいわゆる尊厳死をめぐる多くの裁判では，持続的植物状態患者に対する延命治療の中断や差し控えが中心課題となっている．また，この裁判をきっかけに，医療にかかわる倫理的問題が，アメリカ社会全体で議論されるようになり，倫理委員会の設立も促進した.

　クインラン家が法廷に求めた娘の「死ぬ権利」は，「患者のプライバシー権」と「自己決定権」を法的根拠に，「無意味な治療（無理な延命）を拒否する権利」かつ「自然に死ぬ権利」として認められ，1976 年に，全米初の LW 法である「カリフォルニア州自然死法 California Natural Death Act」が，1979 年には「ワシントン州自然死法 Washington Natural Death Act」が制定され，LW の法制化へとつながっていった．なお，この法律は，「医療の介入（無理な延命）なしで尊厳のうちに自然に死なせてもらう権利」を法的に認めたもので，ほとんどの州で成立している同様の法律は，オレゴン州のように「尊厳死法」と呼ばれる場合もある．[17] よって，自然死法と尊厳死法は同じ意味で使われている場合もある.

②ナンシー・ベス・クルーザン事件 (1983-92)

　米国ミズーリ州在住の当時 25 歳のナンシー・ベス・クルーザンは，1983 年 1 月に自動車事故に遭い，一時心肺停止状態となり，蘇生には成功したものの遷延性意識障害・植物状態となった．1 か月後に，経管栄養・人工栄養・水分補給のための胃ろう（胃チューブ，PEG）が造設された．人工呼吸器を使わずに，胃チューブによって命をつないでいるナンシーを不憫に思った両親が，ナンシー本人が「植物状態になったら生きていたくない」と言っていたのを思い出し，4 年後の 1987 年 5 月に，病院に対し，経管栄養の中止を依頼した．ミズーリ州においては，経管栄養は，医療行為ではなく，基本的なケアであると解釈されていたため，中止することは容認できないと病院側が判断し，両親の要求を退けたので，最終的に司法の手にゆだねられた.

　両親は，本人の尊厳ある自然死を望み，胃チューブ除去の要請をミズーリ州最高裁に訴えたが，州最高裁は娘の生の尊厳を重んじるという理由で却下したので，両親はこれを不服として連邦最高裁に上告した．1990年6月に連邦最高裁は，本人の意思が不明確であることを理由に，経管栄養の中止を認められなかった．この判決を知ったナンシーの友人三人が証人となることを申し出たので，裁判所は，この複数の友人たちの「明確で説得的な証拠 clear and convincing evidence」を根拠に，両親の主張は，本人の意思を踏まえたものであると判断し，水分・栄養補給などの停止を許可した．ナンシーは，12日後に脱水と餓死のため，90年12月26日に33歳で他界した．

　ナンシー事件は，意思決定能力を欠く患者に対する生命維持装置拒否の代理行使の要件について争われた裁判であり，本人の生前の意思を確認することがいかに必須であるかを示した有名な米国の裁判である．

　カレン事件とナンシー事件のこれら有名な二つの事件・判例により，患者本人の死の迎え方の選択，意思の尊重が，バイオエシックスの議論の場で重要視されるようになった．なお，カレン事件とナンシー事件で求められた内容の決定的な違いは，延命治療中止の程度である．カレンは，生命維持装置（人工呼吸器）がつけられ，その取り外しを求めた事例であるのに対し，ナンシーは，人工呼吸器なしで生きており，栄養分と水分の人工補給の中止までも求めた，医学的侵襲度の大きい事例である．ナンシーの場合，生命の終焉に直接つながる栄養分と水分補給の中止の要請であったため，カレンの場合よりも，人道的，倫理的問題が大きいといえる．また，意思決定能力を欠く者に対する延命拒否の代理行使については，カレン事件以降，これを承認する判決が続いたが，意思表示のあり方や回復の見込みについて十分に検討する必要がある．

　先に述べたように，カレン事件をきっかけに，「患者の事前の意思表示」（AD, LW）を法的に保障する，世界で最初の「自然死法（The Natural Death Act）」が，1976年にカリフォルニア州で成立し，現在までにほとんどの州で法制化されるに至った．

　この「自然死法」は，末期状態になったときに，生命維持装置を差し控える（withholding）か，または取り外す（withdrawal）かの意思の書面を，18歳以上の

者が知的精神的判断能力のある間に，医師に対して前もって作成しておく権利を保障するものである．同様の法律は，フランス（2005年4月公布），オーストラリア（2006年5月公布），ドイツ（2009年9月施行）などにもある．[18]

　さらに，LWの法制化に積極的であったカリフォルニア州の人々が，LWを作成しても自分が末期状態にある際に医師によってそれが執行されるかどうか確証がもてないため，医療上の意思決定を行なう代行人を事前に決めて委任しておきたいと考えるに至った．そして，1983年に世界で初めて「ヘルスケアにおける持続的委任権法 Durable Power of Attorney for Health Care Act」が，カリフォルニア州で制定され，同様の法律がその後ほとんどの州で制定された．[19]　また，ナンシー事件を一つの契機として，1990年に「患者の自己決定権法 Patient Self-Determination Act: PSDA」が成立（翌年施行）し，ADの意義が広く認識され，米国のほぼ全病院で普及するようになった．

　以上述べてきたように，事前指示の概念の成立は，終末期における患者の死を選択する権利を，代理行使者によって認めさせようとするはたらきかけから始まっているといえる．

　ところで，事前指示の普及の大きなきっかけとなったカレン事件やナンシー事件が，私たち日本人の意識にどのような影響を与えたのだろうか．

　患者の意思決定支援の一つとしての事前指示の普及や取り組みに尽力してきた日本尊厳死協会（旧日本安楽死協会）発足と，レットミーディサイド（私に決めさせて）研究会や各種のリビングウイルセミナー勉強会成立など，カレン事件やナンシー事件が直接のきっかけとなった．

　カレン裁判の判決のあった1976年，元国会議員の産婦人科医太田典礼が中心となり，医師，法曹界，大学教授などを糾合し日本尊厳死協会が発足すると同時に，第一回死の権利協会世界連合が日本で開催された．[20]　そこでは本人意思を尊重するリビングウイルの普及がめざされ，協会によって生と死に関する啓発運動が展開されていった．

　その背景には，近代医療技術の急速な進歩がもたらした，生命維持装置によるやりがいのない無意味な延命措置に対する疑問と，「スパゲッティ症候群」[21]

のような状態でいつ果てるともなく無理やり生かされ続ける非倫理的な姿に対する不安や恐怖が，人々の意識の上にもたらされたからだと思われる．

　末期患者が無用な延命医療を拒否して死を選ぶことが，個人のプライバシー権による選択の自由であるとして米国で主張されてきたが，日本ではこうした自己決定権やプライバシー権といった意識や観念が強調されることはほとんどない．

　自己決定という考え方が，日本の医療倫理として定着したかといえばそうではなく，何度も医師が患者の自己決定の確認に関して曖昧な状況で延命措置の中止が行われるという事件が続いている．[22]

　米国では当人の意思確認がもっとも重視されているのに対し，日本では当人が昏睡状態になった時点で決定権は家族に移ったと信じられているが，本人が意思を表明しているのならそれに従うという原則を貫かなくてはならない．[23]

　本研究では，本人の事前の意思を尊重し，本人の意思決定を支える事前指示やACPが，今後，日本で勧められていくために，終末期の意思決定支援に向けての日本人の意識調査を実施し，検討を行った．

第2項　アドバンス・ケア・プランニング ACP
ACP とは何か

　自らの生命に関わる決定，終末期に関する決定など医療における困難な意思決定の支援について，現在，欧米を中心に注目を集めているのが，ACPである．以下，ACPの定義と目的，その意義についてまとめる．

　ACPとは，狭義に考えると，「自己決定能力がなくなった時に備えて，あらかじめ自分が大切にしていること，治療や医療の希望，代理意思決定者などを話し合うプロセス」である．広義に捉えれば，「自分がこれから重篤な病気や状態になった時に，どこでどのようにどうやって過ごしたいかを話し合うプロセス」[24]となる．

　イギリスの国民健康保険制度 National Health Service のガイドラインでは，ACPを「将来の意思決定能力の低下に備えて，今後の治療・療養に関する意向，代理意思決定者などについて，患者・家族とあらかじめ話し合うプロセス」[25]と

定義している．また，「今後の治療・療養についての気がかりや価値観を，患者・家族と医療者が共有し，ケアする包括的なプロセス」と定義される．

　ACPは，阿部によると，1990年代に米国においてその必要性が議論されるようになった意思決定支援の一つであり，米国ではそれ以前にAD，つまり自分が意思決定できなくなった時の医療行為と，代理意思決定者の文章による表明を推進してきていた．

　AD概念の形成とその法的普及については，前章で詳しく述べてきたが，ADの有効性については否定的な指摘がなされ，新たな意思決定支援のあり方を模索するなかで，ACPが生まれたといってよい．

　ADの実施状況に関していえば，「法的制度により各医療機関にADを義務づけ，公的支援を行ってきたものの，ADの実施率は5〜20％と期待よりも低く推移している（Hawkins, et al., 2005）」との指摘，「ADの記入完了率は，18〜30％（急性期患者は総じて低い，慢性期患者は約3割程度）（Wilkinson, et al., 2007）」などの様々な指摘[27]がなされている．

　「LWの有効性に関しては問題点が多く指摘され，ADの完成率が低い（1〜40％）[28]，ADの有無と患者の意向が尊重されたかどうかに関して，大した違いがみられなかった[29]」，などの報告がある．このような問題点の理由として，記載の難しさ，ADに関する市民の知識不足があげられている[30]．

　これら「ADの記載率が低く，完成率が低い」という問題点を克服するために，POLST（Physician Orders for Life Sustaining Treatment）と呼ばれる医師主導の「生命維持治療に関する医師による指示書」が登場し，さらに患者・家族主導をめざすACPが注目されるに至った．

　以下の表1，表2に，ADとACPの違いを示す．

〈表1〉　AD と ACP の違い

AD	ACP
1. 意思決定能力を失った際に希望する，あるいは拒否する生命維持装置を，意思決定する能力がある時期に事前に指示しておくこと. ➡**リビングウイル　事前指示書** 2. また，意思決定能力を失った時の意思決定の代理人を指示しておくこと. ➡**代理人指定**	患者が将来受けたいエンド・オブ・ライフケアについて，医療者とともに話し合う**コミュニケーションプロセス**. 生命維持治療の希望の是非，ADの記入を含む. 患者が望むエンド・オブ・ライフケアを受けるために重要な方法.
本人（＋代理人）⇒医師	本人＋家族＋医療スタッフ

（谷本真理子「実践に重要な考え方——アドバンス・ケア・プランニング　アドバンス・ケア・プランニングとは？——患者にとっての最善を考える」『Nursing Today』2013-6，32頁，表1より引用. 修正・強調：筆者）

〈表2〉　AD と ACP の比較

AD		ACP
法的書類（欧米）または口頭表明	定義	**意思決定プロセス** **＋記録**
治療の選好 代理意思決定人	決める内容	**患者自身の理解** **経験・価値観など** ＋治療の選好　代理意思決定人
本人（法律家・代理人） 1回〜	作成者と回数	**患者・家族・医療従事者** **複数回**
患者または代理人 法的保管場所	保管場所と保管者	患者または代理人 **カルテ**

（大関令奈「アドバンス・ケア・プランニングとは何か？」『緩和ケア』Vol.22　No.5　2012，404頁，表1より引用. 網掛け・強調：筆者）

ADとACPの違いは多くあるが，重要なのは次の一点に集約される．それは，ADは自分一人が書類を作成することで成立してしまうのに対し，ACPは医療者，患者，代理意思決定者，多くの場合，家族が協働作業としての話し合いのプロセスを大事にする点である．ADは患者本人から医療者へといった，一対一のアプローチなのに対し，ACPは患者・家族・医療者といった一対複数である．

　次に，患者の意思決定を支える様々な概念である，【LW，AD，ACP，ALPの相関関係を表す概念図[32]】を以下に示す．

ALP：Advance Life Planning
ACP：Advance Care Planning
AD：Advance Directive
LW：Living Will

ALP：事前人生設計

ACP：事前ケア計画

AD：事前医療指示

LW：無益な治療中止指示

LW，AD，ACP，ALP の相関関係を表す概念図

　ADを包む大きな概念としてのACPやさらにはそれを包括するALPといった重要な概念がある．ALPは，事前の人生設計，すなわち，個人の資産運用や金融に関する経済的な生活設計という意味に限らず，いかに生きるかという意味も包含するが，国内では十分に周知されていない[33]．

　ACPとADとの大きな違いは，ACPが，ADのような単に指示を記載するこ

とだけではなく，話し合いのプロセスを重視している点，また，内容的な大き
な違いとしては，ACP が，AD のような医療に限定されないケアのプロセスも
重視している点にある．「英国と同様に米国でも，ACP は，生命維持治療の選
択を書面にしたり，医療代理人を指名したりするのにとどまらない，包括的な
ものとされ」ている．[34]

　近年，欧米より日本に紹介されている ACP は，患者本人の尊厳を遵守し，人
生の最期をどう生きるのかのケアの実践である．AD の内容に加え，人生の終
焉を見据えた人生設計や，生き方に関する意思決定内容を確認することを包含
している．

　AD と LW との違いは，「LW はあくまで本人希望を表明するものであるが，
AD は意識障害など自分の意思が表明できなくなった時に備えて，自分の思い
を自分が指名した代諾者に託すというプロセスの中で用いられる」．[35]

　AD には，①主に医療行為に対して医療者側に指示を与える（生前に行われる
尊厳死に対して延命治療の打ち切りを希望するような意思表示等，またそれを記録し
た遺言書）LW と，②自ら判断できなくなった際の代理決定者を委任する持続的
委任権の「代理人指定」という二つがあり，一般的には両方を含んだものとし
て用いられることが多い．[36] LW は AD の一種ではあるが，イコール（LW は AD
そのもの）ではない．

　次に，日本に紹介されている諸外国（主に米国）の ACP の取り組み・事前指
示ツールの特徴について整理する（表　日本に紹介された ACP の取り組み）．[37]

〈表〉 日本に紹介された ACP の取り組み

取り組み	概要	参考Webサイト
Five Wishes 「5つの願い」	米国Aging with dignity協会が作成した事前指示．終末期ケアに関して，医療行為の面だけでなく，生活面や心理面でも本人の想いを汲み取れるように開発されている事前指示書．Five Wishesを参考に日本の実情に合わせて作成された，箕岡真子による「4つのお願い」がある．	http://www.agingjaa.org/ FiveWishesMultiFinalJP.pdf （日本語）
Let Me Decide 「自分で決める自分の 医療 LDM」	カナダで開発された介護施設向けのACPプログラム．日本では1993年にレット・ミー・ディサイド研究会が発足．LMDの特徴は治療法と代理人を指定するところ．	http://www.letmedecide.org/ （英語）
Respecting Choices 「選択の尊重」	1991年に始まったウィスコンシン州における地域社会全体を対象としたACPプログラム．事前指示計画や終末期の意思決定に関して，患者や家族に対する教育，医療従事者への教育等実施．	http://www.learnrc.org/ （英語）
POLST 　(Physician Orders for Life Sustaining Treatment) 「生命維持治療に関す る医師の指示」	1990年にオレゴン州で開発された，ピンク等目を引く蛍光カラー両面印刷A4で1枚の書式．患者や代理意思決定者との会話に基づき，医師が作成することが特徴．患者の療養の場が変わっても，事前指示書が有効となることを保証．日本臨床倫理学会HPに日本語版がある．	http://square.umin.ac.jp/ j-ethics/workinggroup.htm （日本語）

第 2 節　日本の事前指示（書）をめぐる諸問題[38]

　事前指示書の法制化，すなわち「終末期の医療における患者の意思の尊重に関する法律案（法案）」をめぐって，これまで，主に日本尊厳死協会[39]を中心とする支持派・推進派と，難病患者の会を中心とする反対派・慎重派との間で，激しい議論が交わされてきた．

　医療技術の進歩により延命措置で生命を維持する患者が増加するなか，いわゆる「尊厳死」での医師の免責を求める声や医療での患者の「自己決定」を重視する声の高まりを受け，超党派の国会議員連盟が法案の検討を進めていた．その一方で，難病患者の会や識者から，法制化は「命の軽視」につながるという反対の声が挙がっている．

　高齢社会での医療費の増大を抑えるという財政論的な背景があり，「患者の意思」については，決して十分とは言えない我が国の医療や福祉のなかで，長期療養も難しく，重い障碍のある当事者本人が，家族や周囲を慮って「意思」を表明する場合もある，という指摘がある．

　たとえば，立岩真也は，「主に家族の身体的・経済的負担のために死を選ばざるを得なかった人たちが多くいる」として，生きられる条件をきちんと用意してから選択を論ずるべきだという．

　また，ALS 患者の橋本操は，

　　「死ぬ権利をいう前に，生きたくても生きられない患者の生きる権利をなんとかしよう，といいたい．死の尊厳は重要ではない，生きている者の人権を守ることが肝要．ALS 患者の 7 割以上は呼吸器をつけずに亡くなる．とくに女性．家族から『生きるな』と暗に言われ，子や夫に迷惑をかけるまいと呼吸器をつけずに死んでいく」[40]

という．

　さて，事前指示を含む終末期の意思決定に関する法制度をめぐる国内の動きを概観する．

2005 年 2 月	超党派の衆院国会議員による「尊厳死法制化を考える議員連盟（議員連盟）」発足
2006 年	射水市民病院（人工呼吸器取り外し）事件 議員連盟が「尊厳死の法制化に関する要綱骨子案」提出
2007 年 5 月 21 日	厚生労働省「終末期医療に関するガイドライン」
2012 年 3 月 12 日	日本老年医学会「**高齢者ケアの意思決定プロセスに関するガイドライン：人工的水分・栄養補給を中心として**」
3 月 22 日	議員連盟「**終末期の医療における患者の意思の尊重に関する法律案**」

（2012 年 7 月 3 日東京弁護士会主催シンポジウム「高齢者や ALS 患者が安心して日常生活を送るために」資料を一部修正引用）

　先に述べてきたように，米国では，カリフォルニア州が，世界に先駆けて，延命医療を拒否する事前指示，いわゆるリビングウイルに関する法律を制定し，現在では全ての州・特別区が事前指示に関する法律を定めている[41]．その一方で，日本国内でも近年，事前指示を含む終末期の意思決定に関する法制度をめぐる動きが出てきた．

　日本国内においては，超党派の国会議員連盟（議員連盟）による「終末期の医療における患者の意思の尊重に関する法律案」が議論された．2013年末には，自民党が「尊厳死」検討プロジェクトチームを立ち上げるなどの動きがみられ[42]，2014年通常国会への提出が見込まれていたが，結局，提出は見送られた．この法案がこれまで国会で一度も議論されず4年ほど経過し，2018年9月に入って新たな動きも報道されたが[43]，結局，法案は見送られた．

　報道によると，自民党は，終末期医療のあり方を規定した新法作成の検討に入ったが，2012年より検討課題の尊厳死法案について，特に本人の意思に反して延命措置が中止されることへの懸念が根強いことを受けて，法案を抜本的に見直し，継続的に本人の意思を確認するなど手続きに力点を置く姿勢である．

　検討されている尊厳死法案の内容は，患者が延命医療の中止ないし不開始を希望する意思を書面などで表示しており，終末期にあるとの判定を受けた場合，延命医療の中止・不開始を行った医師の法的責任は回避されるというものである．

　日本で事前指示書の法制化が進まない背景の一つに，事前指示書への反対派・慎重派の主張がある．その主張の論点は，三つに整理される．一つ目は，事前指示書は治療中止の要請につながる，二つ目は，事前指示書は「弱者の切り捨て」になる，三つ目は，事前指示書は真の本人の意思を尊重するものではない，という内容である．

　以下より，そうした事前指示書に対する反対派・慎重派の三つの論点を取り上げ，自身の考えを示すとともに，事前指示はいかにあるべきかについて，本書の立場を明確に述べていきたい．

①事前指示書は治療中止の要請か

　日本では終末期における自分の意思を事前に表明した指示書のことを LW ということが多く，[44] LW と AD の違いも不明なまま，ほとんど同様の意味に捉えられてきた．

　日本では，日本尊厳死協会の LW が有名であり，（LW は AD の一種に過ぎないのにも関わらず）国内では LW が「尊厳死の宣言書」（尊厳死協会による事前指示書）と訳され，その言葉だけが独り歩きしている．[45] 尊厳死協会の LW は延命措置の中止を医師に要請するもので，国立長寿医療研究センター（「私の医療に対する希望（終末期になったとき）」）などが提示する事前指示書[46] の内容とは大きく異なる．この事前指示書（国立長寿医療研究センター）には，終末期の各延命処置（心臓マッサージなどの心肺蘇生，人工呼吸器，抗生物質の強力な使用，胃ろう，鼻チューブ，点滴等）の希望の有無，最期を迎えたい場所（病院，自宅，施設，病状に応じて）に加え，希望する代諾者名の記載欄を設けている．つまり，LW と呼ばれる本人記載欄の項と，意思表示ができなくなった際の代理者の指名の項の二つで構成されている．

また，京都市が 2017 年 4 月から配布を始めた「終末期医療に対する事前指示書」は，国立長寿医療研究センターの「私の医療に対する希望（終末期になったとき）」を参考に作られたが，終末期医療に詳しい医師や専門家から様々な問題点が指摘され，撤回や回収を求める声が挙がった[47].

　AD と LW の混同という点でいえば，尊厳死協会の延命処置の中止を医師に要請する LW がそのまま本来の AD 事前指示であるかのような理解がなされているため，京都市が治療中止を勧めていると批判がなされているが，これは明らかに誤解である.

　というのも，京都市の事前指示書（実質的には国立長寿医療研究センターが作った）は，治療の中止だけでなく，開始や継続も希望できるものであるため，治療中止を勧めるものではないと考えるからである．また，反対派の主張は，事前指示は治療中止を勧めるものであるため，行政による事前指示の奨励が，尊厳死や安楽死を誘導する形になるといった問題が指摘されているが，この主張は飛躍であると考える.

②事前指示書は「弱者の切り捨て」か

　患者の自律を保障するはずの事前指示の制度化・法制化によって「死への自由」が「生への不自由」へ逆転する可能性も懸念されている[48].　松田純によれば，神経難病等を抱えて生きる患者とその家族は，自分らしく生きる権利が保障されないうちに「死への自由」が制度化されることに危機感を募らせている，という．　松田は，会田の以下の文章を引用し，事前指示書の危うさについてこう述べる.

　　「この危機感は，普段，身体の不自由なく生活している健常者にとっては心配過剰で的外れと映るだろう．しかし，日々の生活に家族や他者の助けを要する人たちが，『尊厳死の法制化』なるものによって障害を持った自らの生が圧迫され，生きる権利が侵害されるだろうと叫ぶ時，その声は軽視されてはならない．なぜなら，家族や他者の負担となることや迷惑をかけることを可能な限り回避しようとする日本人の社会的傾向を考慮すれば，この逆転の懸念は心配過剰だとは言い切れない[49]」.

　ALS協会の川口有美子は，患者の自律を保障するツール（の押しつけ）が，身体的に不自由な人々を死へと追い込み，そうした人たちの「生きづらさ」を助長させる，のだという．「生きづらさ」への圧力となるものに，事前指示の説明内の「過剰な」「徒（いたずら）な」「無駄な」といった否定的なニュアンスを含む言葉がある．表現に気をつけないと，事前指示が優生的で差別的な内容を帯びる，からだと．⁵⁰⁾

　事前指示書反対派の代表的な論拠に，事前指示（書）の法制化は，難病患者や障碍者，高齢者の生存権を脅かし，医療費削減を目的としたものがあり，⁵¹⁾これらが事前指示への批判の対象になっている．また，患者の自律（自己決定）を実現させる道具としての事前指示が法制化され，ADの義務化が徹底されると，「社会的に弱い」立場の人々の生存権が脅かされる．特に同調圧力の強い日本では，危険なことになる，⁵²⁾といった主張である．

　しかし筆者は，高齢者とそれ以外の難病や障碍などの疾患を抱えた人たちとでは，人工呼吸器や胃ろうなどの装着目的，それらの医療的意味や状況が異なるのではないかと考える．⁵³⁾

　というのも，高齢者は生物学的にみても寿命を生き尽くして，終末に差し掛かった状況であり，医療措置がかえって本人を苦しめたり尊厳を損ねたりする場合があるのに対し，難病や障碍をもった人たちは終末期とはいえない状況なので，彼らにとって人工呼吸器や胃ろうの装着は生きる道具として活用されるものだからである．本書の第2章第1節第2項「高齢化社会における延命医療」で述べてきたように，死が迫った高齢者への人工的な経管栄養法や輸液は本人たちをかえって苦しめ，有害になることから，海外では緩和ケアの観点から終末期の人工栄養の差し控えは医学的にも倫理的にも適切な行為であるとみなされている．日本老年医学会の「立場表明2012」では何らかの治療が，患者本人の尊厳を損なわせたり苦痛を増大させたりする可能性があるときには，治療の差し控えや治療からの撤退も選択肢として考慮する必要がある，としている．⁵⁴⁾

　よって，終末期の認知症患者への医療措置が徒な延命行為となるのに対し，終末期ではない難病患者や障碍者への医療措置は生命維持行為に該当するため，両者は区別して論じないといけない．また，何よりも重要なのは，高齢患者や

難病患者，障碍者本人たちが医療措置に対してどう考えているか，医療選択への自発的意思があり，周囲がそうした本人たちの自発的意思はどこにあるのか，推し量って考えていくことだと思う．

　難病患者や障碍者の不安を煽るような事前指示の仕組みは徹底的に見直されないといけないと考えるが，過剰な延命医療に苦しむ高齢者や家族の問題が噴出してきた今日，価値観の多様性を考慮するような事前指示・ACPの在り方が求められる．

③事前指示は真に本人の意思を尊重するか

　事前指示書は，真の自己決定や「本当の意味での本人意思」を尊重させるものではなく，「仕方なくさせられる死の自己決定[55]」でしかないといった主張がある．

　本人の意思で決める，本人の意思が尊重されるといっても，（本人が）近親者の精神的・経済的負担を考え，自ら死を選ぶことが懸念される．実際，本人の選択ではなく，それでしか方法がないという状況に追い込まれて，自分の意思で決めたと書かざるを得ないのが実情である，といった趣旨である．

　清水昭美は，施設に入所している老人が「長生きしすぎた」「長生きは恥」と身を引くような表現をし，自分が生きていることがまわりに迷惑をかけると考えざるを得ない社会状況のもとでの「死の自己決定」は本当に自分の本心から決めるというより周囲から追い込まれて，「仕方なくさせられる死の自己決定」ではないだろうか，と述べている．清水はこう主張する．

　「自分で決めるといいながら，社会的圧力，見えない強制となる危険がある．たとえば，あるテレビ番組では（周囲のためにも）『前もって自分で書いておくことですね』と解説者が気軽に述べており，マスコミを通して『死の自己決定』を伝えるとき，今，病んでいる人や老人，重い障害を持っている人，世話を受ける人々に『決めなさいよ』『早く書いておきなさいよ』と声高に言い，見えない圧力をかけているのではないか．このようにして老人や障害者が一層生きにくい社会に傾斜しつつある．老人ホームや病院で老人たちが社会の見えない圧力により『死の自己決定』をすれば，医療関係者は，今以上に治療放棄や看護放棄

がやりやすくなるであろう．本人が決めていることだとして，ためらいや罪の意識もなく，本人の意思を尊重して差し上げるという形で，治療放棄，看護放棄をそれとは自覚せず，むしろ善と錯覚して行なうのではないか」[56]．

　本人が「家族の介護負担を軽くする」ために事前指示書を作成することは，真の意味で自己決定にはならず，死への誘導につながるという主張である．確かに，日本では家族に介護負担をかけてまで生きたくないと考える人が多く[57]，日本の事前指示 ACP の文献レビューにも「他者・家族への配慮」から延命措置の中止を選択する可能性が紹介されているが，筆者は，「関係配慮」的な自己決定が，事前指示書作成に及ぼす影響，その危険性について，社会全体がもっと議論していくべきだと考える．しかしながら，そのうえで筆者は，日本における本人たちの「関係配慮」的な自己決定が，ACP の実践によって可能な限り汲み取られていくものだと主張したい．筆者の結論は，ACP によって本人の真の意思を汲み取り，「仕方なくさせられる死の自己決定」は避けられるのだと考える．

　事前指示書に対する本人の作成意図は，欧米と日本とではかなり異なるように思える．欧米では「自分の命は自分のもの」「自分の人生は自分で決める」という考えから，人生最期の決定は自分自身にある（カレンやナンシーのようなプライバシー権の主張）として事前指示を求める傾向にあった．一方，日本では「自分の命は（私を支える）家族のもの，（私を取り巻く）社会のもの」「人生は（私を支える）家族とともにある」[58]という考えから，周囲とともに事前指示を求める傾向にあると思われる．ACP には，関係配慮的な個人の意思を支える，共同意思決定の可能性がある．

　以上，事前指示書の問題点に関する三つの論点を提示し，それらに対する筆者の考えを述べた．

　次節では，こうした事前指示書に対する反対派の主張が，ACP の在り方にどう影響するのか，ACP はいかにあるべきかを考えていきたい．

第 3 節　事前指示はいかにあるべきか

　結論として筆者は，死の自己決定，すなわち延命措置の差し控えや中止の意思決定と，生の自己決定，すなわち延命措置の継続や治療の開始等の決定の意思決定とは，事前指示において同等に尊重されるべきだと考える．尊厳死や安楽死，死に方の選択をめぐる従来のバイオエシックスの議論において，「生命の尊厳」で命を守るのか，「個人の尊厳」で自己決定を守るのかという対立軸のなかで，どちらが正しいのか未だに決着がついていない．というか，究極のところ，どちらも間違ってはいないし，正しいとも言えないのである．バイオエシックスは個々人の多様な価値観を支えるため，患者の権利の一つである医療選択の自由を掲げている．延命措置の差し控えや中止，開始や継続，中断は全ての人々に認められる医療選択の一つである．

　事前指示書や ACP を希望する人たちの意思は，希望しない人たちの意思と同様に尊重されるべきだと考える．

　以下，第 2 節での論点に沿って，事前指示書をめぐる議論に関する問題点を整理する．

　先ほど述べたように，反対派の多くは，事前指示書の「押しつけ」が，障碍者への差別を助長したり，弱者の切り捨てにつながったりして行政による安楽死や尊厳死への誘導になり危険である，といった主張を行っている．こうした議論は正しいのだろうか．

　事前指示書は延命医療の中止に直結するといった誤解をはじめ，行政による事前指示書の推進は安楽死や尊厳死につながるといった主張は，飛躍的な議論であり正しくない．

　まず，事前指示書は延命医療の中止に直結し，安楽死や尊厳死につながるという意見に関しては，一部の専門家のあいだでもリビングウイルと事前指示書，ACP の区別がなされておらず，事前指示書の内容理解が深まっていないことが原因であろうと考える．

　延命措置の中止はリビングウイルで求められるのに対し，そもそも事前指示

書や ACP で議論される範疇ではない．反対者の多くは日本尊厳死協会の「尊厳死の宣言書」（本書巻末資料 1 ）を念頭に置いてその危険性を主張するが，延命措置の中止を医師に要請する尊厳死協会のリビングウイルとは区別して論じないといけない．実質的には宝塚市医師会の「私の医療に対する希望」（資料 2 ）や東京ほくと医療生協の「私の医療に関する希望書（事前指示書）」（資料 3 ）等は，延命措置の開始や継続の希望を要請するものでもある．

　反対派の議論においては，延命措置の中止の部分が強調されており，事前指示書はあたかも医師への安楽死や尊厳死の要請のような主張がなされているが，誤解である．行政が治療中止を勧めているという誤解のもとで批判がなされているのが実情である．

　次に，事前指示書の押しつけは「弱者」の切り捨てという批判に関する論点であるが，区役所などでの配布でもって「押しつけ」として，行政による治療の中止の勧め，安楽死や尊厳死への誘導とみなすのは悪意のある解釈であろう．筆者は京都大学の児玉聡と同じく，支援を受けたくない人には事前指示書を手にしない自由がある，と考える（注 47）．

　事前指示書を希望する人の自由は，希望しない人の自由と同様に尊重されるべきである．終末期や人生の最終段階に向けて各人が健康なうちから，自分がどのような最期を迎えたいのかを事前に文章にしておく，具体的には延命措置の差し控えや中止等を周囲と話し合って文章にしておくことで，家族や医療者はそれに沿った終末期の決定が可能となる．

　ところで，「弱者」とは誰をさすのであろうか．反対派・慎重派の主張で一般的に言われるところの「弱者」とは意思表明が不自由な認知症高齢者や知的障碍者をさすことが多いが，終末期に意思表明できなくなった患者も「弱者」である．

　私たちは将来的に弱者となる可能性があるからこそ，事前の意思が最大限尊重される仕組みが必要となり，全ての人にとって「尊厳ある最期の選択」を可能にする事前指示・ACP を考えるべきである．

ACP の可能性
患者の自律を保障するはずの事前指示の制度化・法制化が「生への不自由」

へと逆転しないためにどうするか．その方向性は ACP に示されている．

　伊藤博明らは，事前指示を，（延命中止のみを念頭に置いた）「死への自由」を保障するツールとしてでなく，患者の自律を支え「生の自由」を実現するための医療方針として ACP のなかに位置づけている[59]．

　松田純は，事前指示書を，尊厳死の意思を医師に突きつけるようなもの，たとえば「尊厳死の宣言書」としてでなく，今後の治療方針について医療者と患者とが（場合によっては患者の家族や対人援助職も含めて）コミュニケーションを充実させる方向で活用する方が有意義である，と指摘する．さらに，ACP としての事前指示は，患者の今後の人生設計を，患者が家族・医療者など，周囲の人々と共有するプロセスであり，共に考えるという姿勢で今後の人生の在り方を見据えていくことが重要ある，と指摘する．

　私たち一人ひとりはやがては老いて病んで死んでいく存在であり，誰しもが将来的に（終末期において）意思表明不可能な「弱者」となる．そうした将来的に弱者となりうる私たちが，健康なうちから自身の人生設計を周囲の人々と語り合うプロセス ACP を通じて，最期まで尊厳をもち生きられるよう，互いに支えていくことが大切である．

　事前指示を行政が用意することで，家族や社会に依存して生きている弱者は心理的に圧力を受け，本当は書きたくないのに事前指示書に治療中止を希望する旨を書かされることになるという反論があるが，このような事態を生み出さないために，ACP を通して最期まで本人の意思を汲み取る努力や姿勢が大事である．

　本来の緩和ケアの概念は，「痛みを和らげて楽に死ねるようにすること」ではないからである[60]．

　ACP は，医療に関する希望（してほしいこと，してほしくないこと），代理人委任（誰に意思を委ねるか）などを話し合い，なぜそのように思うのかの価値観を共有するプロセスそのものである[61]．ACP を行なう際は，医療者側が十分に習熟している必要があるが，患者が ACP に参加する用意のあるときに，タイミングを見計らって，たとえば配偶者が入院したとき，あるいは家族や友人が亡くなったときなどに開始するのがよい[62]．そして，いったん始めたらケアプランと同じように（実施時点において本人の意向を確認できない），定期的に見直す必

要がある.

　ACPとしての事前指示は，患者の今後の人生設計を，患者が家族・医療者など，周囲の人々と共有するプロセスであり，共に考えるという姿勢で，今後の人生の在り方を見据えていく上でも重要であると考える.

医療選択の自由としての ACP

　事前指示書の法制化（いわゆる尊厳死法）のきっかけとなったのは，国内外において延命治療中止をめぐる出来事であったが，日本においては，事前指示書の法制化を推進する立場（日本尊厳死協会）と反対する立場（障碍者団体）との激しい対立があり，事前指示書の法制化が立ち消えになった. 第 2 章で事前指示ひいては ACP 普及を阻害している要因の一つであるとして，その背景を記述した.

　本書の立場は，事前に医療選択を行なう各人の自由，自律尊重をめざすことにあり，そうした各人の意思決定を支える ACP を一般社会に普及させることにある. その理由を以下に述べたい.

　筆者は，北米型バイオエシックスが保障する患者個人の自己決定権や自律尊重の思想に照らして，事前指示書や ACP を希望しない人は希望する人の権利を侵害してはいけないと考える. 患者の権利には個人の自己決定権や治療・医療拒否権，治療・医療選択権がある.

　患者の権利の一つである，自己決定権はジョン・スチュアート・ミルの，他人の権利を侵害しない限り（他人に迷惑をかけない限り）個人の自由は保障されるという「他者危害原則」に基づいている. 繰り返し述べるように，事前指示書や ACP は，延命措置の中止が主たる要請なのではなく差し控えや開始および継続を指示する内容となっており，反対派・慎重派が危惧するような安楽死や尊厳死への誘導ではない.

　意思表明できない「社会的弱者」の高齢者や障碍者の場合には，事前指示書や ACP 実施の際，周囲が本人の意思を最大限汲み取る努力を行なうべきである. 社会は延命措置の差し控えや中止を促すようなプレッシャーを与えたり，本人が周囲に気兼ねして延命措置の打ち切りを申し出たりする事態に陥らないよう，細心の注意を払う必要がある.

全ての人に事前指示書記入の義務化を図り，尊厳死の法制化を図ると，「社会的弱者」へのプレッシャーにつながるかもしれない．また，ACPを活用した医療施設に診療報酬支払を促進し，全ての病院にACPが義務付けられるとACPの形骸化が生じるかもしれない．たとえば，2008年度の診療報酬改定で，75歳以上の高齢者やその家族と終末期の診療方針について話し合った場合に「終末期相談支援料」が支払われることになったが，「医療費抑制が目的ではないか」「患者や家族に選択を迫ることにつながる」として批判の対象となった．

　筆者は事前指示書の法制化やACPの診療報酬義務化には慎重な立場である．あくまでも事前指示書やACPは，希望する人たちのあいだで，医療選択のツールとして，権利のひとつとして活用されれば良いと考える．

　以上の立場から，本書ではACPを必要とする人たちのためにどのように対策できるか，そうした検討のための意識調査を行った．

第4節　日本の事前指示・ACP の現状

　日本は超高齢化社会を迎え，患者の人生の締めくくり時期に家族や医療・ケア関係者がどのように寄り添うかが大きな課題である．

　日本医師会は ACP を患者とその家族や親しい人，医療者とともに繰り返し

出典：日本医師会「終末期医療アドバンス・ケア・プランニング（ACP）から考える」2018 年 4 月
https://med.or.jp/dl-med/teireikaiken/20180307_32.pdf

話し合いを行い，患者の意思決定を支援するプロセスと定義している．

　また，厚生労働省は，「ゼロからはじめる人生会議『もしものときについて話し合おう』という人生会議の学習サイトで，心の余裕のある時に，「もしものこと」をじっくりと考える時間を持ち大切な人に自分の思いを伝えてみませんか？と，呼びかけている．

出典：ゼロからはじめる人生会議｜(kobe-u.ac.jp)　https://www.med.kobe-u.ac.jp/jinsei/

第1項　日本における事前指示・ACP の実用化の試み

　日本において，事前指示書は法律上の制度となるには至っていないものの，事前指示書の普及をめざす団体や医療機関など，すでに試行，実践されている[63]。

　たとえば，代表的なものに，前述した，日本尊厳死協会の「尊厳死の宣言書」（巻末資料 1）や，国立長寿医療研究センターの「私の医療に対する希望（終末期になったとき）」を参考に作られた「私の医療に対する希望」（宝塚市医師会）（資料 2），「私の医療に対する希望書（事前指示書）」（東京ほくと医療生協）（資料 3），「『尊厳生』のための事前指示書」（じんぞう病治療研究会）（資料 4），「私のリビング・ウィル　自分らしい最期を迎えるために」（聖路加国際病院）（資料 5）などがある．聖路加国際病院のリビング・ウィルはいつでもダウンロード入手可である．巻末資料を参考にされたい．

　その他にも，自治体，医療法人，NPO，出版社その他民間などから，以下のような，リビングウイル，エンディングノートがある．

　たとえば，市販されているものに，NPO法人ライフ・アンド・エンディングセンター編『「いざ」というときにあわてないために　もしもノート　20歳から100歳までの危機管理』，未来に残すエンディングノート編集委員会編『Never Ending Note 未来に残すエンディングノート 令和ブルー Ver.』，『LIVING & ENDING NOTEBOOK もしもの時に役立つノート』，自分らしい「生き」「死に」を考える会編『私の生き方連絡ノート』，『一番わかりやすい

エンディングノート』,『もしもに備える安心ノート』などがある.

そこには, 終末期医療についての自身の考え方, 家族や周囲に伝えておきたい内容 (財産, 遺言, 相続, ペット, 葬儀, お墓) などさまざまな事前指示・ACP の手引きが記されている.

本邦においては, 統一された事前指示・ACP の手引書があるのではなく, 各種団体や地域ごとに様々な取り組みが始まっている.[64]

たとえば, 宮崎市の取り組みとして, 「わたしの想いをつなぐノート」(宮崎大学医学部付属病院中央診療部臨床倫理部の板井孝壱郎らの宮崎市在宅療養支援事業プロジェクト), 広島県では, 広島県地域保健対策協議会による「豊かな人生と共に…〜もしもの時のために伝えておきたいこと〜アドバンス・ケア・プランニング Advance Care Planning (ACP)」(広島県地域保健対策協議会, 平成 26年),「ACP の手引き　豊かな人生とともに〜私の心づもり〜アドバンス・ケア・プランニング Advance Care Planning (ACP)」(広島県地域保健対策協議会, 令和元年) などがある.[65]

最新版は以下のとおり. 令和元年 11 月〈Ver.2〉「ACP の手引き　豊かな人生とともに〜私の心づもり〜アドバンス・ケア・プランニング Advance Care Planning (ACP)」.

　さらに，国立長寿医療研究センターの ACP 研究会や ACP トレーニングなどがある[66]．

　国立長寿医療研究センターの ACP の定義にはこうある．

・意思決定能力低下に備えての対応プロセス全体をさす．
・患者の価値を確認し，個々の治療の選択だけでなく，全体的な目標を明確にさせることを目標（ママ）にしたケアの取り組み全体．
・アドバンス・ケア・プランニングは，インフォームド・コンセントが同意書をとることだけでないように，アドバンスディレクティブ（事前指示）の文書を作成することのみではない．
・患者が治療を受けながら，将来もし自分に意思決定能力がなくなっても，自分が語ったことや，書き残したものから自分の意思が尊重され，医療スタッフや家族が，自分にとって最善の医療を選択してくれるだろうと患者が思えるようなケアを提供すること．

巻末資料に挙げたように，現在，日本において事前指示に相当する書式は幾つかある.[67]

　じんぞう病治療研究会のように，延命医療中止の指示内容の選択肢が細かく設定されている書式と，日本尊厳死協会のように，延命医療中止の要望を自筆・捺印で意思表明する形式のものとがある.

　本書での事前要望書に対する意識調査結果においても，実行に移せない要因の一つとして，事前要望書の形式面の問題が指摘されている．今後，日本において，どのような形で患者による意思表示あるいは事前指示が行われていけばよいかが主要な論点となろう.

第2項　日本における事前指示・ACPの文献調査

　ここでは日本の事前指示・ACPに関する文献レビューを通して，実践的取り組みを探った研究（実践の論文），また，ACP普及や推進に向けて一般市民（人）への啓発を促す先行研究を中心に，その一端を紹介したい.

　Web of Scienceの被引用件数の高いものを，200件ほどある海外文献から30件ほどリストアップし，その海外文献レビューを本調査の出発点とした．海外でのほとんどの調査は，事前指示・ACPの実施の有無やその理由を探った内容ではなく，医師たちがACPの期待にどう応えたかという調査であり，日本での調査と次元が異なるため，比較しにくい実情にあった．よって，ACP実施への抵抗感を探った本書では，海外調査との比較は行っていない.

　海外の研究動向としては，2000年代に米国ウィスコンシン州から始まったACP教育プログラムのRespecting Choicesプログラム（2000），オーストラリアでのACPに関する無作為化比較試験（2010）などがある．オーストラリアでの調査は，ACPの介入群で終末期における患者と家族の満足度が上昇すること，また，患者の死後の家族の不安，抑うつが軽減されることが示され，POLSTのように，すでにACPは実践始動し，地域社会を視野に入れた患者と家族，医療者への教育の効果が図られているレベルにあることがわかっている（日本に紹介されたACPの取り組み表を参照）.

1. 方法：データ収集・分析

　検索サイトとして，医学中央雑誌（医中誌）や CiNii（国立情報学研究論文情報ナビゲータ）Articles をデータベースとし，1996 年 -2018 年までに国内で発表された ACP 関連文献を検索した．データ収集・分析法は，竹内らの先行研究[68]，角田の先行研究[69]等を参考にした．

```
         ┌─────────────┐
         │  医学中央雑誌  │
         │    CiNii     │
         └─────────────┘
                │
```

キーワードで検索
アドバンス・ケア・プランニング，
終活、事前指示，エンディングノート
　　　　　　　× 　調査

⟹ 除外条件を設定し，スクリーニング．
　管血障害，小児，治療，代謝 / 生理，
⟹ 葬儀関係，医療選択に関係しないものを除外．解説，総説，会議録，症例報告等を除外．原著のみを対象とし，「調査」「一般」で検索にかけてスクリーニングした．

　　アドバンス・ケア・プランニング × 調査 × 一般：24 件
　　事前指示 × 調査 × 一般：19 件
　　エンディングノート × 調査：3 件
　　終活 × 調査：2 件

2. 結果：

　ACP 文献の総数は 1590 件[70]で，文献種別の内訳は，原著 156 件，解説 805 件，総説 20 件，会議録 561 件，座談会 16 件，症例報告 33 件，図説・レター・Q&A21 件で，圧倒的に解説が多かった（2018 年 2 月 10 日現在）．

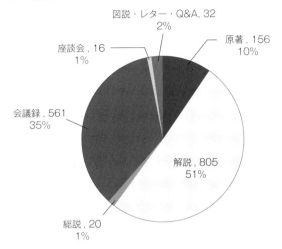

ACP 文献の内訳

N=1,590

図説・レター・Q&A, 32
2%

座談会, 16
1%

原著, 156
10%

会議録, 561
35%

解説, 805
51%

総説, 20
1%

　内容はアドバンス・ディレクティブ AD に関するもので，厳密にはアドバン
ス・ケア・プランニング ACP に関する内容ではない．AD や LW，事前指示書
等，その他のキーワードも含めた曖昧なものもヒットする．[71] これは ACP とい
う言葉そのものが広義で概念的なものであることに関係してくる所以であろう．
　現在はまだ ACP とは何かの解説止まりで，実践研究は少なく，ACP につい
ての現状把握，模索の段階である．

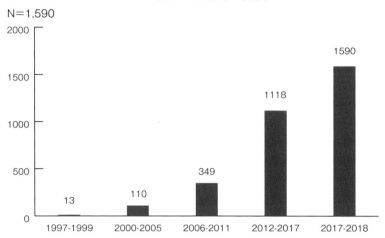

ACP文献数の年代推移（累積）

N=1,590

文献数の伸びは1990年代後半から始まり，2010年頃から急激に，2012年以降，飛躍的に伸びている．こうした背景には，1990年代後半から2000年初頭にかけて国内で立て続けに起こった，東海大学付属病院事件等のいわゆる安楽死事件により，尊厳死・安楽死や延命治療の是非が社会的関心を呼んだこと，また，2000年に新たな社会保障として介護保険制度が施行され，2007年に高齢化率21.5％となり超高齢化社会に突入したといった，社会的背景が影響しているものと思われる．

　2008年には後期高齢者医療制度が施行され，超高齢化に備える必要性が強調されるようになったこと，介護保険導入により，高齢者が自分で決めないといけない時代に，意思決定が必要な時代になったことや，これまでの家族の役目をケアマネージャーが代行するようになったことなどの背景があって，意思決定支援の一つである，事前指示に関心が向けられたと推察する．

　一方で，厚生労働省のワーキンググループが，「終末期医療に関するガイドライン（たたき台）」(2006)，「終末期医療の決定のプロセスに関するガイドライン」(2007)，「終末期医療のあり方に関する懇談会報告書」(2010)など，終末期医療のあり方や事前指示についての見解を示したことも影響している．

　また，近年のエンディングノートや終活の流行も影響している[72]．

<＜研究方法と対象者＞

研究方法では，ACPに対する意識や実践に関する質問紙調査69件が最多で，半構造化面接26件，事例検討21件，診察録または個人記録調査18件，文献検討8件，介入研究4件，質問紙および半構造化面接2件，参加観察および半構造化面接1件，構造化面接1件の順であった．

対象別では，患者や施設入所者（家族も関与するが基本的に患者や施設入所者に焦点を当てているもの）が最多で60件，医療／ケア提供者36件，一般市民が19件であった．

＜内容の概要＞

文献の主題として最多は，治療やケアの選択・決定，事前指示（AD，リビングウイル）の在り方や必要性についてであった．

質問紙調査では，患者や施設入所者に事前指示や延命治療を望むかなどの意向や考えを問うもの，医療者やケア提供者を対象に，事前指示や意思決定の現状を尋ねる内容がほとんどを占めていた．

角田の原著論文の分析調査では，ACPが必要とされる【場】を「高齢者施設」や「医療施設」，【時期】を「高齢期」や「終末期」（エンドオブライフ），【選択】を「治療方法やケア」，【状態】を「判断力低下」や「要介護状態」，【人】を「患者」や「高齢者」，ACPが必要としている【援助技術】を「意思決定への支援」や「コミュニケーション」，【システム】を「医療保険」や「介護保険」などと，カテゴリー化されている[73]．

こうしたACPが必要とされる【場】や【時期】，ACPが必要としている【援助技術】や【システム】等のカテゴリー化を，ACP普及に向けての意識調査の参考としたい．

つまり，ACPを，いつ，どういうときに，何をきっかけに作成する（した）か，誰と相談して作成する（した）かといったカテゴリー化によって，ACP未普及の原因を探る手がかりとしたい．

原著論文で初めてACPが日本に紹介されたのは1997年の，以下の2件である．

①赤林朗，甲斐一郎，川上典子ほか（1997a）「アドバンス・ディレクティブ
　（事前指示）に関する医師の意識調査」『日本医事新報』3842 号，24-29 頁，
②赤林朗，甲斐一郎，伊藤克人，津久井要（1997b）「アドバンス・ディレク
　ティブ（事前指示）の日本社会における適用可能性――一般健常人に対する
　アンケート調査からの一考察――」『生命倫理』Vol.7　No.1，31-40 頁[74]

　事前指示を書く人が少ない要因について赤林らの調査（1997b）で明らかに
なったことは，**「具体的な場面を想像できないので答えられない」**という，事
前指示の持つ理論的な限界，すなわち「もともと予測が不可能なことに対して
どこまで前もって意思表示をすることができるか」という点が指摘されたこと
であろう．

　さらに「そもそも**死のことは考えたくない**，現在まだ若いし病気でもない」
という，死について**語ることの心理的抵抗**，「家族や担当医にまかせる」とい
う従来の慣習に従う，などの要因があげられている．

　また，「意向は残しておきたいが，それを口頭で家族や知人に伝えておく」
という回答者が半数以上を占めたことは，**日本では文書による契約書の慣行が
少ないなどの文化的側面の影響**があると推測できる．

　日本で事前指示を実際に書面で書く人が少ない要因は，法律上の保証が無い
点や制度上整備されていないという技術上の問題もあろうが，赤林らの調査か
らは，**心理的な抵抗と事前指示が持つ理論上の限界**などが比較的関与している
ことが示唆された．

　「自分で決めた希望には，絶対に従ってほしい」「文書で法制化が必要」とい
う回答が確かに見られている．同時に，**日本の家族のあり方が変化し，代理決
定者として家族を期待できない層が着実に増えてきているからであろう**，と赤
林らは分析している（赤林，1997b，38-39 頁）．

　事前指示の目標は，患者の意向の尊重（自己決定の尊重），医療者側の行為の
保護（法的な点を含む），そして家族や医療者が判断する際の心的負担の軽減で
ある．医療に関する事前指示をしておくことによって，意思能力がなくなって
も，自己決定の権利が保障され，延命医療中止を行なう医師の違法性阻却にな
り，家族や医師の心理的ストレスの軽減となりうる．

　事前指示には，①患者の自己決定権を尊重すること，②家族が，患者本人の

意思を憶測することの心理的感情的苦悩を避けることができる，③医療介護従事者が法的責任追及を免れることができる，④コミュニケーションツールとしての役割[75]，の４つの意義がある．

　事前指示書を作成する人がなぜ少ないかの要因を探るため，本研究においてACP意識調査を試みた．

　さて，ACPの文献レビューに関する主な先行研究には，以下の３件がある．

　胃ろうを造営した高齢者の看取りの現状について日本における先行研究を整理し，介護福祉における研究課題を生命倫理の視点から明らかにすることを目的とした三好の文献レビュー論文①，日本の高齢者に事前指示書を普及するための示唆を得ることを目的とした杉野らの文献レビュー論文②，また，ACP文献検討を通して患者の特性によるACPの効果およびACPを適用するタイミングについて探索し，効果的なACP構築のための示唆を得ることを目的とした竹内らの文献レビュー論文③，である．

　以下，その概要を述べ，考察を行なう．

①三好弥生（2011）「胃ろうを造設した終末期高齢者の看取りに関する文献レビュー」『高知県立大学紀要（社会福祉学部編）』61巻，133-144頁
　松井ら（2003）は，「家族による代替意思表明の問題」について，以下のようにまとめている．

　入院中の高齢患者への聞き取り調査結果から，「家族がアドバンス・ディレクティブを示していた場合，それに従うかどうかについては『従う』37％，『内容による』55％，『従わない』6％で，家族の立場としては必ずしも，本人の意向をそのまま受け取れないとする回答が過半数を占めていた」と述べている．

　本人が人工栄養を外したり差し控えたりしたくても，家族が本人の意向に反して，人工栄養を導入してしまう実情が報告されている．このことは，本人の自律を尊重し患者の最善の利益をめざす，生命倫理の観点からも望ましくない在り方であり，本人の意思を支えるACPが望まれる．

　越谷（2006）は，「高齢者の心理と啓発の必要性」について調査を行い，

50-80歳代の一般中高年者に認知症終末期ケアの意識調査を実施したが，自由記載で「気持ちが滅入るので，自分が認知症になることなど考えたくない」という回答が多数みられたという．認知症や介護の問題について年齢的に差し迫った問題だけに，**深刻にとらえることを回避したいという心的抵抗が働いているのではないか**と考えられる．終末期や死に関する啓発の必要性が求められる．

　葛谷（2009）は，「終末期になり自らの希望にそぐわず，人工栄養を導入されている高齢者は想像以上に多い可能性がある」と，家族による代替意思表明の限界を指摘している．

②杉野美和・奥山真由美ほか（2015）「高齢者への事前指示書の普及に関する文献的考察」『山陽論叢』第 22 巻，21-27 頁
　杉野らは，高齢者への事前指示書の活用に関する論文 8 件[76]をレビューした結果，**家族に介護負担がかからないことを優先させる思いが強いという日本人の心情がある一方で，事前指示書を作成している人が少ないという特徴**を捉えていた．
　杉野らは，島田ら[77]の研究結果について，「事前指示について，終末期医療の希望を家族に伝えることの背景には，家族に介護負担がかからないことを優先させる思いが強く，**『関係配慮』的な自己決定**」が影響していると指摘している．
　そのことから以下のことがいえよう．「関係配慮」的な自己決定は，「自分の死に方は自分で決める」といった個人主義的な欧米の自己決定とは異なる，ということ，つまり，「関係配慮」的な自己決定は，自分の意思によって死ぬという欧米の考え方とは異なり，自分より周囲（家族）を考える日本社会の価値観に基づく決定である[78]．
　欧米ではあくまで本人主体の決定が優先される．欧米では，自分が延命措置を中止したい（死の自己決定）という自分の意思による「自分本位の」医療選択の傾向があるのに対し，日本では家族に介護負担をかけてまで生きていたくないという「他者・家族への配慮」から，延命措置の中止を選択する傾向があると思われる．同じ自己決定でも家族への配慮の自己決定という違いがある．

杉野らは，笠置らのレビュー[79)]を通じて，患者本人が**終末期医療の判断や介護をする相手を気遣い，相手に判断を委ねる傾向**があり，そのことが**事前指示**[80)]の進まない理由の一つとなっているのではないか，と分析している．

　また，事前指示が進まない理由に，事前指示の決定困難の原因として，**知識不足や既存の事前指示書の持つ書きにくい部分等の欠点，死について考えたり話題にしたりすることの難しさが要因**と考えられていた．そのことで，**事前指示を決定することの怖さと忌避**から他者に決定を委ねるという姿勢につながっていた．

　杉野らは，塩谷らの高齢者の延命治療と LW に関する意識調査[81)]で，LW について（口頭で）意向を伝えておきたい人は 90.9％だったのに対し，意向を文書にしておきたい人は 45.5％であった．その結果から，事前指示の方法としては，**事前指示書として書面に残すことに困難や抵抗感があるため，家族や近親者に口頭で，自分の意思を伝える人も多く，口頭での意思表示に肯定的**であったことが示唆された．

③竹内佐智恵，犬丸杏里，坂口美和，後藤姉奈，吉田和枝，出原弥和，辻川真弓（2015）「Advanced Care Planning（ACP）に関する文献レビュー」『三重看護学誌』17 巻，1 号，71-77 頁

　竹内らは，ACP の効果および ACP を適用するタイミングについて検討するための文献レビュー[82)]に基づき，考察を行った．以下，概要を述べる．

　アメリカにおける事前指示書の作成状況についての Morrison らの調査[83)]（2004）によると，**60 歳以上の高齢者の 3 分の 1 が作成**していたとしており，Bito らの調査[84)]（2001）では**慢性疾患をもたない成人期の人々の場合，作成率は 2 割程度**と報告され，**概ねアメリカにおいては 2 〜 3 割の人が事前指示書を作成している**という実情が浮き彫りになった．

　Engelhardt らの ACP の成果を示す調査[85)]（2006）によれば，**患者が事前指示書を更新する頻度が高まったことを示し，終末期の医療費を低く抑えることができた**という報告であった．「ACP の成果は事前指示書の作成ばかりではなく，**患者が自らの死に関することを誰かと話し合うことを重視する側面もある**[86)]」．

　Merier らの調査（2010）では，**事前指示書の作成には健康状態が影響してお**

り，透析治療を受けている患者においては 6 割の人が事前指示書を作成していた.

その透析治療を受けている患者を対象にした Merier らの調査では，

> 「透析治療を受けている患者は死への不安や恐れを抱きつつも，**死への準備**として葬儀の計画や遺産の整理という現実的なテーマを家族と話し合っておきたいと希望している患者側の様子を捉えていた」[87]

ことにより，ACP の成果が示された.

また，ACP の成果は患者のみならず，**医療者にも影響**していることを，Jacobsen ら（2011）が報告している. それによると，緩和ケア内科医を中心とした専門職チームが ACP を提供する場合，情報提供中心の介入であれ，意思決定支援を中心とした介入であれ，ACP を意図的に提供することで，医療者が延命治療や生命維持の治療に関する患者との議論の様子を克明に記録に残す割合が有意に高まった，と報告された.

ACP を適用するタイミングについて竹内らは，文献レビュー結果[88]から，人が話す目的は多様であり，生活の整理をするために話す人もいれば，家族との時間を大切にしつつ自らの生き様や家族に継承してもらいたいことを伝えるために話す人もいる，とする. 患者が話す目的によっては，患者の思考力が低下する前から，思考が明確な時期から話すことを促進する必要があるとされる.

また，竹内らは，ACP のための訓練を受け，患者中心のインタビューを展開する力を備える，専門家・ファシリテーターが介入することがもっとも有効である，と結論づけている. ファシリテーターは終末期の意思決定をめぐる患者家族の心理的負担を軽減するために必要である.

ただ，ファシリテーターの養成には，研究の仕組みと時間，経費もかかり課題が大きいとされており，ただちに ACP を開始することは困難だと考える医療機関や介護関係の事業所も少なくないと思われる[89]. ファシリテーターの ACP への介入のみに頼るのではなく，各々の当事者家族が，本人が元気なうちから介入することが重要であろうと思われる[90].

以下より，終活ないしエンディングノートに関する調査，2件についての概要を述べる.

①木村由香，安藤孝敏（2015）「エンディングノート作成にみる高齢者の『死の準備行動』」『応用老年学』9巻1号，43-54頁

　木村らの研究では，自らの老いや死に備える行動[91]を「死の準備行動」とし，その捉えられ方と行われ方，また，影響について，エンディングノート作成に取り組む高齢者8名のインタビュー調査から考察した．分析の結果，「死の準備行動」は，**多様な希望を残すためではなく，迷惑をかけないためという他者への配慮**に基づき行われ，高齢者にとっては現状整理と問題把握が促されること，**他者へ迷惑をかけるという不安からの解放につながる**ことが明らかとなった．また，**他者と死について話すことが困難だからこその「死の準備行動」**という構図がうかがえた．一方，医療や介護の意思決定などは，自身の将来像は困難となるため，これをいかに支援するか，そしていかに「死の準備行動」を充実した生につなげていくかが課題であった．

　木村らの研究では，死への準備行動としてのエンディングノート作成の動機は，本人の希望を残したいという意思表明よりも，**周囲に迷惑をかけたくないという他者への配慮，すなわち「配慮的自己決定」**に基づくことを明らかにした．

②岡本美代子（2017）「都市と地方における高齢者の死生観と終活の現状」『医療看護研究』13巻2号，62-69頁

　岡本は，高齢者の終活支援を目的に調査を行った．方法として，都市Aと地方Bの老人クラブに所属している65歳以上の者を対象に無記名自記式質問紙調査を行った．内容は，基本特性，死生観，終活の現状である．地域ごとに各項目を単純集計した後，カイ二乗検定を実施した.

　結果・考察では，都市A：219名（有効回収率54.8%），地方B：90名（有効回収率56.3%）を分析した．**死生観では，両地域において有意差はなく，ともに死に積極的な態度がうかがえる一方，消極的な態度の高齢者も少数存在する**ことが明らかになった．終活への関心は，両地域とも80%以上と高かったが，都市Aは90.9%とより高く有意差がみられた.

　終活行動においても都市 A が地方 B よりも積極的であり，終活行動の 12 項目の実施状況は，地域間に相違があった．このことにより，地域特性に応じた支援の必要性が示唆された．さらに，両地域において相談の場所の認知度が低く，適切な情報が得られていないことも想定される．今後，高齢者の終活に必要な支援を充実させるために，各々の地域特性や終活行動の特徴に合わせた支援体制を構築していく必要がある．

　最新の一般市民対象の終末期医療に対する意識調査に，西岡らの研究がある．
　西岡弘晶，荒井秀典（2016）「終末期の医療およびケアに関する意識調査」『日本老年医学会雑誌』53 巻 4 号，374-378 頁
　西岡らは，高齢者医療に関する市民公開講座の参加者へのアンケート調査（回答数 176〈平均 64.7 歳〉）を行い，そこでは，リビングウイルや尊厳死の宣言書を知っているか，終末期（回復の見込みが極めて乏しい状態になったとき）の治療方針を決めるのは誰（自分，担当医，家族・その他）が適当か，終末期に希望する栄養補給法はどれか，終末期に受けたくない医療行為はどれかを質問した．
　74 歳以下群と 75 歳以上群に分け，回答を比較．74 歳以下，75 歳以上の両群とも治療方針の決定者に「自分」を選ぶ人が最多であった．75 歳以上では「担当医」の割合が増えた．「家族」を選ぶ人は両群でほぼ同じであった．**後期高齢者も 74 歳以下と同様に終末期医療やケアについて自己決定を望む人が多かった．**
　西岡らの調査では，**高齢者本人の意思決定をサポートし，高齢者の過剰医療にも過小医療にも注意を払うことが大切であること**が示唆された．
　一方，最新の医師対象の延命医療行為をめぐる意識調査に，三浦らの調査がある．
　三浦らの調査[92]（2017）では，透析医療現場における事前指示についての日米独の意識調査において，**日本の医師は，患者および家族の意向表明がない場合には，患者が高度認知症であっても透析を継続する傾向のあること**が明らかとされた．**日本の医師の多くは延命医療の差し控えや中止に，法的責任の理由以外に心理面で抵抗がある**ことが浅井らの調査[93]（1998）でわかっており，高齢の重度認知症患者の尊厳を損なう可能性があると思われる．

ACPの先行研究においては，主として，欧米の事前指示書に関する研究動向と日本導入への検討というものから，ACPの概念分析，ACPの実践における看護師の役割等である．

先行研究の半数以上がACPとは何かの解説書であり，現在はADの不十分さを補うためのACPという紹介，医師主導のPOLSTに対抗してできたACPという紹介[94]が主な内容である．

次に，「医中誌」において「アドバンスケアプランニング」で検索した原著論文156件から，実践的取り組みを示している以下の論文3本（角田ますみ「報告2：日本ではACPとして何がなされているのか」第26回日本生命倫理年次大会ワークショップでの報告と一致），さらにACPの取り組みとして最近紹介されている3本，すなわち，④藪本らの研究（2017），⑤石川らの研究（2017），⑥小松らの研究（2017）の概要を述べる．

①髙橋里子（重井医学研究所附属病院　看護部）ほか「当院におけるCKD（慢性腎臓病）患者の治療選択の検討（パート5）透析導入後のアンケート調査」（2008）『腎と透析』65巻別冊　腹膜透析，284-286頁，では，慢性腎臓病患者へ早期から腎機能に応じ，段階的チェックリストを用いた情報提供についてなどのアプローチを行った．その結果，透析方法を決める過程への患者満足度が高いことがわかった．HD（血液透析）選択者よりPD（腹膜透析）選択者の方が，自分で透析方法を決める過程に満足しているという割合が高かった．PDは自宅での治療となるため，医師も時間をかけて患者に情報提供していることがその理由と考えられる．

②平川仁尚（名古屋大学医学部附属病院　卒後臨床研修・キャリア形成支援センター）ほか（2012）「高齢者の終末期ケアを実践する上級介護職員のためのワークショップの効果」『ホスピスケアと在宅ケア』，19巻3号，316-323頁，では，ワークショップで「老化・死とは」「たべられなくなったらどうするか」「苦痛症状のコントロール」「アドバンスディレクティブについて考える」など具体的テーマでのグループ討議がなされたとある．

③平川仁尚「地域の中高年と介護者が学びあう終末期学習プログラムの開発（2012）『ホスピスケアと在宅ケア』20 巻 1 号，63-66 頁，では，**家族と介護職員に対する死への準備教育のための終末期学習プログラムが開発され，死生観尺度に関して死に対する恐れが減少する傾向**がみられた．

　ACP という言葉の代わりに，ACP を構成する要素ともいえることをテーマとした試みがなされている．情報提供して対象者が学び考える環境づくりが報告されており，平川らの報告では「介護職員が中高年者らと互いに多くを学んでいる」ということから，一般の人たちから ACP の重要な担い手になることが期待できると考えられる，とある．

　以上の先行調査では，介護職員と患者とが情報共有してともに学び考える場として ACP を捉えている．ACP が一般の人々のものとして実践されていくことが必要であろう．

④藪本知二・田中愛子（2017）「死への準備教育のための『終末期の計画とケア』に関するブックレットの有効性についての調査」『山口県立大学学術情報第 10 号［高等教育センター紀要　第 1 号］』115-121 頁，および，2015 年研究，「アドバンス・ケア・プランニング：選択肢を知らせる」『山口県立大学学術情報　第 8 号［共通教育機構紀要　通巻第 6 号］』67-74 頁

　藪本らは，ハワイ大学医学部キャサリン・L・ブラウン教授らが作成した 5冊のブックレットの翻訳を行い，そのなかで，研究参加者 13 人への質問紙調査法によるデータ収集に基づく紹介を行った．藪本らは，多くの人が理解でき，ブックレットの有効性が認められた，5 冊のブックレットが，死の準備教育に対して有効であり，今後，普及啓発活動が必要であるという．

⑤石川孝子・福井小紀子・岡本有子（2017）「訪問看護師による終末期がん患者へのアドバンスケアプランニングと希望死亡場所での死亡の実現との関連」『日本看護科学会誌』37 巻，123-131 頁

　石川らは，1000 事業所の訪問看護師 374 名を分析対象とし，希望死亡場所での死亡の実現には，終末期を通しての繰り返しの希望の確認，症状悪化時に

予後予測に基づいて生活予後の説明をすることが重要であると述べている.

⑥小松恵・島谷智彦（2017）「がん患者緩和ケアにおけるアドバンス・ケア・プランニングに関する一般病棟看護師の認識」Palliative Care Research 12 (3)，701-707頁

　小松らは，看護師800人を対象に，郵送法による自書式質問紙調査を実施したが，ACPの意味を認識しているのは全体の20％に過ぎず，99％が施行できていないということが明らかとなった．一般病棟看護師のACPの認識は不十分であり，一般病棟看護師のACP認識を高めるためには，啓発・教育・環境整備が必要である．

　④～⑥の先行調査では，直接，一般人対象の国内でのACP取り組みや普及に向けての内容ではないが，今後，本邦でもACPの普及に向けての啓発活動の必要性が求められることが示唆された．

　1996-2018年までの国内発表のACP関連文献検索において，一般市民を対象とした意識調査は少なく，事前指示書を作成する人がなぜ少ないのかの要因を探った調査は，第4章のACP意識・質問紙調査（2014-15年）を始める時点で，1997年の赤林朗らの調査が唯一であった．赤林らの調査は，事前指示書作成への抵抗感を示唆する，本邦における唯一の重要な先行研究ではあるが，東京都近郊の二つの病院において，人間ドックを受診する210人の男性のみを対象とし，女性が対象外であるため，本調査において先行研究で明らかにされなかったところの男女の性差など特徴の違いを明らかにした．
　ACPの質問紙調査結果の分析中に，事前指示書を書く人が少ない理由を探った先行研究で，2015年の杉野らの調査を見つけたが，1997年の赤林調査と比較して，20年以上経っても変わらない内容，すなわち「死のことは考えたくない，話題にしたくない」といった死へのタブー，「日本では文書による契約書の慣行が少ない，文章に残すことの抵抗感」等があることがわかった．本調査においても，事前指示書作成への抵抗感として，死へのタブーが確認された．

　そこで，これらの調査で明らかにされなかったところを，本書の事前指示書・ACP に向けての質問紙（アンケート）調査（2014-2015）によって解明しようと試み，集計結果から ACP 提言への考察を行った．

　事前指示書・ACP についてのアンケート意識調査では，以下の 3 点を調べた．

　①日本人は事前要望書を考えたり書いたりしているか

　②誰が相談相手になっているか，何をきっかけに作成しているか

　③何が妨げになり，どのようにそれを乗り越えられるかのヒントはないか

　次章では，事前要望書の作成の実態，作成に向けての相談相手やきっかけ，作成に向けての気がかりや抵抗感などを一般市民対象の質問紙調査を行い，集計結果を基に分析考察を行いたい．

1) 通常半年以上持続している無意識状態．自己認識や周りの人や物に対する認識はまったくない．大脳の機能は障害しているが，脳幹の機能である呼吸中枢，自律神経機能，ホルモン活動の中枢機能などは存続している臨床状態．自発呼吸はもちろん，血液循環，消化，吸収などの植物機能は維持されており，排尿や排便は可能．生命維持装置をつけておかなくとも，水分と栄養分とが補給されつづけ，身体の衛生状態を清潔に保っていれば寿命がくるまで生命を維持しておくことは可能であり，脳幹の機能が不可逆的に停止した脳死の場合とは異なり，意識回復が起こる可能性を残している（星野一正『わたしの生命はだれのもの──尊厳死と安楽死と慈悲殺と』大蔵省印刷局，1996 年，72-73 頁）．

2) 甲斐克則（2012）「日本における人工延命措置の差し控え・中止（尊厳死）」シリーズ生命倫理学 5　安楽死・尊厳死』丸善出版，127 頁．

3) 「終末期医療の意思尊重についての法案骨子」◆「終末期」とは，適切な医療を受けても回復の可能性がなく，死期が間近な状態．◆判定は，2 人以上の医師による．◆延命措置を希望しないと意思が明らかな患者に延命措置を始めなくても，医師は責任を問われない（朝日新聞，2012 年 3 月 23 日朝刊）．

4) 「事前指示の概念の成立は，終末期における患者の死を選択する権利を，どのように捉えるかという議論から始まっているといえる」三浦靖彦，（2012）「事前指示と DNR」『シリーズ生命倫理学 13　臨床倫理』丸善出版，165 頁．

5) 生命維持装置の一つである人工呼吸器は，1960 年頃に登場し，「リビングウイルという語句が最初に述べられたのは 1969 年のことである」（Kutner, Luis, 1969, "Due Process of Euthanasia: The Living Will, A Proposal". *Indiana Law Journal*, 44, p.549.）．三浦靖彦，（2012）「事前指示と DNR」『シリーズ生命倫理学 13　臨床倫理』丸善出版，165 頁．

6) 死ぬ権利というものはそもそも存在しない．なぜなら，権利を行使するためには生きていることが必要であり，権利を持つことと生命を奪う（死ぬ）ことは衝突するからである．死ぬ権利は形容矛盾である．生命は与えられたものであり，自身の所有物ではなく，自身の生命を絶つ行為そのものは，自己決定権の及ぶ範囲を超えているからである（関東医学哲学・倫理学会編〈2013〉『新版医療倫理 Q&A』，182 頁）．したがって，生きる権利があるから死ぬ権利があるということにはならない．ただし，死に到る過程についての選択権，死の迎え方を選ぶ権利はある．

7) 患者の権利の核心は，「患者の自己決定権」である．患者の権利には，具体的には，「治療選択権」や「治療拒否権」等がある（関東医学哲学・倫理学会編〈2013〉『新版医療倫理 Q&A』，68-70 頁）．「治療拒否権」は，「患者の権利章典」（1973 年，アメリカ病院協会）や「患者の権利に関するリスボン宣言」（1981 年，世界医師会）等で認められている（沖永隆子〈2012〉「患者の権利章典」盛永審一郎，長島隆編『看護学生のための医療倫理』，丸善出版，32-33 頁．沖永隆子〈2012〉「死ぬ権利」，前掲書，178-179 頁）．

8) 沖永隆子（2012）「患者の意思表示（事前指示）」，前掲書，176-177 頁．

9) 三浦靖彦，前掲書，164 頁．

10) 板井孝壱朗（2013）「終末期の意思決定を支えるには──事前指示について」「特集最後までよい人生を支えるには──多死時代の終末期医療」『内科』Vol.112　No.6，1371-1376 頁．

11)　赤林朗，甲斐一郎，伊藤克人，津久井要（1997）「アドバンス・ディレクティブ（事前指示）の日本社会における適用可能性──一般健常人に対するアンケート調査からの考察」，『生命倫理』Vol.7，No.1，31-40 頁．西川満則（2014）「解説　特養の看護職が知っておくべき　アドバンス・ケア・プランニング　特集 特養での看取りを見据えた意思決定支援」『コミュニティケア』2004年 4 月号，14-19 頁．

12)　G Fischer, J Tulsky, R Arnold（2007）「事前指示と事前ケア計画」生命倫理百科事典翻訳刊行委員会編『生命倫理百科事典』丸善出版，1258-1263 頁．

13)　年会費 2000 円（3000 円），終身 70000 円（100000 円）（）内は夫婦で入会（藤本啓子 2016『いのちをつなぐファミリー・リビングウィル』木星舎，55 頁）．

14)　星野一正（1993）「患者の人権をめぐる諸外国の事情」，『医療 '93』Vol.9　No.9，46-51 頁．

15)　「代理人指定の際に，医療に関する永続的委任状（Durable power of attorney for healthcare）の制度がある米国とは異なり，日本においては，成年後見人制度においても，医療行為に関する決定権が認められていないため，若干なじみにくい概念かもしれない」（三浦靖彦，前掲書，164 頁）．

16)　冲永隆子（2005）「終末期医療と生命倫理」『平成 16 年度厚生科学研究費補助金　厚生労働科学特別研究事業報告「終末期における望ましい医療の内容に関するガイドラインの策定に関する研究」（H16- 特別 -024）』63-84 頁．67-68 頁，80 頁にカレン事件とナンシー事件の概要記載．中村（冲永）隆子（1993）「尊厳死とリビングウイル」，京都女子大学宗教・文化研究所『国際バイオエシックス研究センターニューズレター』第 8 号，8-11 頁に，筆者による講演記録．三浦靖彦，前掲書，165-166 頁．

17)　亀井隆太（2015）「患者の事前指示書について──民法との関わりを中心に」『千葉大学法学論集』第 30 巻第 1・2 号，368 頁．

18)　松田純（2010）「患者の意思表示（事前指示）」松島哲久，盛永審一郎編『薬学生のための医療倫理』丸善出版，184-185 頁．

19)　星野一正「終末期医療についてのアドヴァンス・ディレクティブ」1516 号（1996 年）56-64 頁．

20)　井形昭弘（2017）「我が国における尊厳死運動──日本尊厳死協会の立場から」シリーズ生命倫理学会編集委員会編『シリーズ生命倫理学 5　安楽死・尊厳死』丸善出版，85-105 頁．当時，尊厳死は消極的安楽死といわれていたため日本安楽死協会と称された．1981 年世界医師会議リスボン宣言で尊厳死の表現が使われたのを受けて，1983 年に誤解を避けるために日本尊厳死協会と改称した（井形，2017，87 頁）．

21)　1970 年代になると，生命維持装置による延命が多くなり，それで延命されると，口から気管挿管されて話ができなくなり，集中治療室のベッドに寝かされて，その周りに配置された心電図，脳波，その他の計器類とが患者の身体と何本もの電線でつながれ，また強制栄養のために鼻孔から胃の中に挿入される管や点滴の道具などと，患者は多数の管でつながれる．また，点滴用の管の中に治療用の薬類を注射するための管が加わり，患者を取り巻いて多数の電線や管が張り巡らされるような状態になるので，患者の家族たちが「スパゲッティ症候群」などと呼ぶようになった（星野一正（1997）『インフォームド・コンセント　日本に馴染む六つの提言』丸善ライブラリー，23 頁）．

22)　「自己決定」は日本に定着するか．加藤尚武（2007）「日本での生命倫理学のはじまり」高橋隆雄・浅井篤編『熊本大学生命倫理論集 1　日本の生命倫理──回顧と展望──』九州大学出版，9-10 頁．

23)　加藤尚武，2007，11 頁.

24)　National End of Life Care Programme: Advance care planning: a guide for health and social care staff. HP サイトより（阿部泰之（2014）「医療における意思決定支援のプロセスとその実際」『緩和ケア』Vol.22　No.5，416 頁）.

25)　木澤義之（2012）「『もしも…』のことをあらかじめ話しておいたらどうなるか？」「特集　『もしも…』のことをあらかじめ話し合おう！――アドバンス・ケア・プランニングの実践――」『緩和ケア』Vol.22　No.5，399 頁.

26)　阿部泰之（2012）「医療における意思決定支援のプロセスとその実際」「特集　『もしも…』のことをあらかじめ話し合おう！――アドバンス・ケア・プランニングの実践――」『緩和ケア』Vol.22　No.5，416 頁.

27)　Hawkins NA, et al., "Micromanaging Death: Process Preferences, Values, and Goals in End-od-Life Medical Decision Making." *The Gerontologist* 45.1 (2005): 107-117. Anne Wilkinson, et al., *Literature Review on Advance Directives* (US Department of Health and Human Services: Office of the Assistant Secretary for Planning and Evaluation, 2007), 14. http://aspe.hhs.gov/daltcp/reports/2007/advdirlr.pdf（2018 年 8 月 20 日閲覧）. 足立智孝，鶴若麻理，日野智豪，角田ますみ，寿台順誠「バイオエシックスにおける ACP　AD から ACP へ」第 26 回日本生命倫理学会年次大会（2014 年 10 月 26 日浜松）公募ワークショップ「なぜアドバンス・ケア・プランニングなのか」での配布資料. 足立智孝，鶴若麻理（2015）「アドバンス・ケア・プラングに関する一考察――米国のアドバンス・ディレクティヴに関する取組みを通して――」『生命倫理』Vol.25　No.1，69-77 頁 .

28)　Miles SH, Koepp R, Weber EP: Advance end-of-life treatment planning; a research review. *Arch Intern Med* 156: 1062-1068. 1996.

29)　大関令奈「アドバンス・ケア・プランニングとは何か？」「特集　『もしも…』のことをあらかじめ話し合おう！――アドバンス・ケア・プランニングの実践――」『緩和ケア』Vol.22　No.5，404 頁.

30)　Gates M, Schins I, Sullivan A: Applying advanced directives: study of advance directives for life-sustaining care. *Home Health Care Nurse* 14: pp. 127-133, 1996.

31)　阿部泰之，前掲書，416 頁.

32)　板井孝壱朗（2013）「終末期の意思決定を支えるには――事前指示について」「特集最後までよい人生を支えるには――多死時代の終末期医療」『内科』Vol.112　No.6，1371-1376 頁.

33)　板井孝壱朗（2017）「事前指示（Advance Directives）」にまつわる問題」『日本在宅医学会雑誌』第 18 巻第 2 号，193-196 頁.

34)　田中美穂・児玉聡（2017）『終の選択　終末期医療を考える』勁草書房，57 頁. 英国の ACP のツールとして知られているものに、「望ましいケアの優先事項（PPC）」、米国で有名なツールは、「POLST 生命維持治療（終末期医療）に関する医師の指示」の他に、「Respecting Choice 選択の尊重」「Five Wishes 5 つの願い」がある. Wilkinson AM. Chapter 17 Advance Directives and Advance Care Planning: the US experience. In Thomas K. Lobo B. *Advance Care Planning in End of Life Care.* Oxford University Press. 2011. pp.189-204.

35)　三浦久幸（2013）「Advance Care Planning への取り組み」『病院』72 巻第 4 号，287 頁.

36)　三浦，前掲書，287 頁.

37)　竹之内沙弥香 (2012)「体験が教えてくれたアドバンス・ケア・プランニングの大切さ」『緩和ケア』Vol.22，No.5，413 頁，渡辺敏恵（2013）「私の生き方連絡ノート」『内科』Vol.112，No.6，1383-1388 頁.　岡村世里奈（2013）「事前指示をめぐる世界の状況と日本」『病院』72 巻第 4 号，281-285 頁.　三浦靖彦（2012）「事前指示と DNR」『シリーズ生命倫理学 13　臨床倫理』）177 頁.　二ノ坂保喜（2013）「レット・ミー・ディサイドと ACP：患者の意思決定をいかに支えるか」『内科』Vol.112　No.6，1389-1393 頁.

38)　冲永隆子（2018）「日本の事前指示をめぐる諸問題」『帝京大学学修・研究支援センター論集』Vol.9，19-29 頁.

39)　一般社団法人日本尊厳死協会は，1976 年に安楽死協会として医師や法律家，学者，政治家などにより設立された．1983 年に日本尊厳死協会と改名され，2010 年に法人格を取得．同協会は「尊厳死の宣言書」の登録・保管，尊厳死思想の普及啓発，相談，尊厳死の法制化運動の推進を行っている．2014 年 1 月の会員数は 12 万 5000 人であり，会員の約 80％が 65 歳以上（亀井隆太〈2015〉「患者の事前指示書について――民法との関わりを中心に――」千葉大法学論集　第 30 巻第 1・2 号，365 頁.

40)　橋本操『あの人に迫る　死の尊厳よりもまず生きること』東京新聞 2009 年 11 月 27 日夕刊.

41)　田中美穂・前田正一（2014）「米国 50 州・1 特別区の事前指示法の現状分析――終末期医療の意思決定に関する議論の構築に向けて」日本医師会総合政策研究機構ワーキングペーパー No.329，8 頁．http://www.jmari.med.or.jp/research/working/index-8.html

42)　東京新聞，2014 年 1 月 12 日朝刊．「尊厳死法案提出へ　通常国会　延命中止を免責　超党派議連」.

43)　毎日新聞，2018 年 9 月 16 日夕刊「終末期医療　延命中止，意思確認に力点　自民，新法検討」

44)　日本では，終末期における自分の意思を事前に表明した指示書のことを「リビングウイル」と呼ぶことが多いが，海外では「事前指示（書）」AD と呼ぶのが一般的である．なぜなら，海外には終末期における自分の意思の実現を目指した指示書には様々な形があり，LW はそのうちのひとつにすぎないからである（岡村世里奈「事前指示をめぐる世界の状況と日本」『病院』72 巻第 4 号，2013 年，281 頁).

45)　板井，2017 年，33 頁.　伊藤博明「事前指示と事前ケア計画――『想定外』に対応する方法の考察」IRYO　Vol.68　No.4，2014 年，170 頁.　伊藤博明・中島孝・板井孝壱郎・伊藤道哉・今井尚志「事前指示の原則をめぐって――事前指示の誤解・曲解を避けるために」『癌と化学療法』No.36（Supp1）2009 年，66 頁.

46)　亀井，2015，365 頁.

47)　児玉聡「京都市の『事前指示書』は何が問題なのか」ヤフーニュース　2017 年 4 月 30 日
https://news.yahoo.co.jp/byline/satoshikodama/20170430-00070336/
京都新聞「『延命治療諾否』冊子が物議　京都市配布に講義も」　2017 年 4 月 24 日
京都新聞の記事によると，終末期医療に詳しい医師や法律家から「人工呼吸器を使って生きる選択を難しくする」と撤回を求める声が挙がっている．「尊厳死法いらない連絡会」の冠木克彦弁護士

は「市の配布に大変ショックを受けている．事前指示書の押しつけは，差別や弱者の切り捨てにつながる．尊厳死や安楽死思想と同じ流れだ．胃ろうや人工呼吸器を使って長く生きる人はおり，生きている生命にこそ価値がある」とし，市に近く抗議文を出す構えだ．

48) 松田純「ドイツにおける患者の事前指示の法制化と医師による自殺幇助をめぐる議論」，富山大学大学院医学薬学研究部医療基礎学域哲学研究室編『生命倫理研究資料集Ⅵ　世界における終末期の意思決定に関する原理・法・文献の批判的研究とガイドライン作成』富山大学，2012 年，4-18頁．松田純「生の自由を支える事前指示～ドイツの事前指示の法制化と医師による自殺幇助をめぐる議論から～」『難病と在宅ケア』Vo.18　No.2，2012 年，17-21 頁．

49) 会田薫子「"good death" とリビングウイル」『病院』72 巻 4 号，2013 年，277 頁．

50) 優生的・差別的・機能主義的なもの．事前指示書の説明に「過剰な」「徒な」「無駄な」などの恣意的な文言が見受けられる．呼吸器や胃ろうをつけても，平穏に長く生きている人も大勢いますから，医療は一律に「過剰」「無駄」などとは言えない．重篤な病気に罹った人は，かわいそうで尊厳が奪われてしまうと思わされている節があります．では，生まれつき大変に重い障害を持っている子，中途障害で機能の多くを失った人はかわいそうで生きるに値しないのでしょうか．誰もが安心して暮らせる社会，死んだ方がましな人など誰一人いない社会を目指すべきで，人から尊厳が奪われないために何が足りないか，どんな仕組みが必要なのかを検討するべきです（川口有美子『「生きる力」を支える事前指示書（リビングウイル）のために」，浅見昇吾編『死ぬ意味と生きる意味──難病の現場から見る終末医療と命のあり方』上智大学出版，2013 年，200-201 頁）．

51) 飯島節「シニア・コミュニティ」2012 年 7・8 月号，10 頁．

52) 松田純「特集　終末期の意思決定──死の質の良さを求めて　事前医療指示の法制化は患者の自律に役立つか？──ドイツや米国などの経験から」『理想』第 692 号，2014 年，78 頁．

53) 終末期の高齢患者と難病患者の場合は，それぞれ医療介入の意味が異なる「そもそも医学的にプラスにはならない終末期の高齢者の延命処置と，進行性の難病患者の延命処置は，違う意味合いがある．進行性の難病患者は，意思表示できる人であるため，意思表示できなくなったら，こうしてほしいというのを事前指示書に表明しておけば良いと思われる．延命は正しい，正しくない，という問題ではなく，公平性を期すために，本人の事前指示に従うのが一番良い」2015 年 6 月 5 日ニュース・解説　ヨミドクター「宮本顕二・礼子夫妻（2）なぜ，自然死ができないのか」https://yomidr.yomiuri.co.jp/article/20150605-OYTEW52563/

54) 東京保険医協会「シンポジウム　人生の最終段階ガイドラインを考える」（2019 年 1 月 19 日）では，海外諸外国の終末期高齢者に向けてのガイドラインや日本の老年医学会ガイドライン，厚労省ガイドラインの趣旨説明があった．厚労省「人生の最終段階における医療・ケアの決定プロセス・ガイドライン」2018 年改訂のポイントは，ACP の推奨．

55) 清水昭美「『安楽死』『尊厳死』に隠されたもの」山口研一郎編『操られる生と死──生命の誕生から終焉まで』小学館，1988 年．由井和也「自己決定・事前指示を再考する」浅見昇吾編『「終活」を考える──自分らしい生と死の探求』上智大学出版，2017 年，122-124 頁．

56) 由井，前掲書，124 頁．

57) 辻彼南雄（2012）「終末期の介護・医療と看取りに関する国際比較研究」『日本の看取り，世界の看取り』の 9 か国対象ヒアリング調査において，日本が諸外国に比べ「家族の負担を軽くする」「家

族の意向」重視の傾向にあると報告（13-15 頁）.

58)　冲永隆子（2014）「『いのち』をめぐるバイオエシックス──痛みの隠蔽に抗うために：特集　生命倫理の問いとは何か」『宗教哲学研究』第 31 号，31-47 頁.

59)　伊藤博明・中島孝・板井孝壱郎・伊藤道哉・今井尚志（2009）「事前指示の原則をめぐって──事前指示の誤解・曲解を避けるために」『癌と化学療法』No.36（Supp1），67 頁.

60)　松田純「尊厳死と安楽死──『死ぬ権利』の法制化は『尊厳ある最期』を保障できるか──」『思想』（「尊厳」概念のアクチュアリティ）（1114）2017 年，85 頁.

61)　事前指示は必ずしも文書である必要がないのに文書（事前指示書）の作成が重視され，時には医療者が規定の文書を作成するように患者や家族に依頼する，といった誤解がある．日本の現状では，文書作成が重視されていて，事前指示の合意形成に至るプロセスが軽視されていることが問題とされる．国立長寿医療研究センターでは文書の作成だけで終わらせない ACP の取り組みがなされている．具体的には，研修を受けた医師以外のファシリテーターが，原則，家族同席のうえで患者中心の話し合いを行い，それが文書として記載された場合には診療録にファイルされ，その患者が終末期を迎えた際，ACP が行われていることを医師が確実に認識できるようになっている（三浦，2013 年，287 頁）.

62)　池上直己「終末期医療の類型と国民に対する意識調査の結果」『日本在宅医学会雑誌』第 18 巻・第 2 号，2017 年，74 頁.

63)　亀井，前掲書，365 頁.

64)　現状では，全国的に統一された書式などはなく，事前指示書を作成する施設や個人によって文書形式に違いがある.

65)　広島県では広島大学，県・市行政，県医師会の 4 者を中心に，県内多数の関係団体の参加を得る中で，地域保健対策協議会を設置しており，前記 ACP の手引書を発行するなど，「もしものための話し合い」を実践している．厚生労働省の意思決定支援事業も，ACP を円滑に行うための試みである（第 XV 次　生命倫理懇談会　答申「超高齢化社会と終末期医療」平成 29 年 11 月，日本医師会　生命倫理懇談会 http://dl.med.or.jp/dl-med/teireikaiken/20171206_1.pdf）

66)　https://www.ncgg.go.jp/hospital/overview/organization/zaitaku/eol/acp/acp.html.

67)　1「尊厳死の宣言書（リビング・ウイル　Living Will）」（日本尊厳死協会）2「私の医療に対する希望」（宝塚市医師会）3「私の医療に関する希望書（事前指示書）」（東京ほくと医療生協）4「『尊厳生』のための事前指示書」（じんぞう病治療研究会）5「私のリビングウイル　自分らしい最期を迎えるために」（聖路加国際病院）6「リビング・ウイル（京女案）」（国際バイオエシックス研究センター）.

68)　竹内佐智恵，犬丸杏里，坂口美和，後藤姉奈，吉田和枝，出原弥和，辻川真弓（2015）「Advanced Care Planning（ACP）に関する文献レビュー」『三重看護学誌』17 巻，1 号，71-77 頁

69)　角田ますみ（2015）「日本におけるアドバンスケアプランニングの現状──文献検討と内容分析から」『生命倫理』25 巻，1 号，57-68 頁ほか.

70)　2014 年 8 月 30 日検索では ACP 文献の総数は 1106 件.

71)　ACP で検索をかけてみても，AD や LW など広くは事前指示に関するキーワードが含まれるのは，これらがすべて ACP として分類されているからである.

72)　週刊朝日の連載「現代終活事情」2009 年 8 月 14 日寿台順誠，第 26 回日本生命倫理学会年次

大会 2014 年 10 月 26 日.

73) 角田，前掲書，表 2．ACP 文献の内容分析によるカテゴリー化．

74) 有効回数 210 部．東京都近郊の 2 総合病院において，人間ドック男性受診者対象に「治療に関する事前の意思表示」についての自記式アンケート調査（1996 年 5 月 - 9 月）．

75) 箕岡真子（2012）『蘇生不要指示のゆくえ　医療者のための DNAR の倫理』ワールドプランニング，109 頁．

76) 医学中央雑誌 Web 版で，2006-2015 年発行文献を事前指示書，高齢者を KW に組み合わせて検索し，その結果 75 件が抽出．解説や会議録を除外し，原著論文のみに絞った以下の 8 件をレビュー．平川仁尚，益田雄一郎ほか（2006）「終末期ケアの場所および事前の意思表示に関する中・高齢者の希望に関する調査」『ホスピスケアと在宅ケア』14（3），201-205 頁．笠置恵子，笠間祐里子（2013）「高齢者の事前指示に関する研究　高齢者の看取りを経験した家族の捉える事前指示」『医学と生物学』157（6-2），1183-1190 頁．笠置恵子，笠間祐里子（2013）「高齢者の事前指示に関する研究　高齢者が徐々に食べられなくなった頃の家族の経験」『医学と生物学』157（6-2），1197-1202 頁．島田千穂，中里和弘ほか（2015）「終末期医療に関する事前の希望伝達の実態とその背景」『日本老年医学会雑誌』52（1），79-85 頁．塩谷千晶（2015）「高齢者の延命治療とリビングウィルに関する意識調査　講習会前後の比較」『弘前医療福祉大学紀要』6（1）83-89 頁．佐藤武，牧上久仁子（2008）「病状安定期における終末期医療の選択・意思決定に関する啓発活動──主治医による療養病棟および回復期リハビリテーション病棟での介入効果」『日本老年医学会雑誌』45（4），401-407 頁．塩田絹代，角田ますみ（2013）「人生の終末期に視点を置いた利用者本位の意思決定の支援──90 歳代夫婦の在宅支援の事例──」『東邦看護学会誌』10，29-34 頁．Hamayoshi Miho（2014）"Effects of an Education Program to Promote Advance Directive Completion in Local Residents: 地方在宅者における事前指示書の作成を促進するための教育プログラムの効果"*General Medicine,* 15（2），p.91-99.

77) 島田千穂，中里和弘ほか（2015）「終末期医療に関する事前の希望伝達の実態とその背景」『日本老年医学会雑誌』52（1），79-85 頁．

78) 世界 6 か国の安楽死の取材を通じて，欧米と日本の死生観の比較分析を行っている国際ジャーナリストの宮下洋一から，2017 年 8 月に筆者が受けたインタビュー内容．宮下洋一（2017）『安楽死を遂げるまで』小学館．「人様に迷惑をかけるなら安楽死で逝きたい」問題はどこにあるのか」https://www.buzzfeed.com/jp/satoruishido/miyashita?utm_term=.dtY5AK6V7&ref=mobile_share

79) 笠置恵子，笠間祐里子（2013）「高齢者の事前指示に関する研究　高齢者の看取りを経験した家族の捉える事前指示」，『医学と生物学』，157（6-2），1183-1190 頁．

80) 先述したように，事前指示（書）は，患者本人が単独で作成する LW や AD 等をはじめ，本人が家族や医師と相談しながら共同で作成する（プロセス）の ACP 等，広く含まれる．ACP は LW や AD を含む概念であるため，境界が曖昧である．そのため，ACP 実施者・研究者によっては，文書を残すことが目的の LW/AD 的な ACP であったり（有田），文書に至るまでのプロセスそのものをさす ACP であったり（三浦），様々である．

81) 塩谷千晶（2015）「高齢者の延命治療とリビングウイルに関する意識調査　講習会前後の比較」『弘前医療福祉大学紀要』52（1）79-89 頁．

82)　医学中央雑誌，CiNii 等で，Advance care planning，quality of end of life，quality of life，死，アイデンティティ，終末期を KW に順次投入して 1993 ‐ 2013 年の文献検索．

83)　Morrison RS, Meier DE (2004): High rates of advance care planning in New York City's elderly population, *Arch Intern Med*, 164(22), 2421-2426.

84)　Seiji Bito, Neil S.Wenger, Momoyo Ohki, et al (2001): Japanese Attitudes toward Advance Care Planning for End-of-Life Decisions, *General Medicine*, 2(1), 3-10.

85)　Engelhardt JB, McClive-Reed KP, Toseland RW, et al (2006): Effects of a program for coordinated care of advanced illness on patients, surrogates, and healthcare costs: a randomized trial, *Am J Manag Care*, 12(2), 93-100.

86)　竹内ほか，2015，74 頁．

87)　竹内ほか，2015，74 頁．

88)　竹内佐智恵，犬丸杏里，坂口美和，後藤姉奈，吉田和枝，出原弥和，辻川真弓（2015）「Advanced Care Planning（ACP）に関する文献レビュー」『三重看護学誌』17 巻，1 号，71-77 頁．

89)　会田薫子（2017）「意思決定を支援する──共同決定と ACP」清水哲郎・会田薫子編『医療・介護のための死生学入門』東京大学出版，101 頁．

90)　「そこで推奨されるのが，ACP を目指す日々のアプローチである．やがてファシリテーター役を務めることになるか否かに拘わらず，すべての医療・介護従事者が明日から取り組むことが可能な取り組みである．それは本人・家族と機会をとらえてコミュニケーションをとる」こと（会田，2017，101 頁）．

91)　近年，高齢化に伴い老いや死に備える必要性が高まるとともに，終活と呼ばれる，自らの死に備える動きが現れた．

92)　三浦靖彦，山田高広，村瀬樹太郎，大野岩男（2017）「5. 医療処置の選択と中止」（特集「在宅医療臨床倫理（患者と家族の意思決定支援について）」）『日本在宅医学会雑誌』第 18 巻第 2 号，37-42 頁

93)　三浦靖彦，浅井篤ほか（1998）「探索的グループ・インタビューによる透析医の尊厳死，advance directive に対する意識調査」『日本透析医学会雑誌』31（8），1221-1225 頁．

94)　足立智孝「報告 1：バイオエシックスにおける ACP──AD から ACP へ」「なぜアドバンスケアプランニングなのか」第 26 回日本生命倫理学会年次大会 2014 ワークショップ

—— 第4章

患者と家族の意思決定を支えるケア

本章では，筆者が関わっていた，京都大学こころの未来研究センター上廣こころ学研究部門プロジェクト「患者と家族の終末期に関する希望を実現するための倫理支援開発研究」の2014-15年度研究を紹介する．最初に本研究班プロジェクトの問題意識や目的について述べる．

調査研究の問題意識と目的

　超高齢化社会を迎えた日本において，高騰する医療費が国家財政を逼迫している．その背景には，死が不可避な状態であっても，過剰な医療措置が適用されてしまうことが挙げられる．明確な事前意思表明がないと，不本意な延命措置や治療が施されてしまうため，患者や家族にとって望ましい終末期が迎えられていないという現実もある．

　特に，意思決定が危ぶまれる終末期や認知症の場面では，医療従事者のとまどいも起きやすい．よって，私たちは判断能力を失う前に意思決定を行なう必要がある．つまり，意思決定に際して，課題となるのは，以下の4点である．

1. 患者は，希望通りの医療やケアが受けられない．
2. 家族は，患者に代わって医療の内容決定を突然迫られ，混乱を来たす．
3. 医療者は，延命が最善なのか，誰の思いを尊重させるのか，混乱を来たす．
4. 国民は，意向に反する，過剰で無益な医療に伴う医療保険料負担の増加を余儀なくされる．

　これらの課題の解決策として，医療機関がAD（事前医療指示書）の普及に取り組んでいる．しかし，その形式は，医療処置内容の決定に終始し，かつ医療主導型の意思決定である．

　患者本人の尊厳を遵守し，人生の最期のケアとして，近年，欧米より本邦に紹介されている，Advance Care Planning（事前ケア計画）がある．ACPは，自己決定を促進させる，意思決定支援の取り組みである．ADの内容に加え，人生の終焉を見据えた人生設計や，生き方に関する意思決定内容を確認することを包含している．このACPにしても，取り組みの土台にある，「自己決定」や「死を見据えた人生設計，広義の死の準備」に対する文化的差異が倫理的な課題を含む．

　ACP を「生きていく場所や方法に関する意思決定を，計画的に支援していく
プロセス」と定義して¹⁾，ACP 普及に向けて，「事前要望書作成に関するアン
ケート」調査を行った．なお，本 ACP 研究班では，ACP が自己の生命・身体
に関わる医療選択という重要軸であるため，書面の形で表示されることが望ま
しいと考え，話し合いのプロセスにとどまらず文章化することをめざしている．

　ACP を推進させるために，何が希望か，何がわかりにくいか，いつ，どうい
うときに，何をきっかけに将来を話し合えるか，誰と将来について話し合える
か，情報が足りなければ誰に相談したいか等を調査した．

第 1 節　質問紙調査の概要（時期・対象・項目・方法）

　アンケートを実施する際に，一般市民を対象とした，人生の最終段階・終末
期に関する講演会を繰り返し開き，その参加者に対して，終末期の生き方，生
と死に関わる ACP 検討項目についての説明を行った．全ての回でほぼ同じ説
明を同じ時間行った．以下にその主要なものを列挙する．

〈生と死に関わる決定事項（ACP 検討項目）〉
1.　医療保険や介護保険の確認・適応
2.　延命治療の差し控えや中止・選択
3.　PEG（胃ろう→口から食べられない）
4.　ストーマ（人工肛門→排泄は腹から）
5.　心臓マッサージ（→肋骨骨折）
6.　呼吸器をつける（→喉の切開）
7.　鎮痛優先か延命優先か
8.　抗生剤・経管栄養補給（点滴）
9.　心臓・肝臓・肺・小腸等の提供（脳死下移植）
10.　角膜・腎臓・膵臓等の提供（心停止下移植）
11.　皮膚・心臓弁・血管・耳小骨・気管・骨の提供（心停止下移植）

12. 死後の献体
13. 代理人決定の事前選択
14. 葬儀に対する希望・手続き・依頼
15. 火葬や散骨かの決定・手続き・依頼
16. 墓地・墓碑の決定・手続き・依頼
17. 自分の供養・法要を誰に，いつまでかの希望

　参加者に対して，以上 17 の項目について，「要検討・勉強中」であるか，「理解しているが，実行していない」であるか，「話し合って依頼済み」であるか，「手続き完了」であるか等，各自で確認・吟味してもらった．
　本調査における事前要望書の内容は，胃ろうや人工呼吸器等の延命措置といった医療面の事前指示だけに限らず，上記に列挙したように，財産管理や葬儀等，人生の最期をどう迎えるかという人生設計・生活面までの事前指示を包括し，ACP の検討項目全てを念頭においている．本調査では，日本人の心情がACP の意思決定に及ぼす影響を調べた．
　以下に報告するアンケートでは，最初に，そうした検討項目に対する要望書を，既に作成しているか否か（A.既作成か，B.未作成か）について尋ねた．

〈調査時期・対象・方法・項目〉
　実施時期：2014 年 8 月 -2015 年 3 月．
　調査対象：終末期の生き方に関わる講演会に参加した 20 代 -80 代の男女，1053 名．本調査はもともと全体で 2000 人以上の講演会参加者を集計母集団としていたが，そのなかの半数のアンケートに答えてくれた人，つまり 1000 人ほどを対象としている．母集団の特徴として，回答者は，講演会に参加し，アンケートにも協力した，かなり意識の高い人たちであった．また，調査実施日が平日であったことから，平日に仕事が入っていない男女が参加した．母集団の性別や年齢構成等の詳細な特徴に関しては，集計結果を基に記述する．
　アンケート実施に際し，京都大学こころの未来研究センター上廣こころ学研究部門プロジェクト「患者と家族の終末期に関する希望を実現するための倫理支援開発研究」の倫理的審査を経た．全てを匿名にして，個人情報乱用の恐れ

がないこと，また，アンケート回答に重複（同一者が 2 枚提出）がないこと等確認された．

質問項目：

基本的属性として，年齢と性別を尋ねた（F1：年齢，F2：性別）．

次に，「事前要望書・ACP 実施の有無」について，「A. 既作成」あるいは「B. 未作成」のどちらかを尋ねた（S1：「事前要望書作成の有無」として，「A. 既作成」か「B. 未作成」かについて問うた）．

Q1 では，事前要望書・ACP 実施の相談相手を尋ね，既作成ないし未作成の回答者に，親，夫あるいは妻，兄弟姉妹，医師，友人，その他のなかから，それぞれ複数選択してもらった．

たとえば，S1 で「既作成」と答えた人には，作成にあたり誰と相談したか，親，夫あるいは妻，兄弟姉妹，医師，友人，その他のなかから複数選択してもらい，「未作成」と答えた人には，これからの作成にあたり，誰と相談するか複数選択してもらった．

Q2 では，事前要望書作成のきっかけについて，テレビ番組，医療診断，葬儀，家族会議，看護・介護，その他の選択肢のなかから，既作成，未作成者にそれぞれ複数選択してもらった．

たとえば，S1 で「既作成」と答えた人には，作成にあたり何をきっかけにしたか，テレビ番組，医療診断，葬儀，家族会議，看護・介護，その他等の選択肢のなかから複数選択してもらい，「未作成」と答えた人には，これからの作成にあたり，何をきっかけにするか複数選択してもらった．

Q3 では，事前要望書作成に関しての気がかりについて自由記述を求めた．

分析方法：トリムのソフトウェアの統計解析ツールで単純集計，クロス集計を実施後，主に統計分析には SPSS v.24 を利用し，一元配置分散分析 one way ANOVA や多重比較分析 Bonferroni，カイ二乗検定，順位相関係数検定，Mann-WhitneyU 検定等の統計的テストを実施した．

変数間の関係については，以下の図に示す．（全て筆者作成）

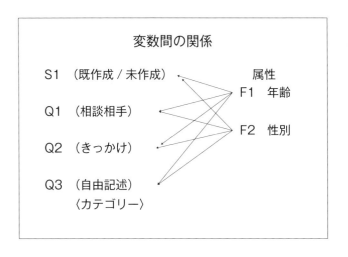

S1は要望書既作成か未作成かの目的変数．
Q1相談相手変数は，親，夫か妻，兄弟姉妹，医師，友人，その他…
Q2きっかけ変数は，テレビ番組，医療診断，葬儀，家族会議，看護・介護…
として，基本的属性との関係をみていく．

　本章ではまず，①全変数（目的変数S1，相談相手変数Q1，きっかけ変数Q2，
Q3，基本的属性：年齢，性別）の単純集計結果を出し，次に，②回答者の基本的
属性（年齢と性別）と回答傾向の関係を調べ（基本的属性とのクロス集計），さら
に，③ACP実施に影響を及ぼすと思われる変数との関係をクロス集計より探
索し，幾つかの関連があると推定される変数の検定を行なった．さいごに，④
自由記述回答の単純集計結果より質的分析を行なった．
　基本的属性とのクロス集計，およびACP実施に影響を及ぼす相談相手変数
Q1ときっかけ変数Q2とのクロス集計で検定を行なったが，ここでは，基本
的に関連のあった結果だけを抜粋し示すことにする．

第 2 節　全変数の単純集計結果

基本的属性 F1 年齢と F2 性別の単純集計結果

　事前要望書を既に作成したと答えた群（A.既作成），事前要望書をまだ作成していないと答えた群（B.未作成），AとBを合わせた群（C.全体）を，三つの柱とする.

　基本的属性をF1：年齢／F2：性別とする．講演会に参集した全員の基本的属性を示し，そのなかの内訳という意味で説明するため，C，A，Bの順に，各々，単純集計結果（Q1，Q2）を示す．なお，自由記述式回答Dの単純集計結果（Q3）は，論述の流れに沿うため，さいごに第4節の「自由記述式回答の質的分析結果」で述べる.

　C　全体　（F1, F2, Q1, Q2, S1）

　A　既作成（F1, F2, Q1, Q2）

　B　未作成（F1, F2, Q1, Q2）

　D　自由記述式回答（Q3）

　以下，F1とF2の単純集計結果をC，A，Bの順に示す．

【C. 全体　単純集計】

　A.既作成（55名）と B.未作成（988名），さらに無回答（10名）を合わせた群（全体）は，1053名に及んだ.

[F1：年齢]

n＝1053

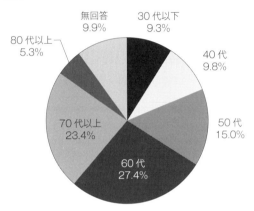

[F2：性別]

n＝1053

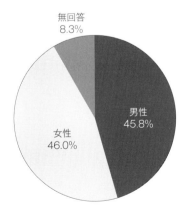

　その対象者の属性で，F1：年齢構成比で多いもの順に，60代（288人：27.4 ％），70代（246人：23.4 ％），50代（158人：15.0 ％），40代（103人：9.8%），30代以下（98人：9.3%），80代以上（56人：5.3%）となる.

　F2：性別（男女比）では，男性（482人），女性（484人）であるが，性別無回答（87人）である.

　以下の表は，男女別の作成度数（人）および，A.既作成とB.未作成回答者の年代別を示したものである.

F2：性別		回答数	男性	女性	無回答
	全体	1053	482	484	87
F1：年齢	30代以下	98	22	75	1
	40代	103	27	76	0
	50代	158	64	94	0
	60代	288	166	119	3
	70代	246	149	94	3
	80代以上	56	40	16	0

S1：要望書作成有無		回答数	A 既作成	B 未作成	無回答
	全体	1053	55	988	10
F1：年齢	30代以下	98	1	97	0
	40代	103	1	102	0
	50代	158	5	152	1
	60代	288	15	270	3
	70代	246	26	217	3
	80代以上	56	7	49	0
F2：性別	男性	482	24	454	4
	女性	484	30	451	3

【A.既作成　単純集計】

A.既作成は，全体 1053 人中男女合わせて 55 人（無回答者 0 人）．

[F1：年齢]

n=55

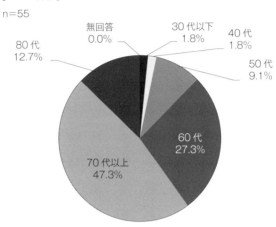

[F2：性別]

n=55

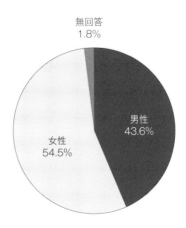

　F1：年齢構成比で多いもの順に，70代（26人：47.3％），60代（15人：27.3％），80代（7人：12.7％），50代（5人：9.1％），40代・30代（ともに1人：1.8％）となる．

　既作成回答者の平均年齢65.45歳，最小値30歳（代），最大値80歳（代）である．

　F2：性別（男女比）では，男性（24人：43.6％），女性（30人：54.5％）であるが，性別無回答者（1人：1.8％）である．

　つまり，性別はわからないが，既作成と答えている者は1人となる．

　既作成群では，女性の方が男性より6人多い．

　男女全体の平均年齢は65.45歳で，男性の平均年齢は67.08歳，女性は64.00歳．若干女性の方が男性よりも若い．

　女性の方が若いうちから要望書を作成する傾向にある．

【B.未作成　単純集計】

B.未作成は，全体 1053 人中，男女合わせて 988 人.

[F1：年齢]

n=988

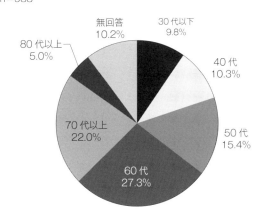

[F2：性別]

n=988

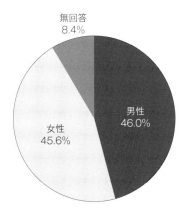

　未作成 988 人対象者の属性，F1：年齢構成比で多いもの順に，60 代（270 人：27.3 %），70 代（217 人：22.0 %），50 代（152 人：15.4 %），40 代（102 人：10.3%），30 代以下（97 人：9.8%），80 代以上（49 人：5.0%），年齢への無回答（101 人：10.2%）となる．

　F2：性別（男女比）は，男性（454 人：46.0%），女性（451 人：45.6%）であるが，性別無回答者（83 人：8.4%）である．つまり，性別はわからないが未作成と答えている者は 83 人である．

　男女全体の平均年齢は 55.83 歳．男性の平均年齢は 60.36 歳，女性は 51.30 歳であり，男性の方が女性より 9 歳上である．つまり，女性は早めに事前要望書のことを考えるようである．最小値 20 歳（代），最大値 90 歳（代）であった．

【S1：事前要望書 ACP 実施の有無】

[F2：性別]

n＝1053

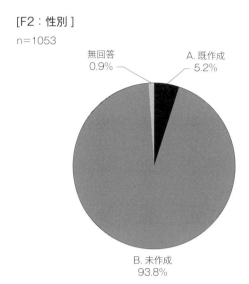

無回答
0.9%

A. 既作成
5.2%

B. 未作成
93.8%

回答者の 93.8％（988 人）
ACP 未作成（B），
5.2％（55 人）
ACP 既作成（A）.

　量的には，回答者の 93.8％（988 人）は自分の要望を作成しておらず，作成
しているのはわずか 5.2％（55 人）に留まる，という結果が得られた.

　本調査の量的分析，すなわち A. 既作成か B. 未作成かの択一選択の分析から，
B 未作成が 9 割以上いるという実態が認められた.

　また，本調査の質的分析，すなわち自由記載欄の分析においては，ほとんど
の回答者が意思表示をあらかじめしておくことの必要性を強く感じる一方，実
行に移していない（あるいは移せない）等の記述が散見された.

　2014 年に厚労省・終末期医療に関する意識調査等検討会がまとめた「人生
の最終段階における医療に関する意識調査」（平成 26 年 3 月）によると，意思

表示の書面をあらかじめ作成しておくという考え方に約 70％の人が賛成している一方，実際に書面を作成している人は約 3％であった[2]．つまり，本調査に回答した母集団は 2014 年度の厚労省意識調査の全国平均と比べ，関心が高いと言えよう．

　また，こうした必要性を感じつつも，実際の医療現場ではほとんどの入院患者は，事前指示書を作成・所有していないと言われている[3]．

　数字の違いや比率の差はあるが，事前要望書作成の必要は感じながらも，実現には至っていないという傾向は，本調査でも示された．

Q1 相談相手変数の単純集計結果

【C.全体】

Q1「どなたと相談した（する）か」の問い（複数回答あり）では，多いもの順に，夫・妻（667人：63.3%），子供（447人：42.5%），兄弟姉妹（112人：10.6%），親（97人：9.2%），医師・友人（ともに37人：3.5%），自分（27人：2.6%），その他家族親族（11人：1.0%），弁護士等の専門家（9人：0.9%），その他（18人：1.7%），無回答（37人：3.5%）であった．

[Q1: 要望書や代理人決定書の内容についてどなたと相談・確認しましたか（しますか）]

n=1053

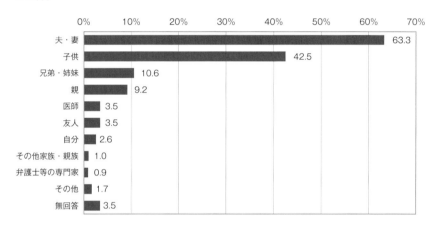

【A.既作成】

Q1「どなたと相談したか」の問い（複数回答あり）では，多いもの順に，夫・妻（28人：50.9%），子供（20人：36.4%），親，兄弟姉妹，医師，自分（いずれも4人：7.3%），友人（3人：5.5%），その他家族・親族，弁護士等の専門家（ともに1人：1.8%），その他（5人：9.1%），無回答（1人：1.8%）であった．

要望書を実際に作成するにあたって，半数以上が配偶者（夫・妻）を相談相手に選んでいることがわかった．

[Q1: 要望書や代理人決定書の内容について，どなたと相談・確認しましたか]

n=55

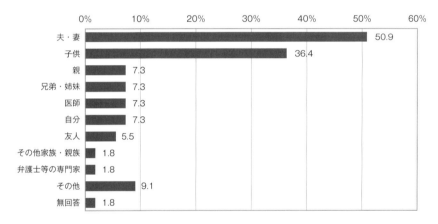

【B.未作成】

Q1「どなたと相談するか」の問い（複数回答あり）で，多いもの順に，夫・妻（637人：64.5％），子供（426人：43.1％），兄弟・姉妹（108人：10.9％），親（93人：9.4％），友人（34人：3.4％），医師（33人：3.3％），自分（23人：2.3％），その他家族・親族（10人：1.0％），弁護士等の専門家（8人：0.8％），その他（13人：1.3％），無回答（29人：2.9％）であった．つまり，既作成群と比べて，未作成群の方が，事前要望書作成の相談相手に「夫・妻」と考える傾向が目立つ．

[Q1: 要望書や代理人決定書の内容について，どなたと相談・確認しますか]

n=988

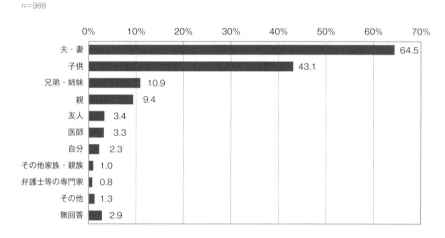

人生の最終段階を迎えるにあたって，様々な決め事の相談相手は，配偶者が圧倒的に多く，次いで，子供（実子）という結果であった．自分の意思決定を支え実現に向けるためには，相談相手が必要であり，病院側とのパイプ役を担う家族，いわばキーパーソンが欠かせない．家族はそうした重要な存在であるということがこの結果からわかった．

Q2 きっかけ変数の単純集計結果

【C.全体】

Q2「要望書作成のきっかけ」の問い（複数回答あり）では，多いもの順に，医療診断（423人：40.2%），家族会議（303人：28.8%），看護・介護（201人：19.1%），テレビ番組（104人：9.9%），葬儀（88人：8.4%），講演会（10人：0.9%），お盆などの行事（3人：0.3%），ある歳を境に・知人友人（2人：0.2%），その他（20人：1.9%），無回答（112人：10.6%）であった．

[Q2: いつ, どのようなきっかけで, 要望書や代理人決定書を作成しましたか (しますか)]

n=1053

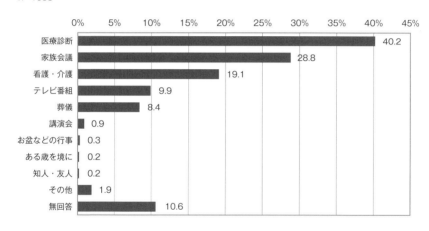

【A. 既作成】

Q2「要望書作成のきっかけ」の問い（複数回答あり）では，多いもの順に，家族会議（13人：23.6％），葬儀（12人：21.8％），医療診断，看護・介護（ともに7人：12.7％），テレビ番組（3人：5.5％），講演会，友人知人（2人：3.6％），お盆などの行事（1人：1.8％），ある歳を境に（0人：0％），その他（5人：9.1％），無回答（12人：21.8％）．

この結果から，家族が集まる場は最も大事であるということが示唆された．

[Q2：いつ，どのようなきっかけで，要望書や代理人決定書を作成しましたか]

n=55

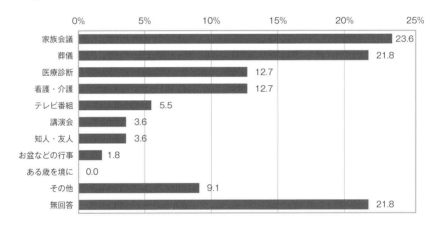

【B. 未作成】

Q2「要望書作成のきっかけ」の問い（複数回答あり）では，多いもの順に，医療診断（415人：42.0%），次いで家族会議（289人：29.3%），看護・介護（193人：19.5%），テレビ番組（101人：10.2%），葬儀（76人：7.7%），講演会（8人：0.8%），ある歳を境に，お盆などの行事（ともに2人：0.2%），知人・友人（0人：0.0%），その他（15人：1.5%），無回答（93人：9.4%）であった．

既作成群で「葬儀」をきっかけに作成した人が21.8%だったのに対し，未作成群では7.7%に減り，また，実際に「医療診断」と「看護・介護」をきっかけに始めた既作成群が約25%だったのに対して，未作成群では60%もきっかけになるだろうと推測されている．

[Q2: いつ，どのようなきっかけで，要望書や代理人決定書を作成しますか]

n=988

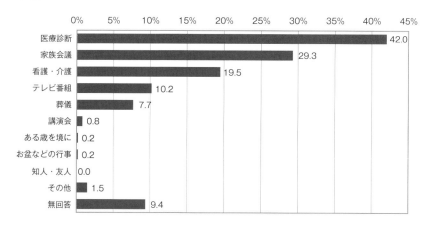

ACPの話し合いを促進させるために，医療機関（病院）や行政機関（保健所）などのようなパブリックな場へACPに関する配布資料等の働きかけが有効に思える一方で，家族会議となると，プライベートな場となり，どこまで介入できるかが課題となる．

たとえば，お盆やお正月などの家族団らんで使用してもらえるようなパンフ

レット作成などの検討が必要であろう.

　意思決定支援を促進させるために，この原因を今後明らかにしていく必要が
あるように思われる.

　次に，これから要望書を作成しようとする人たち（未作成者）が誰と相談す
るのかの傾向について，年代別，性別にみていくことにする.

年代別にみる相談相手（Q1）　未作成

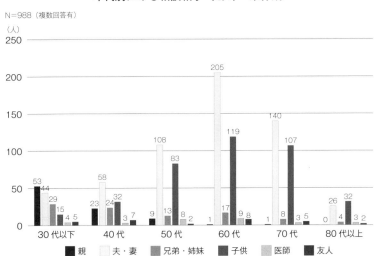

　40-70代の男女は，これから要望書を作成するにあたり，配偶者を相談相手
として多く選択している.　年代が上がるにつれ，相談相手に子供を選択してい
く傾向にあることもわかった.

性別にみる相談相手（Q1）　未作成

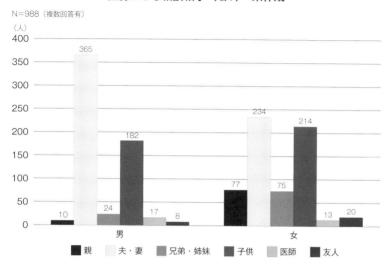

N＝988（複数回答有）

これから要望書を作成しようとする人たちが相談相手に誰を選択するのか，その傾向について調べたところ，男女の間に選択の違いがみられた．

男性群は，女性群と比較して，妻を多く選択する傾向にあるのに対し，女性群は，男性群と比較して，夫を相談相手として選択しない傾向にあることがわかった．また，男性群は，女性群と比較して，親や兄弟姉妹，友人を選択しない傾向にあること，女性群は，男性群と比較して，子供や親，兄弟姉妹，友人を選択することがわかった．

男性群の相談相手の選択傾向としては，女性群のように，親や子供，兄弟姉妹，友人など分散せずに，集中して妻を選択するといった特徴がある．

年代や性別によって相談相手の選択にどのような影響があるのかを調べるために，年代と相談相手，および性別と相談相手とのクロス集計をし，カイ二乗検定ならびに順位相関検定を実施した．結果は，第3節で述べる．

次に，未作成者が何をきっかけにして作成しようとするかについて，年代別，性別にみていく．

年代別にみるきっかけ（Q2）　未作成

N=988（複数回答有）

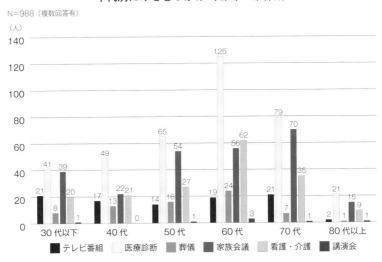

性別にみるきっかけ（Q2）　未作成

N=988（複数回答有）

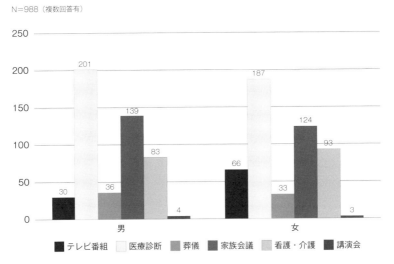

　年代を問わず,「医療診断」や「家族会議」を作成のきっかけにしていること,40代以下の若い世代では他世代に比べ,「テレビ番組」をきっかけにしているという傾向がわかった.

　次の性別にみるきっかけでわかるように,男性群は女性群に比べ,「医療診断」を選択する傾向にあること,また,女性群は男性群に比べて,「テレビ番組」を選択する傾向にあった.

　年代や性別によってきっかけ選択にどのような影響がみられるのか,その関連を調べるために,相談相手変数のときと同様に,年代ときっかけ,および性別ときっかけのクロス集計を行い,カイ二乗検定や順位相関係数による検定等を実施した.

　続いて,要望書をすでに作った人たち(既作成者)が誰と相談したのかの傾向について,年代別,性別にみていくことにする.

年代別にみるきっかけ（Q1）　既作成

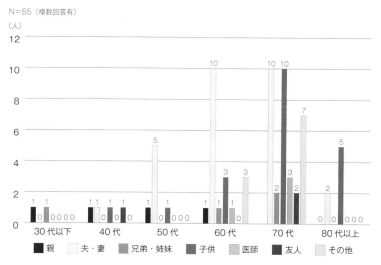

　既作成者の60-70代では,相談相手に配偶者を多く選択しており,また,その他の項目に「自分」と記入している人がいたのが特徴的であった.

性別にみる相談相手（Q1） 既作成

N＝55（複数回答有）

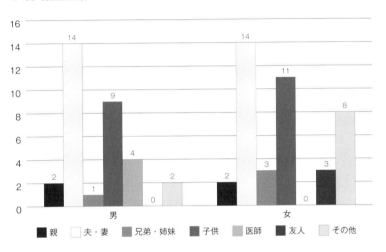

凡例: ■ 親　□ 夫・妻　▨ 兄弟・姉妹　▨ 子供　▨ 医師　■ 友人　□ その他

　また，既作成者の性別にみる相談相手では，男性群は女性群に比べて「医師」を選択する傾向，女性群は男性群に比べて「友人」を選択する傾向にあった．男女比では，女性の方が男性よりも「自分」と答える傾向にあった（その他には「自分」以外の項目も含まれるので，男性2人，女性8人の数となっているが，「自分」と答えた数で，男性0人，女性4人）．既作成者が相談相手に選ばなかった，すなわち選択0人であったものは，男性「友人」，女性「医師」であった．

次は既作成者の年代別にみるきっかけである.

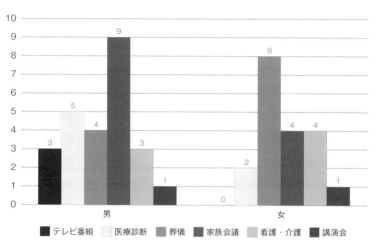

年代別にみるきっかけ（Q2）　既作成

N＝55（複数回答有）

すでに要望書を作った人たちのきっかけで多く選択されたのは，多いもの順に「医療診断」，「家族会議」，「葬儀」であった．60代では突出して「医療診断」が多く選択されている．

続いて，性別にみるきっかけを見ていく.

性別にみるきっかけ（Q2）　既作成

N＝55（複数回答有）

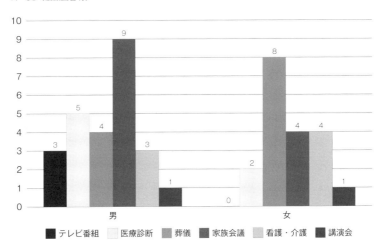

要望書をすでに作った人たちの男女別のきっかけ傾向であるが，男性群は女性群に比べ，「家族会議」や「医療診断」を多く選択する傾向，女性群は男性群に比べ，「葬儀」を多く選択する傾向にあった．

　以上，これから要望書を作成しようとする人たち，すでに作った人たちの相談相手の選択傾向，きっかけ傾向を，それぞれ年代別，性別にみてきた．なお，全回答者たちの基本的属性と相談相手やきっかけの回答傾向との関係をクロス集計したが，4×10ほどの大きなものとなり，独立性の検定には適さない（たとえば，誰に相談するかでは，医師からは選択した度数が小さすぎるため）ので，検定には意味はないものと考え，実施しない．また，相談相手やきっかけの回答傾向との関連をみるとき，それらは複数回答の設問となるため，複数のダミー変数を横に並べて検定しても統計的には意味がない．

　そこで，次節からは，要望書作成に影響を及ぼすと思われる変数と性別と年齢との関連を，カイ二乗検定や順位相関係数による検定実施により個別にみていく．

第3節　基本的属性と相談相手変数，きっかけ変数との クロス集計結果

　事前要望書の作成に影響を及ぼすと思われる変数との関係を主にクロス集計により探索した.

①性別と事前要望書の作成

クロス表

			要望書作成有無		合計
			あり	なし	
性別	男性	度数	24	454	478
		性別の %	5.0%	95.0%	100.0%
	女性	度数	30	451	481
		性別の %	6.2%	93.8%	100.0%
合計		度数	54	905	959
		性別の %	5.6%	94.4%	100.0%

　まず，要望書作成に性別が影響するのかを調べた.

カイ2乗検定

	値	自由度	漸近有意確率（両側）	正確な有意確率（両側）	正確有意確率（片側）
Pearson のカイ2乗	0.667	1	0.414		
連続修正	0.458	1	0.499		
尤度比	0.669	1	0.414		
Fisher の直接法				0.484	0.249
線型と線型による連関	0.667	1	0.414		
有効なケースの数	959				

　カイ二乗検定を実施したところ，漸近有意確率（両側）が，.414であるため

（＞0.05），関連がないという帰無仮説を棄却できない.

　よって，性別は事前要望書の作成の有無には，あまり関連がないものと推測される.

②年齢と事前要望書の作成

クロス表

			要望書作成有無		合計
			あり	なし	
AgeGroup	20-30	度数	1	97	98
		AgeGroupの%	1.0%	99.0%	100.0%
	40-50	度数	6	254	260
		AgeGroupの%	2.3%	97.7%	100.0%
	60	度数	15	270	285
		AgeGroupの%	5.3%	94.7%	100.0%
	70-	度数	33	266	299
		AgeGroupの%	11.0%	89.0%	100.0%
合計		度数	55	887	942
		AgeGroupの%	5.8%	94.2%	100.0%

　年齢と要望書作成の有無についてのクロス集計をし，4つの年代グループに関しては，カイ二乗検定を行った.

	値	自由度	漸近有意確率（両側）
Pearson のカイ2乗	24.902	3	0
尤度比	25.746	3	0
線型と線型による連関	22.935	1	0
有効なケースの数	942		

　カイ二乗検定の結果は，高齢層ほど要望書を作成する傾向があることを裏付けている.

　年齢が上昇するとともに事前要望書の作成が多くなる関係が観察され，統計学的にも有意な結果である．

　したがって，要望書作成の有無には，性別ではなく，年齢が関係していることが明らかとなった．

　年齢が上がるにつれ，要望書作成が多くなる関係について，別の検定，多重比較においても有意であると確認された．

　年齢を 20-30 代，40-50 代，60 代，70 代以上の 4 つの年齢グループの間で要望書作成の有無に差があるかどうかを，一元配置分散分析（one way ANOVA）によって検討したところ，1％水準で差がみられた．

　続けて多重比較を行い，年齢間の差を詳しくみたところ，最小有意差でも多重比較検定 Bonferroni でも 70 代と他の年齢グループとの差は明らかだった．つまり，70 代以上になると，要望書を作成する傾向にある．

　多重比較とは，要因（変動因）の有意差あるいは有意な主効果がみられたときに，各水準の間の平均値の差を検討する方法である．

多重比較

従属変数：要望書作成有無

	(I) AgeGroup	(J) AgeGroup	平均値の差 (I-J)	標準誤差	有意確率	95% 信頼区間	
						下限	上限
最小有意差	20-30	40-50	.013	.027	.640	-.04	.07
		60	.042	.027	.118	-.01	.10
		70-	.100*	.027	.000	.05	.15
	40-50	20-30	-.013	.027	.640	-.07	.04
		60	.030	.020	.138	-.01	.07
		70-	.087*	.020	.000	.05	.13
	60	20-30	-.042	.027	.118	-.10	.01
		40-50	-.030	.020	.138	-.07	.01
		70-	.058*	.019	.003	.02	.10
	70-	20-30	-.100*	.027	.000	-.15	-.05
		40-50	-.087*	.020	.000	-.13	-.05
		60	-.058*	.019	.003	-.10	-.02
Bonferroni	20-30	40-50	.013	.027	1.000	-.06	.09
		60	.042	.027	.711	-.03	.11
		70-	.100*	.027	.001	.03	.17
	40-50	20-30	-.013	.027	1.000	-.09	.06
		60	.030	.020	.825	-.02	.08
		70-	.087*	.020	.000	.04	.14
	60	20-30	-.042	.027	.711	-.11	.03
		40-50	-.030	.020	.825	-.08	.02
		70-	.058*	.019	.016	.01	.11
	70-	20-30	-.100*	.027	.001	-.17	-.03
		40-50	-.087*	.020	.000	-.14	-.04
		60	-.058*	.019	.016	-.11	-.01

*. 平均値の差は 0.01 水準で有意.

多重比較の結果，20-30代と70代，40-50代と70代，60代と70代との間に5％水準で有意差がみられ，20-30代の平均値の方が高かった．つまり，20-30代と70代との比較では20-30代の方が要望書作成の可能性が低いことが示された．

分散分析の結果は明らかで，各年代グループ（20-30代，40-50代，60代，

70代 -) で，要望書作成の割合は等しいという帰無仮説を，有意水準1%で棄却できる．多重比較の結果，70代が他の年代グループと比べ明らかに要望書作成の比率が高いということがわかった．次に，要望書既作成者の「相談相手」と，要望書作成の有無との関連を調べた．

　まず既作成者の相談相手の単純集計を以下に示す．

③要望書を作成した人の相談相手

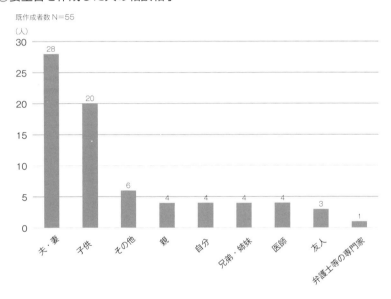

既作成者数 N＝55

要望書を作成した人たちの相談相手では，多いもの順に，夫あるいは妻，子供，その他（家族以外の親戚），親であった．
　最も多く選択された夫あるいは妻についてカイ二乗検定を行ない，関連をみていく．

クロス表

			要望書作成有無		合計
			あり	なし	
夫・妻	.00	度数	27	351	378
		夫・妻 の %	7.1%	92.9%	100.0%
	1.00	度数	28	637	665
		夫・妻 の %	4.2%	95.8%	100.0%
合計		度数	55	988	1043
		夫・妻 の %	5.3%	94.7%	100.0%

夫あるいは妻を選択している人を0，選択していない人を1とコードして，要望書作成あり，なしのクロス表ができる．

カイ2乗検定

	値	自由度	漸近有意確率（両側）	正確な有意確率（両側）	正確有意確率（片側）
Pearson のカイ2乗	4.149	1	0.042		
連続修正	3.582	1	0.058		
尤度比	4.003	1	0.045		
Fisher の直接法				0.045	0.031
線型と線型による連関	4.145	1	0.042		
有効なケースの数	1043				

相談相手に夫あるいは妻を選択している人とそうでない人との場合とで，差が確認された．漸近有意確率　.042で有意（＜0.05）．

夫が妻を選択し，妻が夫以外を選択する傾向は，別の分析手法（全回答者に対して）でも確認された．

　以下の表が示すように，２×２のクロス集計を行ない，カイ二乗検定や Mann-WhitneyU 検定を行ったが，女性が要望書作成の相談相手に夫を選択する割合が低いといった傾向は明白であった（男性は妻を相談相手に選ぶのは 78.6%〈度数 379（人）〉，女性が夫を選ぶのは 51.2%〈度数 248（人）〉）．

性別と夫・妻のクロス表

			夫・妻		合計
			.00	1.00	
性別	男性	度数	103	379	482
		性別 の %	21.4%	78.6%	100.0%
	女性	度数	236	248	484
		性別 の %	48.8%	51.2%	100.0%
合計		度数	339	627	966
		性別 の %	35.1%	64.9%	100.0%

　要望書作成の相談相手に配偶者を選ぶ割合は男性の方が明らかに高く，女性の方が低い．その傾向はピアソンのカイ二乗とイエーツの連続修正後でも明らかであった[4]．

　相談相手については，マルチプルアンサー（一つの質問に対して複数の選択項目のなかから一つもしくは複数選ぶ質問形式や回答）の回答は，１か０とコードして，男女別のクロス集計ができる．
　その結果もほとんどの統計量で，女性が夫を選択する割合が低いことを示している．帰無仮説は慣習的な有意水準で棄却される．

　以上の事実を確認するために，探索的手法によるロジスティック回帰分析も実施した[5]．ロジスティック回帰では，相談相手を夫・妻と選択するのに，どの要因が寄与できるのかを分析でき，結果から性別と年齢が影響を与えているかどうかが推測できる．つまり，年齢は相談相手に夫・妻を選択することとは無関係で性別のみが関係し，女性であることが相談相手に夫を選択する確率を低

下させていることが推測できる.

　ここではロジスティック回帰分析の分析結果を詳細に提示することはしないが, 上記の種々の検定により, 要望書の内容について相談する相手は, 確かに男性と女性とでは明らかに違いがあること, 夫が妻に相談する方が, 妻が夫に相談するより多いことがわかった.

　次いで, 要望書をすでに作成した人たち (既作成者) の「きっかけ」と, 要望書作成の有無との関連を調べた.

　既作成者の「きっかけ」の単純集計を以下に示す.

③要望書を作成した人のきっかけ

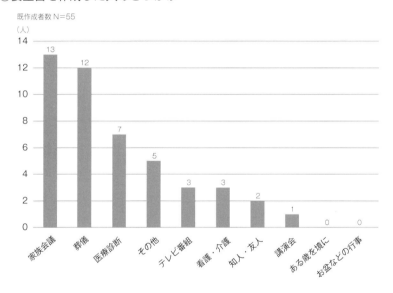

　実際に要望書を作った人たちは, そのきっかけとして「家族会議」「葬儀」「医療診断」の順に多く選択していた.
　多く選択したきっかけ要因について順に検定していく.

　まず，「家族会議」の検定だが，家族会議を選択している人を 0，選択していない人を 1 とコードして，要望書作成あり，なしのクロス集計を行った

クロス表

			要望書作成有無		合計
			あり	なし	
家族会議	.00	度数	42	699	741
		家族会議 の %	5.7%	94.3%	100.0%
	1.00	度数	13	289	302
		家族会議 の %	4.3%	95.7%	100.0%
合計		度数	55	988	1043
		家族会議 の %	5.3%	94.7%	100.0%

　カイ二乗検定，ファイ係数，クラメールの連関係数，いずれも家族会議と要望書作成には関連なしを示すものであった．.372（＞0.05）．

カイ 2 乗検定

	値	自由度	漸近有意確率（両側）	正確な有意確率（両側）	正確有意確率（片側）
Pearson のカイ 2 乗	0.798	1	0.372		
連続修正	0.549	1	0.459		
尤度比	0.829	1	0.362		
Fisher の直接法				0.446	0.232
線型と線型による連関	0.798	1	0.372		
有効なケースの数	1043				

対称性による類似度

		値	漸近標準誤差[a]	近似 t 値[b]	近似有意確率
名義と名義	ファイ	0.028			0.372
	Cramer の V	0.028			0.372
順序と順序	Kendall のタウ[b]	0.028	0.029	0.944	0.345
	Kendall のタウ[c]	0.011	0.012	0.944	0.345
	ガンマ	0.144	0.159	0.944	0.345
有効なケースの数		1043			

a. 帰無仮説を仮定しません.

b. 帰無仮説を仮定して漸近標準誤差を使用します.

　続いて，既作成者で「家族会議」の次に多く選択された「葬儀」について，葬儀を選択している人を 0，選択していない人を 1 とコードして，要望書作成あり，なしのクロス表を作った.

クロス表

				要望書作成有無		合計
				あり	なし	
葬儀	.00	度数		43	912	955
		葬儀 の %		4.5%	95.5%	100.0%
	1.00	度数		12	76	88
		葬儀 の %		13.6%	86.4%	100.0%
合計		度数		55	988	1043
		葬儀 の %		5.3%	94.7%	100.0%

　対称性による類似度はどの係数でも棄却され，結果は，葬儀をきっかけに要望書を作成したことが多いことを示している.

対称性による類似度

		値	近似有意確率
名義と名義	ファイ	-0.114	0.000
	Cramer の V	0.114	0.000
有効なケースの数		1043	

　以上の検定から，要望書既作成55人の回答でわかったことは，

1. 相談相手の多くは「夫あるいは妻」であること，
2. 高齢になればなるほど要望書を作成する傾向にあること，
3. 要望書作成には「葬儀」が大きなきっかけとなっていること

の3点である．

　また，未作成者も含めた全回答者の相談相手要因やきっかけ要因と要望書作成の有無の関係について調べたところ，要望書作成に関連することとして，相談相手の性別では女性より男性に明らかに関係があること，つまり，男性は相談相手に妻を選ぶ傾向にあることや，年齢の高い人ほど，葬儀を選択した人ほど作成している傾向にあること等が認められた．

　次節より，全回答者の要望書作成に向けての自由記述式回答結果を述べる．

第4節　自由記述式回答の質的分析結果

自由記述式回答 Q3 のカテゴリー集計結果

n＝1053

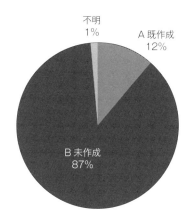

回答数 311人（/1053人）

A.既作成 36人（12％）

B.未作成 271人（87％）

不明　　　4人（1％）

　　　回答率 29.5％

　集計母数（全体）サンプルである，Q3の自由記述の「その他，事前要望書作成に関して気になることはあります（ありました）か」を回答した人数は　311人（311/1053人）で，回答率 29.5％であった．

　内訳は，A.既作成 36人（36/55人），B.未作成 271人（271/988人），既作成か未作成か不明（A or B）なのが 4人．

　既作成者は，全体の三分の二が回答したのに対し，未作成者は四分の一しか回答していなかった．

　次頁以降に示す「自由記述式回答処理　カテゴリー集計表」のなかの濃い

黒色は大項目となり，たとえば，「アクティブ意見」を回答した人は 119 人（38.3％）で，その下の選択肢は小項目となる．「今回の講習が作成や再考の参考・きっかけになった」と回答した人は 64 人（20.6％）である．ただし，これは，自由回答文を複数回答として処理しているため小項目の人数を全部足すと大項目の人数より大きくなる場合がある．また，同一人物が「アクティブ」で「パッシブ」意見をもつ場は複数回答として処理している．なお，「その他」（23.5％）には，たとえば，「作成に関して医師等（かかりつけ医など）が関与できたら良いと思う」（B. 未作成 No.54），「法的制度を手軽に利用したい．ネット利用など家族に干渉されないことを条件に」（B. 未作成 No.68）等，大項目にカテゴリー化できないものを入れている．

自由記述式解答　カテゴリー集計表1

n=311

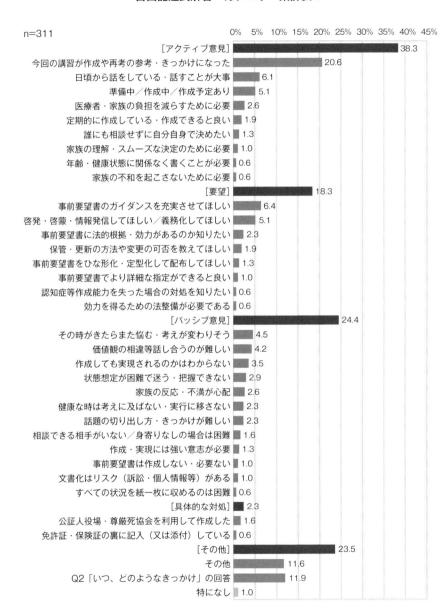

	%
0% 5% 10% 15% 20% 25% 30% 35% 40% 45%	
［アクティブ意見］	38.3
今回の講習が作成や再考の参考・きっかけになった	20.6
日頃から話をしている・話すことが大事	6.1
準備中／作成中／作成予定あり	5.1
医療者・家族の負担を減らすために必要	2.6
定期的に作成している・作成できると良い	1.9
誰にも相談せずに自分自身で決めたい	1.3
家族の理解・スムーズな決定のために必要	1.0
年齢・健康状態に関係なく書くことが必要	0.6
家族の不和を起こさないために必要	0.6
［要望］	18.3
事前要望書のガイダンスを充実させてほしい	6.4
啓発・啓蒙・情報発信してほしい／義務化してほしい	5.1
事前要望書に法的根拠・効力があるのか知りたい	2.3
保管・更新の方法や変更の可否を教えてほしい	1.9
事前要望書をひな形化・定型化して配布してほしい	1.3
事前要望書でより詳細な指定ができると良い	1.0
認知症等作成能力を失った場合の対処を知りたい	0.6
効力を得るための法整備が必要である	0.6
［パッシブ意見］	24.4
その時がきたらまた悩む・考えが変わりそう	4.5
価値観の相違等話し合うのが難しい	4.2
作成しても実現されるのかはわからない	3.5
状態想定が困難で迷う・把握できない	2.9
家族の反応・不満が心配	2.6
健康な時は考えに及ばない・実行に移さない	2.3
話題の切り出し方・きっかけが難しい	2.3
相談できる相手がいない／身寄りなしの場合は困難	1.6
作成・実現には強い意志が必要	1.3
事前要望書は作成しない・必要ない	1.0
文書化はリスク（訴訟・個人情報等）がある	1.0
すべての状況を紙一枚に収めるのは困難	0.6
［具体的な対処］	2.3
公証人役場・尊厳死協会を利用して作成した	1.6
免許証・保険証の裏に記入（又は添付）している	0.6
［その他］	23.5
その他	11.6
Q2「いつ、どのようなきっかけ」の回答	11.9
特になし	1.0

自由記述式解答　カテゴリー集計表2

		回答数	%
	全体	311	100.0
1	[アクティブ意見]	119	38.3
2	今回の講習が作成や再考の参考・きっかけになった	64	20.6
3	日頃から話をしている・話すことが大事	19	6.1
4	準備中／作成中／作成予定あり	16	5.1
5	医療者・家族の負担を減らすために必要	8	2.6
6	定期的に作成している・作成できると良い	6	1.9
7	誰にも相談せずに自分自身で決めたい	4	1.3
8	家族の理解・スムーズな決定のために必要	3	1.0
9	年齢・健康状態に関係なく書くことが必要	2	0.6
10	家族の不和を起こさないために必要	2	0.6
11	[要望]	57	18.3
12	事前要望書のガイダンスを充実させてほしい	20	6.4
13	啓発・啓蒙・情報発信してほしい／義務化してほしい	16	5.1
14	事前要望書に法的根拠・効力があるのか知りたい	7	2.3
15	保管・更新の方法や変更の可否を教えてほしい	6	1.9
16	事前要望書をひな形化・定型化して配布してほしい	4	1.3
17	事前要望書でより詳細な指定ができると良い	3	1.0
18	認知症等作成能力を失った場合の対処を知りたい	2	0.6
19	効力を得るための法整備が必要である	2	0.6
20	[パッシブ意見]	76	24.4
21	その時がきたらまた悩む・考えが変わりそう	14	4.5
22	価値観の相違等話し合うのが難しい	13	4.2
23	作成しても実現されるのかはわからない	11	3.5
24	状態想定が困難で迷う・把握できない	9	2.9
25	家族の反応・不満が心配	8	2.6
26	健康な時は考えに及ばない・実行に移さない	7	2.3
27	話題の切り出し方・きっかけが難しい	7	2.3
28	相談できる相手がいない／身寄りなしの場合は困難	5	1.6
29	作成・実現には強い意志が必要	4	1.3
30	事前要望書は作成しない・必要ない	3	1.0
31	文書化はリスク（訴訟・個人情報等）がある	3	1.0
32	すべての状況を紙一枚に収めるのは困難	2	0.6
33	[具体的な対処]	7	2.3
34	公証人役場・尊厳死協会を利用して作成した	5	1.6
35	免許証・保険証の裏に記入（又は添付）している	2	0.6
36	[その他]	73	23.5
37	その他	36	11.6
38	Q2「いつ，どのようなきっかけ」の回答	37	11.9
39	特になし	3	1.0

Q3の大項目として，ACP 実施に肯定的・積極的な立場，すなわち「アクティブ意見」と，作成に消極的な立場，すなわち「パッシブ意見」，また，「要望」に関する意見や「具体的な対処」に関する意見等をカテゴリー化し，数量化を行なっている．「アクティブ意見」等の大項目の下に「今回の講習が作成や再考の参考・きっかけになった」等，小項目の選択肢が幾つかあり，これらをサブカテゴリー化し，数量化を行なった．

　全体的にみて，量（数）の上では，ACP 実施に対する「アクティブ意見」が「パッシブ意見」よりも上回る結果となった．
　しかし，結論を先取りすると，内容分析から，「パッシブ意見」も基本的には ACP 実施に肯定的な意向をもち，様々な理由から躊躇し消極的な態度であることも伺える．また，パッシブ意見のほとんどの回答者があらかじめ意思表示をしておく必要性を強く感じる一方で，実行に移せていない，あるいは移せない等の消極的な記述が散見された．
　よって，アクティブ意見とパッシブ意見とをトータルすれば，基本的には，ACP 実施に前向きな意向を示していることになる．その内容については，自由記述式回答　カテゴリー集計表 3 結果のあとに，詳しくみていきたい．

自由記述式回答処理　カテゴリー集計表3

　表の数字「2.　今回の講習が〜」等で示しているカテゴリー集計軸は全部で39項目ある．以下，「その他」や「特になし」等を省いた1〜35項目をここに挙げる（度数：人）．但し，14〜19項目はA.既作成の度数が0であるため省略する．

			1	2	3	4	5
		回答数	[アクティブ意見]	今回の講習が作成や再考の参考・きっかけになった	日頃から話をしている・話すことが大事	準備中／作成中／作成予定あり	医療者・家族の負担を減らすために必要
	全体	311	119	64	19	16	8
要望書作成有無	A. 既作成	36	10	2	1	2	1
	B. 未作成	271	108	62	17	14	7
年齢	30代以下	30	7	3	1	0	1
	40代	29	9	6	2	1	0
	50代	48	17	10	3	0	1
	60代	73	31	18	5	2	4
	70代	84	33	15	3	9	2
	80代	19	9	5	2	1	0
性別	男性	129	46	26	8	4	5
	女性	159	63	33	10	8	3

　「2.　今回の講習が（事前要望書）作成や再考の参考・きっかけになった」（全体64人）においては，「A.既作成」で2人しか回答しておらず，講習会が（ACP）作成のきっかけにあまり影響していないと思われるが，「B.未作成」では，講習会が作成のきっかけになるだろうと，大いに期待している値（全体62人）であった．これは，ACP実施にあたって，**既作成群Aよりも未作成群Bの方が，講習会に対する期待が大きい**ことを意味している．

　「4.　準備中／作成中／作成予定あり」（全体16人）では，70代において回答する傾向にあり（9人），「**5.　医療者・家族の負担を減らすために必要**」と答えているのは**8人**で，これから作成しようとする人たちで7人，**60代において回答する傾向にあり（4人），70代と合わせると6人になる．**

6 定期的に作成している・作成できると良い	7 誰にも相談せずに自分自身で決めたい	8 家族の理解・スムーズな決定のために必要	9 年齢・健康状態に関係なく書くことが必要	10 家族の不和を起こさないために必要	11 [要望]	12 事前要望書のガイダンスを充実させてほしい	13 啓発・啓蒙・情報発信してほしい／義務化してほしい	
6	4	3	2	2	57	20	16	全体
2	0	1	0	1	0	0	0	A. 既作成
4	4	2	2	1	57	20	16	B. 未作成
1	0	0	1	0	11	3	5	30 代以下
0	0	0	0	0	10	4	5	40 代
2	0	0	1	0	9	2	5	50 代
1	1	3	0	0	13	5	1	60 代
0	3	0	0	2	6	2	0	70 代
1	0	0	0	0	1	1	0	80 代
1	3	1	0	0	15	6	2	男性
4	1	2	2	2	37	11	14	女性

「 6. 定期的に作成している・作成できると良い」（全体 6 人）では, 既作成者で 2 人答えていた.

「 7. 誰にも相談せずに自分自身で決めたい」（全体 4 人）と回答する傾向にあるのは, これから作成しようとする 70 代の男性（3 人）だった. ACP を実行に移そうと意欲的なのは, **70 代が最多であり, 他世代に比して「自分自身の意思決定」と, 強調する傾向にあることから, 戦後の団塊の世代の, 自分で人生の最期を決めたい**といった特徴がみてとれる. このことは, 第 3 章第 3 節で先述した, 西岡らの, 高齢者医療に関する市民公開講座参加者へのアンケート調査（2016）結果においても同様の傾向, つまり, **70 代, 特に 75 歳以上の高齢患者は終末期医療について自己決定を望む傾向にある.**

「 8. 家族の理解・スムーズな決定のために必要」（全体 3 人）では 60 代の男性（3 人）,「 10. 家族の不和を起こさないために必要」（全体 2 人）では 70 代の女性（2 人）が答えていた.

60 代と 70 代が, 家族に対する気兼ねや気遣いを示す傾向にあった. 男女比では若干女性の方が高い値（8, 10 の項目において）で, **女性の方がわずかでは**

あるが，家族に対して気遣いをする傾向が強いように思われる．

　「11. 要望」（全体57人）の「B未作成」群が回答する傾向は既作成よりも大（57人）で，傾向大の年代は30代以下（11人），60代（13人）性別では女性（37人）である．

　逆に傾向小の年代は70代以上（7人），性別では男性（15人）であった．つまり，30代以下の若い世代の女性がACP実施に対する要望について多く答えるのに対して，70代の高齢男性がACP実施に対する要望について答える傾向が少ないことを意味している．

　続いて，「12. 事前要望書のガイダンスを充実させてほしい」と回答しているのは全体で20人，「13. 啓発・啓蒙・情報発信してほしい／義務化してほしい」（全体16人）では，50代以下の女性に多く回答された．逆に傾向小の年代は70代以上で，男性の回答数は2人であった．男女比では男性2人に対し，女性が14人であった．

　30代以下の女性は，たとえば，メディアやインターネットなどでACPについての啓発・啓蒙・情報発信してほしい，ACPの情報を義務付けてほしいなどの要望があった．**70代の男性ではインターネットでの情報発信の要求がみられない．**

　この傾向は，ACP実施がはるかに進んでいる米国をはじめとする海外では高齢者が巧みにインターネットで情報検索を行っているのに対し，70代以上の日本人はほとんどパソコンを使わず，積極的に情報探索をしない現状にあることに関係すると思われる[6]．ACPに関する情報発信の課題については，ACP普及に向けての「課題と展望」（おわりに）で後述したい．

以下より「パッシブ意見」の回答結果について述べる.

20	21	22	23	24	25	26	27	
[パッシブ意見]	その時がきたらまた悩む・考えが変わりそう	価値観の相違等話し合うのが難しい	作成しても実現されるのかはわからない	状態想定が困難で迷う・把握できない	家族の反応・不満が心配	健康な時は考えに及ばない・実行に移さない	話題の切り出し方・きっかけが難しい	
76	14	13	11	9	8	7	7	全体
13	2	3	4	2	2	0	0	A. 既作成
62	12	10	7	7	6	7	7	B. 未作成
10	4	1	0	0	1	2	3	30代以下
4	0	3	0	0	0	0	2	40代
15	2	2	1	1	3	0	1	50代
15	4	2	3	1	1	2	0	60代
23	3	4	5	4	3	2	1	70代
6	0	1	1	3	0	0	0	80代
40	8	5	7	7	3	4	2	男性
34	5	8	4	2	5	2	5	女性

　「21. その時がきたらまた悩む・考えが変わりそう」と答えているのが, 全体で14人,「22. 価値観の相違等話し合うのが難しい」は全体で13人いた.
　「23. 作成しても実現されるのかわからない」は, 全体で11人おり, 既作成者が比較的多く回答していた (4人). **要望書をすでに作成した場合であっても, このように「作成しても実現されるのかわからない」と不安を抱えている.**
　「24. 状態想定が困難で迷う・把握できない」は全体で9人答えており, 70代以降の男性に多い.「その時がきたらまた悩む」や「状態想定が困難で迷う」など, 男性において ACP 実施に対しパッシブ意識をもつ傾向が大きいことがわかる.
　「27. 話題の切り出し方・きっかけが難しい」では全体で7人が回答し, 40代以下の若い世代では, 事前要望書に関する話をすることに抵抗を示す傾向がある (6人).

28	29	30	31	32	33	34	35	
相談できる相手がいない／身寄りなしの場合は困難	作成・実現には強い意志が必要	事前要望書は作成しない・必要ない	文書化はリスク（訴訟・個人情報等）がある	すべての状況を紙一枚に収めるのは困難	［具体的な対処］	公証人役場・尊厳死協会を利用して作成した	免許証・保険証の裏に記入（又は添付）している	
5	4	3	3	2	7	5	2	全体
0	0	0	0	2	7	5	2	A. 既作成
5	4	3	2	0	0	0	0	B. 未作成
1	1	0	0	0	0	0	0	30代以下
0	0	0	1	0	1	0	1	40代
2	2	0	1	0	1	1	0	50代
1	0	0	0	2	1	0	1	60代
1	1	1	1	0	4	4	0	70代
0	0	2	0	0	0	0	0	80代
2	1	2	2	1	2	2	0	男性
3	3	1	1	1	5	3	2	女性

　「32.すべての状況を紙一枚に収めるのは困難」（全体2人）では，「A.既作成」で2人回答しており，「B.未作成」では0人だった．つまり，**要望書をすでに作った経験からすべての内容を紙一枚に収めることの難しさに直面したということ**，未経験では状況がわからないということである．「33.具体的な対処」（全体7人）では，「A.既作成」が答える傾向大（7人）に対し，「B.未作成」が答える傾向が小（0人）で，「34.公証人役場・尊厳死協会を利用」では，「A.既作成」が答える傾向が大（5人），「B.未作成」が答える傾向が小（0人）であった．「35.免許証・保険証の裏に記入（又は添付している）」（全体2人）では，「A既作成」が答える傾向大（2人），「B未作成」が答える傾向小（0人）だった．

要望書既作成者には上記の 33-35 項目のような具体的な回答が目立った.

1）要望書の既作成（A）と未作成（B）のアクティブ，パッシブとをトータルした主な回答を以下に示す（アンケート回答原文ママ抜粋）.

作成のきっかけに関して，既作成群（A）は，友人の勧めで（70代男性），「日本ライフみまもり家族」で（70代女性），日本尊厳死協会会員（70代男性），エンディングノートを参考・神戸看護大学のセミナーをきっかけにして（70代男性），老人ホームへ入所したことを機に，意思決定を行い，ある程度の方向性を定めたなどであった.

要望は自分で決め，司法書士に委託，ライフ協会に委託した（70代女性），次女を亡くした時，葬儀の場で，高齢者大学の講演会で（70代女性），新聞記事を参考にして，がんになったときに，死に対しての恐怖からなどであった.

これから作成しようとする未作成群（B）では，60歳になったときに作成する，現在，整理中（50代女性），町内会で話題・議題にする，講演会に参加して書こうと思ったとき（50代女性），という内容があった.

また，自分が納得して作成しようと思った時に（70代女性），自分が見放されたと感じた時，妻を含め家族の心身に疑問を感じた時，自身の健康管理のコントロールができそうにもないと気づいた時に（70代男性），医療診断，看護・介護，親の看護・介護が終わり，自分の番が来たと感じた時，入退院を繰り返すようになり痛感した時（70代女性）などであった.

A.既作成と B.未作成の双方とも，70代の男女に具体的な記述が多かった.特に，A.既作成では，70代男性の既作成の経験上の具体的な記述が目立った.B.未作成では，男女差はさほどみられなかったが，終末期を意識した 70代の回答者の ACP 実施の意向ないし計画実行に向けての意欲的な回答が目立った.

さらに，上記の結果を，2）A.既作成と B.未作成のアクティブ（作成に意欲的）意見とパッシブ（作成に躊躇的）意見に分けて，主なものを以下に示す（アンケート回答原文ママ抜粋）.

たとえば，**A.既作成**では，「一人暮らしをしていていつどうなってもいい年齢ですし，ボケがまだマシな時期にと思い，河原町五条になるところで相談して，紹介いただきました」とする，70代女性が，「日本ライフ協会みまもり家

族」[7]という生涯支援団体を作成のきっかけにしたと答えている．また，日本尊厳死協会会員の 70 代男性は，「尊厳死協会のリビングウイルを常に持参している」のだという．

　子供を相談相手に作成したと答えた 80 代女性は，「80 歳になったときに娘一人が相続者に．死んだあとの葬儀のことなどが気になります．自分の思い通りができるか，世間が納得できるか…（原文ママ）」と述べていることから，要望書を作成した後もなお，自分の意思が死後尊重されるか，また周囲が許すかなどの不安を抱え，否定的なパッシブであることがわかる．

　さらに，要望書作成にあたり，妻や子，医師を相談相手にしたという，70 代男性も，作成にあたり「ネガティブ」な印象をもつ．すなわち，「自分の終末の決め方が本人にない．要望にすぎない．終末期（不治）の状態を具体的に把握できない」と述べていることからわかるように，終末期医療に疑問をもっている．

　また，子供を相談相手に要望書を作成した 60 代女性は，「呼吸器疾患があるので，ターミナル期になれば，安らかに眠りたい．さまざまなシチュエーションがあるので，すべてをカバーすることは難しい．詳細はその場に応じて，親族が決定できるように，大筋を話して理解しておいてもらう．『生と死を考える会』のひな形を使用していますが，去年の母のホスピスでのターミナルケアで，すべての状況を A3，1 枚に書いておくことは難しい」として，作成に「ネガティブ・パッシブ」な意向を示している．既作成であっても，80 代女性は，「入院中の老人ホームからの要請で．お墓について夫婦の意見が一致していません．これからよく話し合います，というより守ってくれる子供たちと話し合わなければなりませんね」と，将来の気がかりについて述べている．

　続いて，B.未作成回答者の主な内容について報告する．
　子供と相談し，家族会議の場で ACP を作成する予定の 80 代男性は，「良い刺激になった．焦りを感じる．患者関連の書きで自分のことを綴る時間がないのが現実（原文ママ）」と述べる．
　また，妻と相談し，医療診断の場で ACP を作成すると選択した 50 代男性は，「家内と終末期に無理な延命は受けたくないと大まかに話はしましたが，具体

的なことについてはほとんど話せていません．参考になりました」．

子に相談し，テレビを作成のきっかけにする80代女性は，「3年前に夫を家で看取りました．そこは満足しています．事前指示書に関していつも心に引っかかっていますが，一歩も踏み出せずにいて悩んでいます．片づけないと死ぬに死に切れません．そのきっかけをありがとうございました」と答えた．これらの人々は，ACPの必要性を感じながらも，時間がないこと，具体的なことを家族と話せていないなどの実態を述べている．

妻や子と相談し，テレビをきっかけに作成すると答えた60代男性は，「PEG，ストーマ，心臓マッサージ等，今まで聞いたことのないものがあります．医療措置について，どういう局面で必要な措置があるのか，また，どういうメリット，デメリットがあるのか知らない．今回の講座で説明いただいたことは大いに参考になります」と，講座での感想を述べている．

親や兄弟姉妹と相談し，テレビを作成のきっかけにすると答えた20代女性は，「ほとんどの方は他人事と捉えているかと思いますので，身近なメディアから発信するのが良いかと思います」とマスメディアでの情報発信の重要性を「要望」のなかで述べている．

未作成，既作成に共通して，70代の男女ともに具体的な記述が多くみられることが特徴的であった．たとえば，特にA.既作成では，70代男性による，「日本ライフ協会みまもり家族」や「日本尊厳死協会」などが作成のきっかけとなったという具体的な記述がみられた．

B.未作成では，終末期を意識した70代男性のACP実施に前向きで意識の高い具体的な回答内容が目立ったが，「真剣に決めてもそれが実現されるかわからない」など，作成に躊躇する意見が散見された．

以上，未作成，既作成ともに，70代回答者のACP実施への意欲的な回答が寄せられた結果から，今後，なぜ未作成者が，実行に移せないのかの原因を探る必要があるように思われる．

そこで，多岐にわたる問題点・改善すべき点について考えるため，全回答者の作成にあたって気になる点や注意点など主な内容を，カテゴリーに分けて以

下要約する.

「アクティブ意見」:

「作成したい・更新（変更）したい」という意見があり，人生の節目，たとえば誕生日や記念日などに定期的に作成したい，気持ちの変化があればその都度定期的に書き換え更新したい，10年ごとの誕生日の節目に作成したいなどであった.

また，要望をエンディングノートに書き，その都度書き直しを行なっている，70歳になったら作成したい，満80歳になったら作成するつもりなど，具体的に何歳になったら作成したいなどの記述があった.

「社会（行政・報道・教育等）への要望」では，ADないしACPの定型を書物にして公刊してほしい，メディアからの発信が必要である，日本の病院で入院時にACPの記入を義務化してほしい，どの病院でも統一して記入するようになれば，皆が対応してくれると思う，マスコミで（この問題・情報を）多く取り上げてほしい，小中学校での教育が求められる等の記述があった.

なかでも，「本人の望まない延命はしない選択もある.　告知してほしいと，母が亡くなったときに感じました.　今の日本は生かすすべがあるから，延命させるのが常識になっている.　母がかわいそうだった.　『文書を残せば』ということをもっと広告してほしい」と，過剰な延命医療の現状を憂い，そのなかでACPを訴える意見があった.

「パッシブ意見」:

「その時がきたらまた悩む・考えが変わりそう」という意見があり，これは，更新（変更）が効かないというためらいで，ACPは事後に確認できないのではないか，書き換えることが多くなりそうで不安，文章化は危険であるなどであった.

「価値観の相違等話し合うのが難しい」では，子供との世代間ギャップ，話の集中力がもたないので皆どうしたらよいかわからない，家族で話合っても価値観に差があり難しい，お墓について夫婦の意見が一致していない，自分は医療関係者だけど，家族は違うのでそこまで説明しておいたら理解してもらえるかわからないなどであった.

「作成しても実現されるかわからない」では，家族（あるいは誰か）が実行してくれるか不安，仮に作成しても最期の最期に残された家族がどうするか不明，家族で話し合っても価値観に差があり実行困難なのではないか，自分の要望を書き残してもその通りにしてくれるかどうかわからない，要望書があっても活用されないかもしれない．

「状態想定が困難で迷う・把握できない」では，主に情報不足が原因であるという記述が多かった．医療措置についてどういう局面で必要な措置があるのか知らない，何をどこまで決めたらよいのかわからない，要望書，代理人決定書の法的効力について知らないなど，終末期医療に対する知識不足が原因である．

「家族の反応・不満が心配」では，たとえば，財産がある場合に，事前要望書は必要だが，複数の子供に公平に均等したいつもりであるが，言い出せずにいる，という回答があった．

これに関連して，理由は様々あるなかで，「話題の切り出し方・きっかけが難しい」というものがあった．

「健康な時は考えに及ばない・実行に移さない」では，切迫感・危機感がなく，ACPについて，健康な時にはたぶん考えないと思う，死を身近に感じた時でなければ作成には至らないではないか，などの意見がある．

「その他」に振り分けた内容では，主なものに，「自己決定に対する不安」があり，自分ひとりで考えることに限界があると思う，自分自身が医療診断を受けた時，正常な精神で作成できるかが心配，相談した人（相手）と自分の考えが一致しない時，どこまであゆみ寄れるのかが疑問，要望書作成は，看護・介護を受ける立場（要介護状態）になってからが一番現実的だと思うが，意思決定できないと作成できないということも理解している，という内容があった．

また，「その他」には「死のタブー・縁起が悪い」といった内容，「縁起でもない」といって，死の話を遠ざける傾向にある，事前指示書を書こうと思ったことはあるが，死から逃げたいために，先延ばしにしている，82歳の義母に嫌な気持ちにさせてしまいそうで話しづらい，などの内容である．

以上，自由記述式回答結果について，カテゴリー集計手法による質的分析を行い報告した．

次節では，これまでの回答結果についての考察を行い，さいごに結論を述べたい．

第5節　考察と結論（まとめ）

母集団の基本的属性 F1・F2 からみる参加傾向

　終末期の生き方に関心のある年代は，60〜70代の高齢層であり，若年層の30代以下と比較すると，かなりの割合で終末期の生き方に関心が高いことが確認できた.

　なお，80代の高齢者の割合が高齢層のなかで低めであるのは，興味はあっても講演会にまで足を運べないなど，身体的理由によるものであると推測できる.

　A.既作成と B.未作成を合わせた男女全体の平均年齢は 56.45 歳で，男性の平均年齢は 60.77 歳，女性は 52.16 歳であった. 男性の方が 8.61 歳，女性より上回った.

　40代以下の若い年代の男性参加者が少なく（49人），60代以上の男性参加者が多かった（355人）. 女性参加者は 40代以下が 151 人，60代以上が 229 人であった.

　男性は退職してから講演会に行きやすいのに対し，女性は 50〜60代でも親の介護に関わりはじめ，ACP 等に関する関心が高いと思われる.

　男女の間でこうした年代の偏りがあったのは，アンケート調査日が平日であったため，平日勤務で忙しい 40代以下の男性参加者がデータに反映されなかったものと推測される. このことについては，調査の「限界」でまとめて後述する.

要望書作成 S1 に関係する基本的属性 F1・F2 への考察

　要望書作成に影響を及ぼすと思われる変数との関係を，性別や年齢とのクロス表を作成し，性別はカイ二乗検定，年齢は順位相関係数ケンドールのタウ検定等により探索した結果，性別は関連がなく，年齢において有意が認められた.

　性別は要望書作成の有無にはあまり関係がないこと，年代は要望書作成の有無に関係があることから，男性であるから，もしくは女性であるから，ACPに関心があり，要望書を作成しようとする傾向があるというのではなかった.

ACP実施にアクティブ（意欲的）であるのは，男女を問わず，共通の希望なのであろう．

　一方，年代と要望書作成の有無には関連があることが，順位相関係数ケンドールのタウ検定等で認められた．

　別の検定，多重比較検定等でも年代と要望書作成の有無には関連があることはわかり，特に，70代が他の年代よりも要望書を作成する傾向にあるということが明らかであった．

　70代以上の男女へのACP普及の可能性について，相談相手要因やきっかけ要因と合わせて検討していく必要があろう．

Q1-Q2 の量的分析結果に対する考察

　作成の相談相手要因について，C.全回答者，A.既作成者と B.未作成者に分けて調べたところ，全体として配偶者（夫あるいは妻）を相談相手に選択していることがわかった．B.未作成の方が，A.既作成よりも相談相手に「夫あるいは妻」と考える傾向が大きいこともわかった．

　これから要望書を作成するにあたり，「夫あるいは妻」を多く選択しようとしていることがわかったが，男女の間に違いがみられた．

　男性群は，女性群と比較して，妻を多く選択する傾向にあるのに対し，女性群は，男性群に比べ，夫を相談相手に選ばない傾向があることが顕著だった．女性群は集中して配偶者を選択する男性群とは異なり，親や子供，兄弟姉妹，友人など選択相手が分散している（なお，夫が妻を選択し，妻が夫以外を選択する傾向は，Mann-WhitneyU検定でも有意であると確認された）．

　こうした男女間における相談相手選択の特徴の違いから，たとえば，男性に対しては，妻を通してACP実施や要望書作成への働きかけが期待できるだろうし，女性に対しては，子供や親，兄弟姉妹，友人に働きかけることが期待できるだろう．

　ところで，人生の最終段階で夫が妻を頼る（ACPの相談相手に妻を選ぶ）傾向にあるのに対し，妻はそれほどではない原因は何であろうか．

　NHKによる国際調査（「社会や政治に関する世論調査〜 ISSP国際比較調査〈1212人対象無作為抽出質問紙調査〉2012年11月 -12月」『放送研究と調査』

APRIL2013，44-58頁）で，日本は「夫が世界一家事をしない国」であること
が報告されているが，筆者はそのことと何らかの関連があるように思われる．
というのも，その報告書によれば，「結婚している人の方が幸せ」と考える人
の回答率は，男性より女性で少なく，家事分担の割合が夫に比べ「かなり多い」
と負担を夫に募らせている女性が半数以上いるということがわかっている（有
職妻の方が負担を感じる率が高い）からである．つまり，日本において家事や育
児に非協力的な夫の割合が高いのだとしたら，そうした相手に，人生の最期に
向けての話し合いを積極的に行おうとする妻がそう多くないことは想像に難く
ない（無論，意識の高い夫が職場に拘束されているために，家事や育児への協力がま
まならないケースが多いことも事実であろう）．

　ACP は日々日常の家族間のコミュニケーションによって成立するものであ
るため，とりわけ日本における夫婦間のライフスタイルの見直し，夫婦間の話
し合いの時間の確保など，検討課題は大きいと考える．

　また，これから要望書を作成しようとする人たちが，年代を問わず「医療診
断」や「家族会議」をきっかけにしようとしていること，40代以下の若い世
代の女性は，「テレビ番組」をきっかけにしようとしていることがわかった．
男性の「テレビ番組」選択は女性の半数以下である．

　今後さらに分析と考察が必要であろうが，たとえば40代以下の女性に対し
てはワイドショーなど，50代以上の男性には「テレビ番組」より「家族会議」
や「医療診断」時を ACP 普及の場として検討することで，性差や年齢の傾向に
合わせた ACP 支援や普及法の工夫が可能になると期待できる．

　一方，要望書をすでに作った人たちの60-70代では，相談相手に配偶者を多
く選択しており，その他の項目に「自分」と記入しているのが特徴的であった．
相談相手の選択肢項目に「自分」を設けていないのにも関わらず，その他の項
目欄に「自分」と記入している人が数名（60代で2人，70代で2人の計4人の
女性．男性は0人）いたことの意味は大きいと考える．「自分」という選択肢項
目を設けていたのなら，高齢者のデータ数が増えていたのかもしれない．

　さらに，既作成の女性の場合，相談相手に「医師」を選ばず，既作成男性の
場合は「友人」を選ばなかった．性別が要望書作成に対しては有意でないので，
さらにデータ数を集めて分析検討する必要もあろうが，女性よりも男性の方が

病院や医院の場で医療者からの影響を受けやすいと考えるのなら，医療者や妻から男性（夫）への ACP の働きかけが今後期待される．

　次に，要望書をすでに作った人たちのきっかけ要因で高かったものを順にカイ二乗検定や順位相関件数ケンドールのタウ等で検定していった結果，「葬儀」が突出して，要望書作成に関連していることが認められた．葬儀をきっかけに家庭内での話し合いの場として ACP が求められていくことになるだろう．

Q3 の質的分析結果に対する考察

　要望書をすでに作った人たちが問題としている点は，「23：作成しても実現されるのかはわからない」と「32：すべての状況を紙一枚に収めるのは困難」であり，未作成の人たちより有意に多く回答していた．「作成しても実現されるのかわからない」という不安は既作成の人たちに多くみられたが，このことは日本の事前指示制度の在り方，家族や後見人等に医療代理権（持続的委任権）[8]が授与されていない法的効力の問題[9]に関係しているものと思われる．[10]

　ところで，本人，家族，医療者それぞれの事前指示に対する抵抗感の違いや，事前指示・ACP 普及の妨げになっている要因を分析していく必要がある．事前の医療選択について各人はどのような抵抗感があるのだろうか．

　本調査では，「自分が事前要望書を作成する（した）時にどのような不安や気がかり等の問題があるのか」を自由に回答してもらったので，主体は患者本人を想定しているが，主体が家族を想定している場合でも以下のような共通の問題があると思われる．医療者の場合は本調査では実施していないので，後述するメドピア調査を基に考察を行なう．

　次に，事前指示に対する 1. 本人・家族の抵抗感と，2. 医療者の抵抗感に分けて考える．

1. 本人・家族の抵抗感：

　前述のように，既作成者が問題としている「作成しても実現されるかわからない」では，家族や誰かが自分の意思を実行してくれるか不安，仮に作成してもさいごのさいごに残された家族がどうするのか不明，家族で話し合っても価値観に差があり，実行困難なのではないか，自分の要望を書き残してもその通

りにしてくれるかどうかわからない，要望書があっても活用されないのではないか，等の不安や気がかりについて，家族間のコミュニケーションにかかわる内容である．

　人生の最終段階における医療について，また，延命医療の継続に関する家族との話し合いの有無について調べた厚労省の意識調査（平成26年3月[11]）では，「全く話し合ったことがない」が半数以上（55.9％）という結果に関係するものと考える．事前指示書の作成の有無と，家族による話し合いの有無との関係を調べた厚労省の平成29年度意識調査では，家族と話し合いがあるケースは延命医療に消極的で事前指示に肯定的な意識をもつという結果であった[12]．

　事前指示の作成や本人の意思実現（持続的委任）に関係してくるのは，家族による話し合い（コミュニケーション）であるが，それ以外に，「医療同意問題[13]」も関係してくる．「医療同意問題」とは，成人の患者が，何らかの理由で医療者による説明を理解することができない場合，どのように対処されるかというものである．本人に代わる，家族（親族）や成年後見人等の同意（意思決定の代行または代諾）の問題であるが，インフォームド・コンセントの一環として位置づけられる．日本では家族や成年後見人等に本人の意思を委託する法的保障・法制度がないのが問題である[14]．

2. 医療者（医師）の抵抗感：

　2014年度の「MedPeer（メドピア）」（医師7万人以上が参加する医師専用サイト：http://medpeer.jp）が行った「事前指示書（指定書）の導入・利用状況」についてのアンケート調査（総回答数：3407人[15]）では，約75％（約2500人）の医師が「事前指示書を導入していない」と回答していた．導入していない施設として，体制を整える予定がない（67.5％：2299人）が最多であったが，その理由に，「誰がいつ説明するのか，変更や撤回の自由と確実性を担保できるかなどの問題が解決されるのが先である」や「不必要な延命は不要と考えるが，安易な延命（救命）処置不要論は危険だと思う」などの気がかりや抵抗感があった．

　その一方で，「導入している：入院時に指示書の規定対象となる患者全てに作成」は7.4％（254人）で，導入の理由として，「現場の混乱を防ぐために必須」「ないと非常に不便」「ないとトラブルのもとになる」といった意見が多数

を占めていた.

　しかし，導入している病院であっても「認知症のある人を対象とする場合，家族の意向を聴くことになるが，本当に本人の意志かどうか不明である点が問題である」として，本人の意思尊重の難しさがうかがえるケースがある．また，「緊急時対応の説明時，指示書作成，署名をもらっているが，時々もらえない場合もある」とシステム上の問題が示唆された.

　未作成群において，講習会をきっかけに，情報発信などの希望や義務化の要望が高く認められた．既作成群においては，作成しても実現されるかわからない，すべての状況を紙一枚に収めるのは困難，具体的な対処，公証人役場，尊厳死協会の利用，免許証保険証の裏に記入等に，回答する傾向が高かった．作成しても，ACPの実現に疑いがあることから，実現性を保証する必要があるように思われる.

　特に30代や40代の年代では，ACP実施に対し期待や要望が高い傾向がある一方で，「その時がきたらまた悩む，考えが変わりそう」「話題の切り出し方・きっかけが難しい」など，様々な躊躇，ためらい，心配事がある．実現に向けて，そうした不安を払拭させるファシリテーターや専門家が求められるが，ファシリテーター養成には研修の仕組みと時間を要するため，直ちにACPを開始することは困難であると考える医療機関や介護関係の事業所も少なくない.

　また，有意差は認められていないが，70代では，講習会をきっかけにし，日頃からACPについて話題にしつつも，「状態想定が困難で迷う」といった心配が避けられないため，若い世代と同様に，健康なうちからACP普及に向けて，講演会や勉強会の開催を通じて，何らかの対策が必要である.

　さて，事前要望書（ACP）作成に向けての患者個人の意思決定に影響を与えていると思われる項目は，「（選択肢についての）知識や情報」，「（相談相手となる）家族や医療者など周囲との関係」，「価値観」，「手続きやシステム」などが挙げられる.

　そのなかで，とくに家族や周囲との関係が，ACP実施に影響するものと思われる．たとえば，アクティブ意見に，「医療者・家族の負担を減らすために必要（2.6％）」，「家族の理解・スムーズな決定のために必要（1.0％）」，「家族

の不和を起こさないために必要（0.6％）」などがある.

　それに関係するアクティブな回答を以下列挙する（本文の下線強調は筆者.
カッコ内は回答者の年代，性別，作成の有無，相談相手，作成きっかけ，**回答者
1053 人の整理番号.　番号のついていないのは回答者による未記入**）.
※質問紙には，自分で要望書を書くことを想定して回答してもらったが，回答
者のなかには自分か他人か判断のつかない記入もあったので，以下に「自分」
と「他人」と区別し 1053 番整理番号を表記する.［自分］で要望書を書くこ
とを想定して書いている人は，452，590，601 で，見分けがつかない.

　「呼吸器疾患があるので，ターミナル期になれば，安らか眠りたい.　さまざま
なシチュエーションがあるので，すべてをカバーすることは難しい.　詳細はそ
の場に応じて，親族が決定できるように，大筋を話して理解しておいてもらう.」
（60 代女性，既作成，子，医療診断，312）

　「残された家族が困らないように，決めておかなければならないと思います.
自分のことを大切な家族と決めるのが理想かな….」（30 代女性，未作成，子，医
療診断，452）

　「元気なうちに後に残る者が納得して幸せに暮らせるように妻・子供達の家族
の生活能力・生活実態を勘案して作成する.　後に残る者が自分のために世話を
したり葬儀・相続等で困らない様に尊厳死と葬儀の簡素化を普段より口にして
話している.　親族・兄弟・近隣に対して喪主が手を抜いてるのではないことを
周知させる.　生きている間にいかに充実した生き方ができるかが大切！死は万
人（全ての人）に訪れるもの.　恐れることではない.」（未作成，590）

　「私の死後，みんな仲良く…笑っていてほしいと考えた.　公証人役場で正式書
類にしました.」（70 代女性，既作成，子，葬儀，601）

　「特に終末期医療について，75 歳になれば家族で「シンケン」（ママ）にまと
めて置かねば残った家族に迷惑をかけてしまう」（60 代男性，未作成，その他／

自分，632）

　一方，意思決定における葛藤やジレンマが生じてしまう理由として，以下の［個人による意思決定の７つの障害］[16]が挙げられる．

① 選択肢についての知識・情報の不足
② ある選択肢に過大・過小な期待をかけている
③ 価値観がはっきりしない
④ 周囲の人の価値や意見がよくわからない
⑤ ある１つの選択肢に対する周囲のプレッシャーがある
⑥ 自分の選択を聞いてくれたり認めてくれたりする人がいない
⑦ これらの障害を乗り越えるスキルや支援がない

　以上の事柄は，本調査のパッシブ意見と比しても共通するところである．たとえば，「価値観の相違等話し合うのが難しい：上の③④」，「相談できる相手がいない／身寄りなしの場合は困難：上⑥」，「すべての状況を紙一枚に収めるのは困難：⑦」などである．関連回答は以下のとおり．

　「本人が尊厳死を望んでも家族が望まない場合もありうる」（70代男性，既作成，妻，その他／本，638）

　「情報が少ないので，自分が意識していても，周りは知らぬ存ぜんで，場がしらけてしまう．ましてや死の話はできない」（40代男性，未作成，親，医療診断・家族会議，688）

　「血のつながっていない母と同居しています．82歳で最近物忘れがあったり体調が悪かったりします．いろいろ話を聞いてみたいですが，嫌な気持ちにさせてしまいそうで，訊き辛いです．ましてや要望書のことなんて話ず（ママ）らいです．」（30代女性，未作成，親・兄弟・姉妹・子，医療診断，723）

　「母が ALS で亡くなっています．病気がわかった時，医師からどのように病気
が進行するか説明があり，いつどういう判断が必要か，そしてそうしたいか，家
族で話しました．子が一日でも長く生きていてほしいという思いと，母に迷惑を
かけたくないという思い．亡くなった今でも母の思いをどこまで尊厳（ママ）す
ればよかったのか考えています．」（50 代女性，未作成，夫，医療診断，889）

　以上の意思決定に伴う葛藤やジレンマの理由を鑑みても，自分一人で解決す
るのは不可能であることは自明である．情報収集や評価のスキルがない場合は，
支援者による協力が必須である．

　今回の調査結果より，回答者の大多数が ACP の必要を感じていながらも，未
作成の実態が量的分析により確認された．その原因が主として，終末期医療な
いし老人看護・介護をはじめ，手続きに関する情報不足，サポート不足，相談
相手やファシリテーター専門家不足などの問題であると推察される．
　また，終末期全般に対する回答者（一般市民）の切迫感のなさ，意識の低さ，
また，「縁起が悪い」とする文化的背景の問題に加え，回答者の勉強不足や誤
解などの新たな問題も浮き彫りになった．
　以下，こうした回答者の誤解について考察を行いたい．

1.　「更新がきかない」といった不安は，

　「いったん提示された事前指示が，患者の最終的な決断だとみなされてしまい，
特に書式にした場合には，その書式が『独り歩き』してしまう危険性がある」[17]

　ものと推察される．
　しかしながら，どのような書式，もしくは口頭による事前指示であっても，
実際に行なうべき治療を予見し，事前に余すことなく指示することは，とうて
い不可能である．予測と合致していないから無意味ではなく，それを「手がか
り」と捉えることに意味があるのではなかろうか．また，「変更が効かない」
という不安は，心変わりから変化しうる事前指示内容に対して生じる．この不

安は，臨床の場でも法的な場でも議論になるが，「その事前指示が今でも真の患者の意向か[18]」というのが争点であろう．

その疑問に答えるために，有田健一は以下のことを提案している．

　「患者の意向を文書化しておく，カルテや看護記録に医療者が説明を行った内容やその問答を残しておく，患者の自由を最大限尊重するために患者の意思の取得を急がないこと，などの対応[19]」

そもそも，ADやLW（リビングウイル）などの事前指示は，本人の意思表示ができないときにおいて有効になるが，一般的にはそのことが理解されていない．たとえ本人が事前指示書に延命措置の差し控えや中止の希望を記していたとしても，いざとなったとき，たとえば，本人が錯乱状態のなかで「やっぱり生きていたい！」という仕草をみせた時には，生を優先させるのであって，延命措置の差し控えや中止を記している事前要望書の意向を最優先させるものではない．

2.　「家族（あるいは誰か）が実行に移してくれるか不安」について．

だとしても，作成してみないと解決に向かえない，何事も動くことがないのは自明であると考える．実行に移さないことを恐れては，作成すらしていなかった損の方がはるかに大きいのではないだろうか．案ずるより産むがやすしであろう．

3.　「縁起でもない」という死に対する意識的・感覚的問題から，事前指示書の作成を遠ざける傾向がみられる．

確かにこれまでのAD研究では，死を意図する延命措置に対する打ち切りが全面に出てくるため，記入率の低下とともに，普及率に悪影響を及ぼした事実があった．だからこそACPが登場した経緯がある．

ADや医師主導のPOLST（Physician Orders for Life-Sustaining Treatment「生命維持治療に関する医師による指示書」）などは，いわば「死に方」アプローチであるのに対し，ACPは「生き方」アプローチであることを強調したい．ACPは，当事者と周囲全員で取り組む，人生の最期をどう生き切るか，後悔しないための「生き方」プランニングである．

　死と向き合わない人生は生と向き合うことができない．誰にでも訪れる死について，それに伴う究極の苦しみや悲しみを，本人を支える人たちと一緒に分かち合うことこそが人生をより豊かなものにしてくれるはずである．

　患者の意思を医療選択に生かす文化の創生として，有田[20]は ACP を奨励している．「死について考えたくない」と思う人にも，家族との協働作業のなかで患者の意思を推し量っていくこと，終末期や死を突きつけることになるきっかけを与えることになる．

　会田が述べるように，とかく，日本人は嫌なこと，やっかいなこと，面倒なことを後回しにするきらいがあるため，問題を先送りにしてなかなか解決に向かおうとしない傾向がある[21]．

　ACP 実施に対して肯定的・意欲的な見解を示しつつも実行に移せないでいるのは，こうした日本社会の問題先送り体質があるのかもしれない．

　死のタブーや問題先送り体質を克服するために，日々こうした事前指示やリビングウイル，ACP などの具体的な話を，全員で気楽に気負いなくかわすことのできる社会がめざされる．

　日本において死生の文化の創生といっても文化そのものを変えるのは現実にはそう簡単ではない．ACP への消極的意向は ACP 実施の妨げにはならず，ACP 普及を考えるための背景となる．つまり，日本のそうした消極的な文化でも，各人が事前指示をしておくことが周囲への義務であり，一人ひとりが「自分の責務」を果たすことにつながる．文化を変えて ACP 普及を図ろうとするのではなく，今の文化に即した ACP 普及をめざすことが先決であろうと考える．

1) 「将来の意思決定能力の低下に備えて，今後の治療や療法に関する気がかりや価値観を，患者・家族と医療者が共有し，ケアの包括的な計画を話し合うプロセス」と定義し，「本人の望む生き方を明確にし，今後の生活を充実させ，最期を迎えられる支援を可能にする文書」を本プロジェクトの目的とする．事前指示の内容は，自己の生命・身体に関わる医療選択という重要軸であることからすれば，書面の形で表示されることが望ましい（亀井，2015，336 頁）．

2) 自分で判断できなくなった場合に備えて，どのような治療を受けたいか，受けたくないかなどを記載した書面をあらかじめ作成しておくことについて，一般国民の 69.7 % が賛成している．日本医学哲学・倫理学会　文部科学省研究成果公開講座「終末期における治療の差し控えや中止とその倫理的問題──よい死を迎えるために──資料集」2015 年，191 頁．人生の最終段階における医療の普及・啓発の在り方に関する検討会「人生の最終段階における医療に関する意識調査報告書」（平成 30 年 3 月）によると，事前指示書に賛成 73.6 %，わからない 24.9 %，反対 1.5 %．既作成 8.1 %，未作成 91.3 %．ACP について：よく知っている 3.3 %（医師 21.8 %），聞いたことがあるがよく知らない 19.2 %（医師 34.5 %），知らない 75.5 %（医師 41.8 %）．ACP 賛成 64.9 %（医師 75.9 %），反対 2.2 %（医師 1.0 %），わからない 30.7 %（医師 21.5 %）．人生の最終段階について考える際に重要なこと：家族等の負担にならないこと 73.3 %，身体や心の苦痛なく過ごせること 57.1 %，経済的な負担が少ないこと 55.2 %，自分らしくいられること 46.6 %．

3) 笠間睦（2011）「時論　事前指示書と終末期医療──療養病床転棟時における終末期意向の変化調査」『日本医事新報 4530』，107 頁．世界各国の事前指示普及率は，オランダで 12 %，アメリカ（40 歳以上）で 47 %（ナーシングホーム入居者で 55 %），イギリスで 10 % 未満，ドイツで 12 %（日本医師会　生命倫理懇談会報告「第 XV 次　生命倫理懇談会　答申　超高齢社会と終末期医療」（平成 29 年 11 月）12-13 頁．

4) その他の指数，ラムダやグッドマンやクラスカルの指数，タウの指数でも明らかである．

5) どのきっかけ要因が要望書作成につながるかを調べるため，ロジスティック回帰分析やステップワイズ法による変数選択を行なったが，これらは仮説検証型ではなく探索型手法の分析であるため，本書ではより確実な結論を重視したので，参考程度に留めることとした．

6) カール・ベッカー（2018）「研究プロジェクト　終末期に対する早期支援」『こころの未来』vo.19，53 頁．「ACP 普及に向けた調査──海外（おもに米国）の現状」より．

7) 「日本ライフ協会みまもり家族」とは，弁護士（中西・榎本法律事務所）が勧める，「身寄りのない」または「身寄りがいても，『頼みづらい』，『頼みたくない』『頼めない』」といった高齢者・障碍者の方のための支援団体である．①身元保証，②家族に代わる日常生活支援，③万一の時の緊急支援，④葬送納骨支援，⑤金銭や財産の管理，⑥成年後見，⑦遺言・相続などを，家族に代わって生涯に亘る支援団体がある．と答えている（濱田健士『みまもり家族制度──一人暮らしのお年寄りをサポートします』講談社，2009 年）．

8) 医療に関する永続的代理権授与制度／持続的委任権（Durable Power of Attorney for Health Care）とは自分が望むあるいは望まない医療について自分で判断できなくなった時に備えて，自分の代わりに誰に判断してもらうのかあらかじめ文書で指示しておくこと（岡村世里奈〈2013〉「事

前指示をめぐる世界の状況と日本」『病院』72 巻 4 号，281 頁）．

9)　岡村，前掲書．田中美穂・前田正一，前掲書，2 頁．亀井隆太，前掲書，336 頁．

10)　米国をはじめとする欧米の事前指示制度では，LW と持続的委任権が二本立てとなり法制化され
ているのに対し，日本では患者による延命治療の中止すなわち LW ばかりが注目され，また，それ
に伴う医師の行為に対する免責をめぐる議論に終始しており，持続的委任権に関する議論がほとん
ど行われてこなかった．

11)　厚労省の「人生の最終段階における医療に関する意識調査報告」（29 年度，26 年度，19 年
度）※ HP には平成 24 年度とあるが，平成 26 年度の誤記．https://www.mhlw.go.jp/toukei/list/
saisyuiryo_a.html

12)　厚労省の「人生の最終段階における医療に関する意識調査報告」（29 年度，26 年度，19 年度）

13)　亀井隆太，前掲書，340 頁．

14)　2000 年 4 月に成年後見制度が施行され，成年後見制度の前身である禁治産制度からその基本
的理念は大きく転換した．現行法の解釈として，事前指示書に基づいた延命治療の開始や中止の判
断に成年後見人が実質関わることに限界があるとされる（亀井，2015，336 頁）．

15)　https://prtimes.jp/main/html/rd/p/000000012.000010134.html

16)　欧米でよく知られている，カナダ・オタワ意思決定支援ガイド（Ottawa Person Decision
Guide）は，患者・家族の意思決定支援の専門機関（Ottawa Health Research Institute; OHRI）か
ら出されているガイドである．この機関に属する看護師で研究者のオコナーによる研究．O'Connor,
A.M., Jacobsen, M.J. : Decisional conflict: Supporting people experiencing uncertainty about
options affecting their health, 2007. 中山和弘（2012）「医療における意思決定支援とは何か」中
山和弘・岩本貴編『患者中心の意思決定支援──納得して決めるためのケア』中央法規出版，35 頁．

17)　板井孝壱郎（2013）「【終末期の意思決定を支えるには──advance care planning (ACP)，事
前指示】事前指示について」,『内科』112 巻，6 号 1373-1376 頁．

18)　有田健一（2014）「終末期の医療選択と倫理的諸問題」『日本呼吸ケア・リハビリテーション学
会誌』第 24 巻第 2 号，170 頁．

19)　有田，前掲書，170 頁．

20)　有田，前掲書，170 頁．

21)　会田薫子（2011）『延命医療と臨床現場──人工呼吸器と胃ろうの医療倫理学』東京大学出版，
178-179 頁．

おわりに　課題と展望

本調査の「限界」について

本調査での「限界」のひとつには，調査参加者の母集団は，ACPへの意識の高い人たちであったこと[1]，二つ目には，調査参加者・回答者の基本的属性の偏りがあることなど挙げられる．

アンケートを実施したのが平日であったため，たとえば，平日仕事で忙しい40代以下の若い男性の回答数が反映されていない，男女比でも年代にばらつきがあるなど，調査上の限界があった．つまり，アンケート実施が平日でなく休日であったのなら，仕事をもつ若い男性群の回答数も増えたかもしれない．実施時期を平日から休日に変更することで，講演会に足を運べなかった意識の高い，若年層の男性からのデータも期待できると考える．

また，アンケート調査を実施した地域が関西圏であったことで，関西人がほとんどを占めており，地域に偏りが生じた．こうした偏りは，要望書作成や相談相手の男女比など，有意差にも影響してくると思われる．今後，質問紙調査を継続して行なうにあたり，アンケート実施日や地域等に留意していくことを検討していきたい．

本調査の発見について

本調査では予測できたこととできなかったこととがあった．たとえば，要望書作成の相談相手に配偶者を選ぶということは想像できたが，予測できなかったことも幾つかあり，以下のような様々な発見があった．

これから要望書を作成しようとする人たちの相談相手の選択に，性差があったこと，つまり，夫は妻に，妻は夫以外の友人等を選択する傾向にあること，既作成者では，きっかけ選択と年代に関連があったこと，葬儀には関連があるが，家族会議や医療診断にはないというのも，調査して分析，検定してみなければわからない，新たな発見であった．

自由記述では「作成しても実現されるかどうかわからない」，「すべての紙一枚に収めるのは困難である」と，既作成者たちが答えていることもわかった．

本研究はこれまでなかった視点，つまり，事前要望書やACPの作成状況にとどまらず，未作成，既作成とに分けて，（実際に作った人たちが55人という少ないデータ数ではあったものの）既作成の人たちの意識から，今後の対応策を講じる新たな視点が見いだせた．

　また，自由回答記述からは，事前指示書やACPに対するとまどいやためらいなどがあるとともに，様々な知識不足や誤解があるということもわかった．

　さらに，本調査の回答からは，事前指示書やACPへの反対派が主張する「死への誘導につながる」といった抵抗感を示す意見は一つもなかった．逆に，「本人の望まない延命はしない方が良い．今の日本は生かすすべがあるから，延命させるのが常識になっている」と，過剰な延命医療の現状を憂い，そのなかでACPを求める意見があったことなどを発見できた．

　母集団の年齢，性別，量，性別や年齢の偏りなどの調査上の限界はあったが，調査結果より，ACP普及に向けて，以下のことを提案したい．

1. 医療者から男性（夫）へのACP働きかけの期待
　要望書未作成と既作成の女性より男性の方が「医療診断」や「医師」を多く選択していたことから，男性は病院や医院の場で医療者からの影響を受けやすいと推測される．よって，医療者から男性へのACPの働きかけが期待できる．「病院医療チームと在宅医療チームが互いに連絡を密にしながら取り組んでいくこと，また，両チームが，勉強会などを通じてACPの理念を共有」しながら[2]取り組まれることが望まれる．

2. 家族のコミュニケーションツールとしてのACP普及
　既作成者のきっかけの多くは，「家族会議」と「葬儀」であったことから，葬儀をきっかけに家庭内での話し合いの促進が期待できる．高齢化に伴う「治す医療」から「支える」医療へ，また「病院完結型」から「地域完結型」へのパラダイムシフトのなかで，地域に密接な在宅医療における「家族会議」のACPへの影響・役割は今後大きいものと考える．

3. 事前指示書の形式面の改善
　自由記述式回答結果より，既作成者において，「すべての状況を紙一枚に収

めるのは困難である」との回答が多いことから，事前指示書の形式・書式面の工夫が必要であることが示唆された．しかし，実際には，代表的な事前指示書の形式の多くは，A4一枚ないしA3一枚に収まるように考慮されている．なかにはじんぞう病治療研究会の「尊厳生」のための事前指示書のように，A4四枚以上にわたるものもある（巻末資料4）．

　また，延命医療中止の指示内容の選択肢が細かく設定される形式をとるものや，延命医療中止の要望を自筆・捺印で意思表明する形式をとるものがあり，統一されていない．さらにまた，本人の希望を表明してくれる第三者の署名もあるものとないものとがあり，不統一である．

　「作成しても実現されるのかわからない」という不安を解消するためには，代理人指名の統一が不可欠である．宝塚市医師会の「私の医療に対する希望」には，「 3. ご自身が希望する医療について判断できなくなったとき，主治医が相談すべき人はどなたですか？」の項目がある．（巻末資料2）どのような形で患者本人の意思表示を支えていくのが良いか，どこで手に入るのかの情報も含め，今後形式面での検討が必要である．

　本調査では，日本人の意識がACP実施に対して及ぼす影響を調べた．ACP実施の動機として，家族の負担を減らすこと，家族の不和を起こさないためという意識が，自分で自分の最期を決めるという自己決定の意識よりも高いという特徴がみられた．最近の杉野らの調査（2015）や西岡らの調査（2016）においても，家族に介護負担をかけたくないという日本人の心情がみられ，本調査においてもそのことが確認された．

　今後，事前指示について，家族との話し合いを促進させるために，誰がどのような形式と内容の事前指示を必要としているのか，誰に相談したいと考えているのかについて，調査を継続していく必要がある．

今後のACP推進課題[3]

　これまでの調査で「自分の終焉をどのように迎えるのか」「どのような医療を受けたくないのか」をいきなり考えても答えが出にくい結果が得られている．

　よって，初年度（2014年）は，それらを考え，死と向き合うきっかけのために，本プロジェクト共同研究班では，一般市民，医療・生活支援従事者にむけての

講演会を繰り返し行なった.

　次年度 (2015年) では，アンケート調査の拡大と結果分析を行なった．意思表示が不可能となった万が一の場合に備えて，希望する医療の内容，終末期をどのように生きたいのかといった，生き方を含めた意思決定を確認する，動機づけ支援のプログラムも併せて，ACP普及・啓発活動を考察する必要がある.

　日本文化に即して，誰もが違和感なく事前意思を表明できるようなACPの試作と支援は，今後の目標である．ACPの説明に使える教材，できれば指導者の下でビデオ教材を開発したいと考える.

　たとえば，ハーバード大学医学部のVolandes教授らが作成・提供しているビデオがあるが[4]，表現方法をはじめ，ライセンス方式や宣伝方法，支払い方法なども含め，日本人向けのビデオ教材の可能性を模索したい．20種類以上の病状や治療法に関するビデオを有料で公開する，先駆的な企画であり，アメリカでは，ACPを支持したいと考える市町村や拠点病院は，Volandes教授の主催する団体に申請し，一定金額を納めると，その市町村や拠点病院の高齢者は，いつでも無制限にそれらのビデオをiPadなどで視聴できるというシステムである.

　文字情報や口頭説明だけでは，一般人，ましてや高齢者は，医療のイメージまでは摑めないことから，ビデオ教材の開発を必要と判断した．本アンケート調査結果において，70代の男性にはインターネットでの情報発信の要求がみられないということがわかり，70代以上の日本人高齢者に向けての情報発信源として，ビデオ教材は有効であると判断する.

　具体的には：

1. 高齢者が多く受ける治療のうち，医療従事者が最も戸惑う・悩む治療を特定
2. それらの治療に関して，患者に決定してもらうために必要な情報を特定
3. それらの治療の成功率や副作用の情報などを公平に伝達する方法を検証
4. それらの治療のイメージや，副作用に関する情報などのビデオ脚本を作成
5. 海外のインフォームド・コンセントに使用されるビデオ教材と比較検討
6. 医学ビデオ教材会社と連携して，その撮影や録画，発行と配布をめざす

　ビデオ教材は有用と思われるが，病状や副作用を撮影するためには，患者や病院の協力及び関係学会の承諾も不可欠である．

　実施には様々な手続きや倫理委員会の承認まで必要となろうが，今後，データ分析を完成し，それに基づき，事前指示書を作成していない一般人や，事前指示書を患者に勧めようとする医療施設等のために，広く使えるフォーマットを作成したい．今後は誰でも理解できるようなビデオ教材制作を可能な限りめざしたい．

　本研究の学術的意義は，本調査結果を公表することにより，現在，日本で始まったばかりの ACP 研究の開発・発展・普及に貢献できると考える．

　将来的に意思表示が不可能となった「もしもの場合」に備えて，希望する医療の内容と，終末期をどのように生きるのかといった生き方を含めた意思決定を確認する ACP を，普及・啓発活動するにあたり，動機づけの段階から支援していく必要がある．

　ACP を試作していく際には，動機づけ支援のプログラムもあわせて考察する必要がある．誰もが拒否感なく事前意思を表明できるような日本文化に即した ACP の試作とその利用後の検証が次なる課題である．

　さいごに，長くなるが，コロナ禍の人生会議に向けて，直近の 2 年間の活動報告を通して今後の課題を述べ，本書のむすびとしたい．

　2019 年は，学会企画で，公立福生病院での透析中止「患者の意思確認」問題[5]，厚生労働省の「人生会議」ポスター炎上問題[6]を扱ってきた．そこでの問題提起と今後の課題を示したい．

「患者の意思確認」と「人生会議」

　東京都福生市にある公立福生病院で，2018 年 8 月，44 歳の腎臓病患者の女性が，人工透析治療の中止を選び，その後の撤回を無視されて亡くなったと，2019 年 3 月 7 日に毎日新聞が報道したことから，治療中止の是非についてメディアをはじめとする多くの場で議論が沸騰した．

　当該医師の「死の誘導」によって患者が透析中止を決断，苦しさから再開を

訴えるも「正常な判断のもとでの意思」ではないと拒否，鎮静死されたという毎日新聞の報道である．「死の誘導」であったかどうかはいささか微妙で，筆者が実際に取材したわけでも検証したわけでもないのでここではなんともいえない．

　ただ筆者がひとついえることは，以下の点である．様々な報道が混在するなかで，事実認定は困難であり，福生病院側と患者側のロジックは異なるため，医師側の「死なせるという判断・合理性」や医師と患者・家族の情報の非対称性，コミュニケーション齟齬，患者のゆらぐ意思にも目を向けるべきと考える．福生病院側と患者・家族側の主張のどちらが事実として正しいかはポイントではなく，事実認定の問題は司法の場に委ねるとして，本書では ACP の本質論として「患者の意思確認」の問題に目を向けたい．それが本書の普遍的なテーマであり，ACP には重要な視点であると思うからである．

　事前指示・ACP の課題に関する 3 章において，日本で事前指示書の法制化が進まない要因を分析するとともに，事前指示・ACP はいかにあるべきかの見解を述べてきた．自己決定には限界があるので，患者の真の意思を汲み取るしくみ，すなわち ACP の必要性，その場合，医療措置の中止・差し控えだけではなく再開・開始の意思も汲み取る必要性についても述べた．

　本件においては透析について良く知らない医療の素人である患者が，医師からこうしたデメリットを強調した説明を受けたら，ふつうは「やめたい」となるはずで，（こうしたやりとりが実際あったと仮定して）筆者が「死の誘導」とコメントしたのはこのことからである．

　齋藤記者から筆者への取材インタビューで「ACP は医療の本質であると筆者は考えているが，やり方を一歩間違えると危ない命の切り捨てにつながる．ACP を実践する医師の立場が人工呼吸器や胃ろう等の医療措置を生きるための『治療』『生命維持』と捉えず，無益な『延命』と捉えるのなら，『死への誘導』になってしまう…」と答えた．しかし，実際の病院側の患者への治療方針と説明「見立て」が「死の誘導」であったのか，先に述べたように事実認定は困難であるため筆者には判断しがたい．

　一般的にいって，大きな負担かどうか「無益な治療」かどうか，生きたいか死にたいかの判断はあくまで患者本人にある．人の死に臨んで医師の主義主張は不要である．個人的には医師にはさいごのさいごまで生きる可能性を患者と

家族に提示してほしいと願っている．筆者は，冠木弁護士が述べるように，事前指示書やACPに「フェールセーフ」（安全装置）（冠木弁護士が表現するところの「後戻り可能な黄金の橋」）が保証されなければ危険である，と考える．このことが，ようやく最近の「福生病院の改善報告書」（2019年4月9日に東京都が『治療中止を決めるプロセスに関わる記録が不十分』であるとして，福生病院に対して行なった文書指導[7]）でも認められたのだと思われる．ここで「フェールセーフ」について少し補足したい．

　2019年6月14日の帝京大学大学院看護学科の「看護倫理」という筆者が担当する授業で，国際バイオエシックス研究センター星野一正ゼミに同席していた濱田哲郎氏（1992年当時NHK京都放送局記者で現在はNHK専門委員．上記6月14日実施「看護倫理」の外部講師）と，学生と筆者とで，「患者の意思確認」について議論になった．

　「楽にしてほしい」「苦痛を取り除いてほしい」という患者や家族の訴え・要望を，医療者の側がどう受け止めるかが議論の中心になった．つまり，福生病院の例でいうと透析を再開するのか死亡させるか，ということである．「楽にしてほしい」は，「透析を中止して鎮静薬で楽にしてほしい」（福生病院事例だと医師の判断）なのか，「透析を再開して楽にしてほしい」（同事例だと患者・本人）なのか．医師側と患者・家族側とでは「楽にする・楽にしてほしい」の受け取り方が異なり，真逆の帰結になるため，「患者の意思確認」を慎重に行なうことが重要になってくるだろう．

　当時，星野ゼミで，事前指示書やリビング・ウイルについて検討する際，患者の意識が清明ではない状態であっても，治療中止ではなく治療継続の意思を最優先させる「フェールセーフ」の重要性が，濱田氏によって指摘された．濱田氏と筆者は，星野ゼミの時代から重要視されていた，「フェールセーフ」の意義をふまえて，医師はさいごのさいごまで患者や家族に，単なる処置としての延命ではなく，生きる可能性を見出す，生の方向に向ける努力をすべきであって，「死亡させる」という選択肢を，医師が自ら進んで提示することはあり得ないと考えていた．

　患者の生きる権利を重視すべきだと考えるからである．患者の揺らぐ意思を支えるためには，意思確認のシステム，つまり「楽にしてほしい」＝「治療継

続」をACPのなかで文書化するべきである．人の死に臨んで，そこに医師の主義主張は不要である，と先にも述べたが，たとえ混乱した状態の患者であっても本人の「生きたい」という願いを，医師はさいごまで聞き届けるべきだと考える．

　「患者や家族は生死に関わる決定を求められているが，情報量の乏しい患者と比べて医師の立場は強く，患者も医師に任せたい．自己決定といいながら誘導が起きる．患者本人が死を覚悟しても，生きる可能性を見出し，それでも限界が来れば多職種で合議して，さらに患者と話すことが大切だ」（2019年7月3日付け毎日新聞「学会ガイドライン『透析せず』を選択肢に」筆者のコメント）．

「人生会議」ポスター炎上問題

　2020年度は，コロナ禍により教育方法，学会研究会でのプレゼンテーション形式も，対面からリモートへと変更したので，それに伴い対話方法も変化した．2020年度の教育方法，授業での主なテーマは，学生のコロナ前と後での「人生会議」への意識の変容，新型コロナ感染拡大に伴う「死のリアリティー」，「自殺者増加，自死問題」等である．ここでは，死生観をめぐるテーマに絞って報告する．

　2019年11月末に起きた，厚生労働省の「人生会議」ポスター炎上問題をきっかけに，「生命倫理」受講生（コロナ前とコロナ後の看護や介護などの医療職をめざす学部生および人文系学部生約300人）に以下の内容について問いかけた[8]．

　発端は，終末期にどのような医療を受けたいかを家族や医療関係者と繰り返し話し合うよう厚生労働省が啓発する「人生会議」ポスター．

　本ポスターは，ACP（アドバンス・ケア・プランニング）を普及させるために，2018年秋に公募で決められた「人生会議」愛称をテーマに作成されていた．しかし，吉本興業のお笑い芸人・小藪千豊さんが酸素チューブをつけた姿のポスターが公開されるや否や，複数の団体から「苦しい治療を受ける患者の気持ちを傷つける」，「死を連想させるデザインはナンセンス」等と改善を求める要望書が届き，翌日にはポスターの自治体への配布と掲示を取りやめ，現在はホームページからも削除されている．実際にどのようなクレームが寄せられていたのかは明らかにされていない．

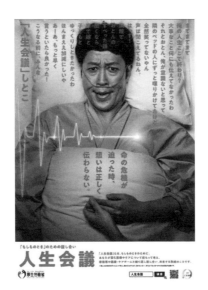

（厚生労働省ホームページより）

　廃止されたポスターの問題点はどこにあるのだろうか．筆者の 2019年コロ
ナ前の学生意識調査結果で，9割以上の学生が小藪さんポスターを支持してい
ることからインパクトのあるポスターは若い世代にも「人生会議」という言葉
を印象付けた可能性もある（読売新聞「安心の設計 ACP（人生会議）を考える ①」
2020年 4月 20日掲載）．

　「コロナ禍での家族との『人生会議』への意識」「死を通して生を考えると
は？」「どのような死に方を望むのか？」「死に対するリアリティーとは？」等
について，コロナ状況下での前期オンライン授業の受講生 300人ほどに対す
るアンケートを基に意見を求めた（300人のうち 96人がアンケートに回答）．さ
らに，筆者が NHKバリバラディレクターより受けた取材で述べたテーマをめ
ぐり，自由に語り合ってもらった．コロナになりどちらかといえば意識するよ
うになった（51％）コロナになって意識するようになった（32.3％）で 8割以上
が意識するようになったと回答．

　「人生会議」を誰としたいか，の質問では，ほとんどの学生が親と回答（83.
3％）．新型コロナ感染症末期患者を診続けた医師の死（BBCニュース）を視聴

した学生の9割以上が死のリアリティーを痛切に感じる，と回答．さらに，自由記述では，日本人特有の「臨終コンプレックス」（最期死に目に遭えなかったことを悔やむこと）について意見を求めた．

　3月末の新型コロナで亡くなった志村けんさんの遺族が，遺骨になってから初めて志村さんと対面できたという「不都合な真実」をメディアが報じてから，意識されるようになった，といわれる．…最期を看取る機会を奪われることは世界共通の悲劇であるが，突然の死をもたらす新型コロナの脅威，恐怖は私たちの死生観に何らかの影響をもたらしたのではないか…．学生の多くは「若い世代の健康な私たちがこんなにも死を身近に感じたことはない」と回答した．また，「人生会議」の意義でよくいわれるところの「死を考えることはどう生きるかを考える，生きることにつながる…」果たしてそうか？　生きることを考えるだけでも精一杯なのではないか？　という問いに対しては，「人生会議」は自分の万が一を決めておくために家族と一緒に語り合う良いきっかけにつながると多く回答していた．

　以上の結果より，コロナ禍での学生の「人生会議」に対する意識の高まりを受け，さらに今後も継続して死をイメージしにくい若い世代への働きかけの必要性があるように思われる．

「コロナ禍の人生会議」に向けて

　2020年8月30日（日）に第7回釧路生命倫理フォーラム生命倫理ワークショップ「BeforeコロナとAfterコロナで，人生会議の在り方は変わるのか」企画ワークショップで，筆者は「ACPの意識調査から『生と死』を考える」と題する発表を行なった．

　本ワークショップ[9]では，①コロナ前と後とで「人生会議」に対する学生の意識の違いについて，2020年4-7月のオンライン授業での学生アンケートから二，三紹介した．学生たちは，「今まで親とはそういった話をすることは難しかったけれど，今回のコロナ禍で意識するようになった」と回答していた．さらに「人生会議」を課題としていた．

　当日は，以下のポイントに絞って他の登壇者とフロアー全体に問いかけた．まず，「人生会議は，語る相手との物理的，精神的距離に関係するということ

であるか」について，登壇者の一人，入澤仁美氏（順天堂大学非常勤助教）に，家族・親とのコミュニケーション方法の変化，やりとりの回数について尋ねた．登壇者，フロアー（一般人，医療者も含め）いろんな立場でコロナ禍での「人生会議」への意識，モチベーションの高まりがあるかないかなどの確認を行なった．筆者は，在宅医の足立大樹氏（ホームケアクリニック横浜港南院長）とのやりとりのなかで，「ACP の議論にある『死を考えるということはどう生きるかを考える』って，なんか倒錯している……自分は生きることそのものを考えるだけで精一杯．その時，その状況にならないとわからない」と，足立氏が言われていたことが，とても印象に残っている．一般的に，「死を考えることが生を考えることにつながる」とよく口に出して言われるような気もするし，筆者もこれまで何度も口に出してきたが，筆者と足立氏とのやりとりのなかで「死に幻想を抱いている」のではないか，という話になった．「死に魅せられる人たちの心理」はいかなるものか，時期が来たら，現場の医療従事者の方々にそのあたりの意識について尋ねてみたい．

　続いて，本ワークショップでは，②筆者が 2020 年 8 月に NHK のバリバラディレクターから受けた取材のなかで，「沖永さんはどんな死に方が良いか，どんな最期を迎えたいか」と訊かれたことに言及した．筆者は「私は独りで死ぬのは嫌だ．『もしバナゲーム』カードで『家族と一緒に過ごす』『祈る』『神が共にいて平安である』のカードを手元に残したわたしです．延命についてはその時にならないとわかりませんが，現時点では延命を拒否して十分な緩和ケアをしてもらい，大切な人に看取ってもらいたい，と思っています．そばにいてもらうのは大勢でなくてよくて，大切な人，一人で良いですね……」と語った．様々な価値観・死生観（ここでの筆者の定義は，生きること死ぬことの価値観）を共有するために，まず話し合いが必要であり，そのための ACP・人生会議だと考えている．

　もうひとつの自問自答がある．死自然主義の立場からみれば，「死」そのものは根源的悪ではなく，自然なあり方である．全ての生物が進化の過程で取り入れたに過ぎない．死が悪であれば私たちの人生はどれほど恐怖に満ちたものなのか．そもそも，死はなぜ避けなければならないのか．なぜ「良い死」でなければならないのか．

人生会議の話に戻してまとめると，こういった死の自己決定，死の選択とい
う議論を誰としたいか，何をきっかけにしたいか，取りきれない痛みをどう軽
減していくか，全員で考えていくことが，コロナの時代に求められる議論だと
思われる．

　続いて，二つ目の筆者による「コロナ禍の人生会議」企画について報告したい．
　2020年12月6日（日）に「生命倫理学会公募ワークショップⅣ（2-C-4）」
で「より良い最期を迎えるための人生会議の在り方について――コロナを挟ん
で，終末期における倫理的課題及び死生観は変化するのか――」と題するワー
クショップを開催した．

　参加者は80名ほどで，全体討論では時間が足りなくなるほど活発な議論が
なされた一方で，「コロナ禍での終末期医療の倫理的課題の検討」といった本
質的な内容まで踏み込めなかったという反省もあるが，いろいろな角度から学
びを深めたことは意義深いと考える．なお，「人生会議」とACPの表記につい
ては本ワークショップでの発言者の言葉そのまま用いることにし，統一しない．

　オーガナイザーの筆者，①沖永隆子（帝京大学）は，本企画の趣旨と目的，
きっかけについて説明．本ワークショップの報告者の一人である入澤氏と，
2019年度の生命倫理学会東北大会で，厚生労働省の「人生会議」ポスターが
なぜ永久撤収になったのか議論になり，さらに2020年に入り，コロナを境に
積み残されてきた終末期医療及び死生観は変化するのか，今回は特に「人生会
議」について議論を深めたいということで，本企画に至った．②北原秀治氏
（東京女子医科大学）は社会活動・医療政策の立場から，メディアとして取り上
げにくいガン＝死というイメージ，「人生会議」の必要性，なぜ「人生会議」
の提言が必要なのかを報告した．③足立大樹氏（ホームケアクリニック横浜港南）
は，「人生会議」のもつ不確実性，「事前に・対話すること」の難しさ，ACP
への疑問について在宅医の立場から述べた．④川﨑志保理氏（順天堂大学）は
コロナ禍での医療現場，医療者が抱える困難な状況について，医療安全管理の
現場から報告した．

　⑤入澤仁美氏（兵庫医科大学，順天堂大学）は，患者の立場から，患者が医師に
話をどうやって進めてほしいか，タイミングや「してほしいこと」「してほし
くないこと」，結論としてコロナ禍であっても「人生会議」は進められること

を語った．次に，全体討論の概要を報告する．

　最初に「人生会議」の実施・経験しているかどうか参加者に挙手を求めたところ，80名中4名が挙手，自らの意志というより必要に迫られての実態が見えてきた．本企画で語りたいことの一つには，1.厚労省「人生会議」ポスター永久撤収について，がん患者団体からの反対で永久撤収になったその理由を知ること．2.「人生会議」に対する疑問の一つとして，なぜ生きることではなく死ぬことに意識を向けるのか，死ぬ（死なせる）議論の手前で生活支援の話が盛り上がらないのはなぜなのか，さらには3.「死のタブー」論は「同調圧力」と同様に日本人特有のものなのか等に対して，幾つか論点が出た．報告者の北原氏より3.に対して，政治経済の議論では「死のタブー」は日本人特有のものとして語られる傾向にあること，神道の穢れを背景にした遺体に触れることのできない日本人の特徴等，「人生会議」がなかなか日本人に受け入れられない文化的背景の説明があった．その上で「人生会議」が街中で，例えばコンビニなどで気軽に語り合える場が必要であろうと希望が語られた．「人生会議」やACPという言葉の定着・浸透性，実践について，医療現場ではどうであろうか．川﨑氏より，急性期病院では「人生会議」やACPという言葉はほとんど知られていないのに対し，在宅医の足立氏からは在宅医療介護協会では「人生会議」やACPを知らない人はいない，という違いが述べられた．川﨑氏は治療の場である急性期病院で治りにきている患者に対してACPをどう普及啓発していくか，課題があると述べられた．急性期病院ではACPという言葉すら出てこない，という現状が語られた．その一方で，足立氏はその真の意味を知っている人はどれほどいるのか，懸念せざるを得ない部分があるとACP理解への疑問を投げかけられた．本来，死の話をフォーカスする議論はACPではないはずで，生活支援を含めどんな形で生きていくのかといった議論の方が本質的であると，足立氏は語った．さらに氏は，在宅の場ではわざわざACPという言葉を出して話をすることはない，と続けられた．

　ACP活動を普及している参加者・医師から，ACPの実施時期について重要な話がなされた．ACPには1.元気な時にどういった生き方がしたいか，2.病気になった時にかかりつけ医と対話するか，（人によっては2と3が逆になる場合があるが）3.ケアが必要になった時ケア担当者及びかかりつけ医と対話

するか，4. 最終段階になった時の対話，という4つのステージがある．一般の人にいきなり4の最終段階の話をするのではなく，1あたりからの無理のない進め方が大切だと思われる．また多忙な診療の場で医療者が全て抱え込むのは負担が大きいので患者を地域包括ケアに促すなど，普及にも工夫が必要との意見が出た．足立氏は，ACPといっても広義と狭義で違いがあるのに，それらが一緒に混乱して用いられている現状にあることについて述べられた．

　終了まで10分を切ったさいごの方で本企画のきっかけともなる，「なぜACPが良いこととして語られるのか」「死のタブーというがそれは一種の見解にすぎないのであって，むしろ語られすぎたのではないか」という質問が出た．さらに「ACPの必要性を感じているのは患者というより医療者ではないか」「なぜ終末期に意思決定する必要があるのか」という非常に本質的な質問が出てきたところで，残念ながら時間がきてしまった．このあたりの議論は今後の論考の主要なテーマとして，「人生会議はパンドラの箱なのか」「生きハラとデスハラ（生と死に対するハラスメント）」という内容にもつながっていくので，引き続き論考を重ねていきたいと考える[10]．

　ところで，本書に「終末期の意思決定」と本題をつけたが，将来の終末期に意思決定が必要不可欠であるというより，その意味を共に立ち止まって考えていきたいという趣旨からでもある．さいごに，筆者が企画した以下のパネル発表の報告を通して，今後の人生会議の課題について述べたい[11]．

「決められない，決まらない，決めない」人生会議を考える──研究者・医師・患者・家族が語る（「文化時報」2021年9月20日掲載）

　在宅医や患者・家族がACPを宗教の観点から考える「コロナ禍の『人生会議』──『生と死』にどう向き合うか」のパネル発表が，2021年9月8日の日本宗教学会第80回学術大会で行なわれた．ACPにおける自己決定をめぐって議論を深めた．

　パネル発表ではまず，沖永が「『人生会議』をめぐる問題提起」と題して論点整理を行なった．死をタブー視する日本特有の価値観や「本当に実現できるか」という不安がACP実施の障壁になっていることを示した上で，「決められない，決めない」という選択への向き合い方を議論に据えた．続いて，山梨大学大学院の秋葉峻介特任助教（現在特任講師）が「人生会議は『自律的』な営

みか？」と題して発表した．「ACPは，弱い個人を前提としつつ，自律や自己決定を重んじる枠組みから脱しきれていない」と指摘し，「患者個人が『決める』のではなく，周囲の人々との関係性の中で『決まる』というプロセスに目を向けては」と問題提起した．

　これを受け，在宅医として勤務する上智大学大学院の井口真紀子医師，2019年から乳がんで闘病してきた順天堂大学の入澤仁美非常勤助教，妻をがんで亡くした経験をもつ大曲聖書バプテスト教会（秋田県大仙市）の蒔田栄牧師が，人生会議と自己決定に関する体験を語った．井口医師は2020年に在宅医18人に聞き取り調査を実施し，人生会議にまつわる語りを紹介した．そこでは「医学的な正しさは根拠となりにくい．本人の意思を尊重するだけではなく，共に探求する姿勢が必要だ」と指摘した．その上で，「人の意思ではどうにもならないことを受容し，『決まらないことも一つの答え』と受け止める必要がある」と語った．入澤助教は，自身の闘病体験から，家族や医師との人生会議の様子，新型コロナウイルス感染症拡大の影響などを紹介した．医師に家族観のＡＣＰを突然勧められたことで戸惑いを感じた経験を明かし，「限られた情報の中，家族だけで結論を出すことは難しい．医師などの第三者も交えて考えをまとめ，自分をよく知る人が代弁者となってくれることが目標」と訴えた．蒔田牧師は，妻が末期がん宣告を受けた時，聖書の言葉や祈りに救われた経験を振り返った．「何かを決められなくても，その日の営みに取り組むことに意味がある」と述べ，「決められないことを決めようとする行為が苦しみを生む．自己決定を重んじ過ぎることには危惧を感じる」と疑問を投げかけた．

　何もわからなくても決まらなくてもまとまらなくてもうまく言葉に発せなくても良いのではないか．そのような共同研究者との人生会議で一応の結論を出してきた．課題は山積していると痛感するなか，先述の医哲Caféのようなこれまでの学会活動イベントの場で，「決められない，決まらない」人生会議についての報告を行っていたら，参加者より「何も決まらなくても良いときいて安心した」と感想をいただき，ひとまず安堵している．この拙書での問いかけが読者の皆様に何らかの示唆をお届けすることができて，お一人おひとりの人生会議のきっかけになれば幸いである．

註

1) 調査には ACP に関心ある人たちが集まったという「限界」があるが，逆にいえば，ACP に関心のある人たちでさえ，ACP 実施に対する違和感や，取り消しができない等の誤解があったという点から，ACP に関心のない人たちはなおさら ACP 実施に対する違和感や誤解をもっているということが推測できよう.

2) 横江由理子・西川満則・中島一光（2013）「一般病棟看護師・緩和ケア認定看護師　高齢者の終末期ケアとエンド・オブ・ライフ・ケアチーム」『内科（特集　最後までよい人生を支えるには──多死時代の終末期医療』Vol.112　No.6，1246 頁.

3) カール・ベッカー，清家理，江頭真理子，沖永隆子，金田伊代（2016）「ACP 事前要望書の倫理的支援研究」[平成 27 年度教員提案型連携研究プロジェクト] 終末期に対する早期支援『きずな形成』領域，京都大学こころの未来研究センター報告書，2016 年 3 月.

4) カール・ベッカー（2018）「研究プロジェクト　終末期に対する早期支援」『こころの未来』vol.19，53 頁.

5) 沖永隆子「公立福生病院の透析中止問題から考える『患者の意思確認』」帝京大学　学修・研究支援センター論集 Vo.11　2020 年，45-58 頁.「医哲 Café　日本医学哲学・倫理学会　国内学術交流委員会主催　テーマ：公立福生病院の透析中止問題を考える」,「第 38 回日本医学哲学・倫理学会大会　プログラム・予稿集」2019 年，18 頁.
日時：2019 年 11 月 10 日（日）12 時 10 分〜 13 時 40 分ランチョンセッション　場所：奈良県立医科大学　B 会場（看護・第 2 合同講義室）
司会：沖永隆子（国内学術交流委員長・帝京大学）話題提供：足立大樹（ホームケアクリニック横浜港南院長）・濱田哲郎（元 NHK 社会部記者，現 NHK 専門委員）・斎藤義彦（当時毎日新聞社記者）

6) 「厚労省『人生会議』ポスター炎上問題でシンポジウム開催　反対派と容認派が ACP を語る」『週刊金曜日』（2020 年 2 月）.　生命・医療倫理研究会シンポジウム「厚労省ポスター炎上問題から考えるアドバンス・ケア・プランニング」2019 年 12 月 27 日, 東海大学高輪キャンパス, 長尾武子（北里大学）, 三浦靖彦（東京慈恵会医科大学附属柏病院）, 竹下啓（東海大学）, 沖永隆子（帝京大学）, 臼井貴紀（Habbit 株式会社）.

7) 「透析治療中止が問いかけること」（時論公論）解説アーカイブス NHK 解説委員室 2019 年 4 月 9 日 https://www.nhk.or.jp/kaisetsu-blog/100/317988.html

8) オンラインによる 2020 年度宗教学会駒澤大学大会の個人発表で報告（『宗教研究』94 巻別冊〈2021 年〉178-179 頁）.

9) 釧路・生命倫理ワークショップ「Before コロナと After コロナで，人生会議の在り方は変わるのか」企画・司会：入澤仁美（当時兵庫医科大学先端医学研究所非常勤講師）(1)「ACP の意識調査から死生観を考える」沖永隆子（当時帝京大学共通教育センター准教授）(2)「ジェロントロジー哲学温故知新」髙橋亮（仙台大学体育学部健康福祉学科教授）(3)「ナラティブから見る当事者性〜メディカルカフェ Le Moi の活動を通じて」入澤仁美（兵庫医科大学先端医学研究所非常勤講師）コメンテーター：村岡潔（西本願寺あそか診療所所長，岡山商科大学客員教授）

10) 2021 年度の活動として以下のオンラインイベントがある．日本宗教学会第 80 回学術大会オンラインパネル発表「コロナ禍の人生会議──『生と死』にどう向き合うか」（企画者：沖永隆子,

登壇者：秋葉峻介，井口真紀子，入澤仁美，蒔田栄 2021 年 9 月 8 日（水）開催．沖永隆子「コロナ禍の『人生会議』──『生と死』にどう向き合うか──」『宗教研究』95 巻別冊（2022 年）79-86 頁掲載）．

日本医学哲学・倫理学会第 40 回学術大会（横浜市大）医哲カフェ「コロナ禍の ACP」（企画者：沖永隆子，登壇者：新屋洋平〈医療法人沖縄徳洲会　中部徳洲会病院在宅・緩和ケア科〉，足立大樹〈ホームケアクリニック横浜港南〉，山本史華〈東京都市大学〉，堂囿俊彦〈静岡大学〉．「患者協働の医療を推進する会」（AMCOP）

「いまこそ，患者協働の医療の実現を　ACP（人生会議）を考えるオンラインイベント」2021 年 11 月 7 日　http://amcop2021.peatix.com/　三浦靖彦「アドバンス・ケア・プランニング（ACP）とは？」　沖永隆子「決められない，決まらない ACP──ACP 意識調査・活動報告から考える」

11)　沖永隆子（2022）「『生と死』にどう向き合うか──リベラルアーツ教育に向けた実践報告」『帝京大学共通教育センター論集』Vol.13，77-100．「さいごに──Ask Seek Nock」「求めなさい，探しなさい，門をたたきなさい」（ルカによる福音書 11 章 5-13 節）95-96 頁．

あとがき

　本書の上梓にあたり，多くの関係者には心から感謝を申し上げたい．

　本書執筆のきっかけとなったのは，冒頭でも紹介した，国際バイオエシックスゼミナール，星野一正京都大学名誉教授（生命倫理学会初代会長），そして，母校である京都大学大学院人間・環境学研究科修士課程，および博士課程において，指導教員として25年以上の長きにわたって熱心にご指導くださったカール・ベッカー教授のおかげである．

　ベッカー教授が退官された後，博士論文の主査として，社会情報学がご専門の吉田純教授に引き継いでご指導を賜った．

　吉田純教授には社会学の視点から，また，統計分析の基礎から応用的な指導に至るまでの実質的指導をいただいた．副査の永田素彦教授，柴田悠准教授には公聴会審査の折に貴重なアドバイスを頂戴し，拙論を磨いていただき深く感謝申し上げたい．

　実父の看取りや3人の育児との両立等，家庭の事情でさまざまな困難を余儀なくされてきたが，京都大学の関係者である恩師をはじめ，敬愛する研究者友人，関係者の方々のおかげで不撓不屈の精神で乗り越えることができた．私自身がベッカー研究室や吉田研究室に身をおく中で，先輩，同級生，後輩には30回以上を超えるゼミ発表の場で活発な意見交換をし，時には厳しい修行道場のような環境に置かれる経験が，人生のなかで何ものにも代えがたい貴重な財産となった．

　京都大学大学院在籍時代には加藤尚武京都大学名誉教授（公立鳥取環境大学名誉学長／初代学長）には応用倫理学の見地から計り知れない恩恵を，さらには，医事法の見地から，塚田敬義教授（岐阜大学医学系研究科教授）より学恩を賜った．

　当時，国際日本文化研究所はじめ各種の学会研究会を通じて大変お世話になった．現在，早稲田大学教授の森岡正博氏，以前の職場の国立医療・病院管理研究所医療政策研究部（厚生労働省国立保健医療科学院）部長・外科医の長谷川敏彦氏（日本医科大学医療管理学主任教授を経て，2014年に未来医療研究機構

を設立，代表理事）には，終末期医療の医療政策研究班にて多大なご指導を賜った．また，国立研究開発法人国立成育医療研究センター 生命倫理研究室長の掛江直子氏には筆者が非常勤の協力研究者として大変お世話になった．

　学会関係者では，大林雅之東洋英和女学院大学特任教授（元日本生命倫理学会代表理事会会長科学史・科学哲学），聖路加国際大学大学院看護学研究科教授の鶴若麻理氏には，ACP 研究会活動を通じていまも日々ご指導いただいている．清水哲郎氏（岩手保健医療大学学長），会田薫子氏（東京大学大学院人文社会系研究科死生学・応用倫理センター上廣死生学・応用倫理講座特任教授）には各種の学会・研究会を通じてご教示いただいた．「生命・医療倫理研究会」の三浦靖彦氏（東京慈恵会医科大学附属柏病院総合診療部長・教授），竹下啓氏（東海大学医学部基盤診療学系医療倫理学領域教授），堂囿俊彦氏（静岡大学学術院人文社会科学領域教授），長尾式子氏（北里大学看護学部准教授）には ACP 企画でお世話になった．

　学会・研究会の企画イベントを通して多くの示唆をいただいた，足立大樹氏（ホームケアクリニック横浜港南院長・在宅医），齋藤義彦氏（茨城大学人文社会科学部准教授・元毎日新聞記者），山本史華氏（東京都市大学共通教育部人文・社会科学系教授），竹之内裕文氏（静岡大学農学部教授），北原秀治氏（東京女子医科大学先端生命医科学研究所特任准教授），川﨑志保理氏（順天堂大学医学部心臓血管外科学・病院管理学准教授），髙橋亮氏（仙台大学体育学部健康福祉学科教授），村岡潔氏（西本願寺あそか診療所所長・岡山商科大学客員教授），井口真紀子氏（上智大学・在宅医），秋葉峻介氏（山梨大学医学部特任講師），蒔田栄氏（大曲聖書バプテスト教会牧師）には感謝申し上げる．そして，2022 年 1 月 15 日に旅立たれた入澤仁美氏（順天堂大学病院管理学非常勤助教）に心からの感謝を申し上げ，ご冥福をお祈りしたい．

　また，生きる権利や死ぬ権利，安楽死研究で深く学びの機会をいただいた，国際ジャーナリストの宮下洋一氏，細田満和子氏（星槎大学教授・元副学長），宿野部武志氏（一般社団法人ピーペック代表理事），杉原正子氏（東京医療センターメンタルケア科医師，慶應義塾大学精神・神経科学教室助教）に深謝したい．

　さらに，国際バイオエシックス星野一正ゼミに自主勉強を兼ねて取材に来られていた 1992 年当時 NHK 京都放送局記者（現在は NHK 専門委員）の濱田哲

郎氏には，4年前に再会して以来，学会企画イベントをはじめ本務校での授業
に外部講師として協力いただいている．

　本書の上梓にご協力いただいた，晃洋書房編集部の井上芳郎氏と，紹介者の
玉田龍太朗氏に心より謝辞を申し上げたい．そして，さいごに，陰ながら私の
研究を応援し万事にわたり支えてくれた夫，冲永宜司と子供たちに感謝を伝え
たい．

2022 年 2 月 6 日

冲永隆子

「人の心には多くの計画がある．しかし主のはかりごとだけが成る」箴言 19:21

参考文献

【欧文文献】

Aita, K. & Kai, I. (2006) Withdrawal of care in Japan. *Lancet*. 368: 12-14.

Advance Care Planning: A Guide for Health and Social Care Staff. National End of Life Care Programme, http://www.ncpc.org.uk/sites/default/files/ AdvanceCarePlanning.pdf. Accessed August 18, 2015.

Akabayashi, A. (2002) Euthanasia, assisted suicide, and cessation of life support: Japan's policy, law, and an analysis of whistle blowing in two recent mercy killing cases. *Soc Sci Med*. 55: 517-527.

Angell, M. (1991) The Case of Helga Wanglie——"A New Kind of Right to Die Case." *The New England Journal of Medicine*. 325: 511-512.

Asai, A., Maekawa, M., Akiguchi. I., et al. (1999) Survey of Japanese Physicians' attitudes towards the care of adult patients in persistent vegetative state. *J Med Ethics*. 25: 302-308.

Beecher, H.K. (1966) Ethics and Clinical Research. *New England Journal of Medicine*. 274(24): 1354-1360.

Beauchamp, T.L. & Childress, J.F. (1989) *Principles of Biomedical Ethics*, 3rd ed., New York: Oxford University Press.（トム・L・ビーチャム, ジェイムズ・F・チルドレス著（1997）, 永安幸正・立木教夫監訳『生命医学倫理』成文堂）

Becker, Carl B. (1990) Buddhist views of suicide and euthanasia. *Philosophy East & West*. 40 (4): 543-556.

Berlinger, Nancy, Jennings, Bruce, Wolf, Susan M. (2013) *The Hasting Center guidelines for decisions on life-sustaining treatment and care near the end of life*, 2nd ed., New York: Oxford University Press.（Nancy Berlinger, Bruce Jennings, Susan M. Wolf 著（2016）, 前田正一監訳, 井上悠輔・及川正範・上白木悦子・中澤英輔・旗手俊彦・横野恵翻訳『ヘイスティング・センターガイドライン　生命維持治療と終末期ケアに関する方針決定』金芳堂）

Bernard Lo, 2000, Resolving Ethical Dilemmas: A guide for Clinicians. 2nd ed, Lippincott Williams and Wilkins, Philadelphia.

Bischoff, Kara E., Rebecca Sudore, Yinghui Miao, Walter John Boscardin & Alexander K. Smith. (2013) Advance Care Planning and the quality of end-of-life care in older adults. *JAGS*. 61.2: 209-214.

Bito, Seiji., Wenger, Neil S. Ohki, Momoyo, Fukuhara, Shunichi. (2001) Japanese Attitudes toward Advance Care Planning for End-of-Life Decisions. *General Medicine* 2(1): 3-10.

Bhavsar, Ayesha Rachel. (2012) Respecting human dignity: An essential principle of bioethics? Diss. Michigan State University.

Capron, A.M. (1991) "In re Helga Wangle." *Hastings Center Report.* 21(5): 26-29.

Cranford, R.E. (1991) "Helga Wangle's ventilator." *Hastings Center Report.* 21(4): 23-25.

Detering, K.M., Hancock A.D., Reade M.C., et al. (2010) The impact of advance care planning on end of life care in elderly patients, a randomised controlled trial. *BMJ* 340: c1345.

Engelhardt, J.B., McClive-Reed, K.P., Toseland RW, et al (2006) Effects of a program for coordinated care of advanced illness on patients, surrogates, and healthcare costs: a randomized trial., *Am J Manag Care*, 12(2): 93-100.

Elwyn G, Frosch D, Barry M, et al. (2012) Shared decision making; a model for clinical practice. *J Gen Intern Med* 27: 1361-1367.

Fischer, Stacy M., Sauaia, Angela, Min, Sung-Joon. (2012) Advance directive discussions: Lost in translation or lost opportunities? *Journal of Palliative Medicine.* 15(1): 86-92.

Gates, M., Schins I., Sullivan A. (1996) Applying advanced directives: Study of advance directives for life-sustaining care. *Home Health Care Nurse.* 14: 127-133.

Green, Michael J., Levi, Benjamin H. (2011) Teaching Advance Care Planning to medical students with a computer-based decision aid. *Journal of Cancer Education.* 26.1: 82-91.

Hattori, Toshiko. (2004) The ethical issues of Advance Directives in the U.S. *Annals of the Japanese Association for Philosophical and Ethical Researches of Medicine.* 22: 27-35.

Hamayoshi, Miho. (2014) "Effect of an Education Program to Promote Advance Directive Completion in Local Residents: 地方在宅者における事前指示書の作成を促進するための教育プログラムの効果" 15(2), 91-99.

Hattori, Toshiko. (2006) End-of-life care and advance directives in Japan. Diss. Osaka University.

Kawasaki, A Matsushima, M., et al. (2015) Recognition of and intent to use gastrostomy or ventilator treatments in older patients with advanced dementia: Differences between laypeople and healthcare professionals in Japan. *GERIATRICS & GERONTOLOGY INTERNATIONAL.* 15(3): 318-325.

Hawkins, Nikki Ayers, et al., (2005) "Micromanaging Death: Process Preferences, Values, and Goals in End-of-Life Medical Decision Making." *Gerontologist.* 45(1): 107-117.

Kumar, C.T., Sudhir, Kuriakose, Jacob, Roy. (2013) End-of-life care issues in advanced dementia. *Mental Health in Family Medicine*. 10.3: 129-132.

Kutner, Luis., (1969) "Due Process of Euthanasia: The Living Will, A Proposal". *Indiana Law Journal*. 44: 549.

Kwak, Jung, Wallendal, Maggie S., Fritsch, Thomas, et al. (2014) Advance Care Planning and proxy decision making for patients with advanced Parkinson disease. *Southern Medical Journal*. 107.3: 178-185.

Levi, Benjamin H., Steven R., Heverley, and Michael J. Green, (2011) Accuracy of a decision aid for advance care planning: Simulated end-of-life decision making. *The Journal of Clinical Ethics*. 22.3: 223-238.

Mack, J.W., Oronin, A., Keating, N.L., et al. (2010) Associations between end-of-life discussions characteristics and care received near death: A prospective cohort study. *J Clin Oncol*. 30: 4387-4395.

Morrison, R.S., Meier, D.E. (2004) High rates of advance care planning in New York City's elderly population, *Arch Intern Med,* 164(22), 2421-2426.

Miles, S.H., Koepp, R., Weber, E.P. (1996) Advance end-of-life treatment planning: A research review. *Arch. Intern. Med*. 156: 1062-1068.

Nagae, Hiroko, Ikemoto, Noriko, Katayama, Yoko. (2014) Evalution of training for fostering end-of-life-care facilitators (eolf) that practice Advance Care Planning (ACP) in Japan. *The Business & Management Review*. 4(4): 173-174.

Nakazawa, K., Kizawa, Y., et al. (2005) Palliative Care Physicians' Practices and Attitudes Regarding Advance Care Planning in Palliative Care Units in Japan: A Nationwide Survey. *AMERICAN JOURNAL OF HOSPICE & PALLIATIVE MEDICINE*. 165(17): 1970-1975.

National Health Service (2010) Planning for Future Care: A Guide.

O'Connor, A. M., Wenberg J.E., Legare F., et al. (2007) Toward the 'tipping point': Decision aids and informed patient choice. *Health Aff*. 26: 716-725.

O'Connor, A.M., Jacobsen, M.J. Decisional conflict: Supporting people experiencing uncertainty about options affecting their health, 2007. https://decisionaid.ohri.ca/ODST/pdfs/DC_Reading.pdf.

Okinaga, Takako. (2015) Bioethics for Decision Support on Terminal Care. *Teikyo Journal of Center for Fundamental Education*. 6: 39-55.

Okinaga, Takako. (2015) Bioethics for Decision Support on End-of-Life Care. XXI World Congress International Association History of Religion, 25 August 2015, Erfurt University, Germany (http://www.iahr2015.org/iahr/3107.

html).

Okinaga, Takako. (2016) Bioethics for Decision Support on End-of-Life Care in Japan. *Teikyo Journal of Center for Fundamental Education.* 7: 27-37.

POLST (Physicians Order for Life Sustaining Treatment) web site: California POLST form〔http://capolst.org/polst-for-healthcare-providers/forms/〕 Accessed August 20, 2016.

Stone, Louisa, Kinley, Julie, Hockley, Jo. (2013) Advance Care Planning in care homes: The experience of staff, esidents, and family. *International Journal of Palliative Nursing*, 19(11): 550-557.

The SUPPORT principal investigators. (1995) A controlled trial to improve care for seriously ill hospitalized patients. *JAMA.* 274: 1591-1598.

WHO Definition of Palliative Care. Geneva Switzerland: World Health Organization, 2002. http://www.who.int/cancer/palliative/definition/en/ Accessed August 18, 2015.

Wilkinson, Anne et al., *Literature Review on Advance Directives* (US Department of Health and Human Services: Office of the Assistant Secretary for Planning and Evaluation, 2007), 14.http://aspe.hhs.gov/daltcp/reports/2007/advdirlr.pdf. Accessed August 20, 2018.

Wright, A.A., Zhang, B., Ray, A. et al. (2008) Associations between end-of-life discussions, patient medical health, medical care near death, and caregiver bereavement adjustment. *JAMA.* 300: 1666-1673.

Yamaguchi, Y., Mori, H., Ishii, M., Okamoto, S., Yamaguchi, K., Ishijima, S., Ogawa, S., Ouchi, Y., Akishima, M. (2016) Interview and questionnaire-based surveys on elderly patients' wishes about artificial nutrition and hydration during end-of-life care. *GERIATRICS & GERONTOLOGY INTERNATIONAL.* 16(11): 1204-1210.

【邦文文献】

会田薫子 (2011)『延命医療と臨床現場――人工呼吸器と胃ろうの医療倫理学』東京大学出版会.

会田薫子 (2013)「医療倫理の立場から（終末期の意思決定を支えるには――それぞれの立場から）」（特集　最後までよい人生を支えるには――多死時代の終末期医療），『内科』，112巻，6号，1357-1361頁.

会田薫子 (2015)「医療倫理の視点から考える」，増田寛也＋日本創成会議編『高齢者の終末期医療を考える』生産性出版，14-19頁.

会田薫子 (2017)「意思決定を支援する――共同決定と ACP」，清水哲郎・会田薫子編『医

療・介護のための死生学入門』東京大学出版会，75-111頁．

会田薫子（2019）「人生の最終段階の医療とケア　ガイドラインの意味」，東京保険医協会「シンポジウム　人生の最終ガイドラインを考える」（2019年1月19日）パンフレット，12頁

赤林朗・大井玄（1995）「医療・看護実践および教育の場における"クリニカル・エシックス"の役割」，『生命倫理』，5巻，1号，55-59頁．

赤林朗・甲斐一郎・伊藤克人・津久井要（1997）「アドバンス・ディレクティブ（事前指示）の日本社会における適用可能性── 一般健常人に対するアンケート調査からの考察」，『生命倫理』，7巻，1号，31-40頁．

赤林朗編『入門・医療倫理Ⅰ』勁草書房，2005年．

赤林朗編『入門・医療倫理Ⅱ』勁草書房，2007年．

赤林朗（2010）「生命・医療倫理学とは」，東京大学医学系研究科医療倫理学分野「夏期集中　生命・医療倫理学入門コース」（資料集），5-11頁．

浅井篤・福井次矢（1997）「倫理的ジレンマと意思決定に関する考察」，『生命倫理』，7巻，1号，103-108頁．

朝日新聞（2012）「終末期医療の意思尊重についての法案骨子」3月23日朝刊．

足立智孝（2004）「医療専門職の倫理──専門職倫理綱領を手がかりとして」，モラロジー研究所編『モラロジー研究』，54号，2004-09，1-36頁．

足立智孝・鶴若麻理（2015）「アドバンス・ケア・プランニングに関する一考察──米国のアドバンス・ディレクティヴに関する取組みを通して──」，『生命倫理』，Vol.25，No.1，69-77頁．

阿部泰之（2012）「医療における意思決定支援のプロセスとその実際（特集　「もしも…」のことをあらかじめ話し合おう！──アドバンス・ケア・プランニングの実践──）」，『緩和ケア』，Vol.22，No.5，416-419頁．

阿部泰之（2013）「緩和ケアの本質とは──歴史から意思決定まで」，『旭川医科大学研究フォーラム』，14巻，19-25頁．

阿部泰之（2015）「アドバンス・ケア・プランニング──現在までの知見とこれからの方向性（特集　現場で活用できる意思決定支援のわざ）」，『緩和ケア』，Vol.25，No.3，178-182頁．

天本宏（2002）「高齢者の医療供給体制はどうあるべきか2（座談会）」，『病院』，61巻，819-823頁．

アリシア・ウーレット著，安藤泰至・児玉真美共訳（2014）『生命倫理学と障害学の対話──障害者を排除しない生命倫理へ』生活書院．

有田健一（2011）「終末期の事前指示をめぐる現状と今後の課題」，『日本呼吸ケア・リハビリテーション学会誌』，21巻，2号，110-117頁．

有田健一（2014）「終末期の医療選択と倫理的諸問題」，『日本呼吸ケア・リハビリテーショ

ン学会誌』，24巻，2号，167-174頁．

井形昭弘 (2012)「我が国における尊厳死運動──日本尊厳死協会の立場から」，甲斐克則・谷田憲俊責任編集，シリーズ生命倫理学編集委員会編『シリーズ生命倫理学5　安楽死・尊厳死』丸善出版，85-105頁

池上直己 (2017)「終末期医療の類型と国民に対する意識調査の結果」，『日本在宅医学会雑誌』，18巻，2号，231-234頁．

池上直己・油谷由美子・石井剛ほか (2002)「要介護高齢者の終末期における医療に関する研究報告書」，『医療経済研究機構』．

石飛幸三 (2012)『「平穏死」という選択』(新書 062) 幻冬舎ルネッサンス．

石飛幸三 (2013)『平穏死のすすめ』講談社文庫．

石川孝子・福井小紀子・岡本有子 (2017)「訪問看護師による終末期がん患者へのアドバンスケアプランニングと希望死亡場所での死亡の実現との関連」，『日本看護科学会誌』，37巻，123-131頁．

板井孝壱郎 (2010)「いかにして患者の意思を『推定する』のか？──事前指示と『解釈プロセス』」，『医学哲学　医学倫理』，28号，109-113頁．

板井孝壱郎 (2013)「事前指示について（終末期の意思決定を支えるには ──advance care planning〈ACP〉，事前指示)」，『内科』，112巻，6号，1373-1376頁．

板井孝壱郎 (2017)「事前指示 (Advance Directives) にまつわる問題」，『日本在宅医学会雑誌』，18巻，2号，193-196頁．

伊藤博明・中島孝・板井孝壱郎・伊藤道哉・今井治志 (2009)「事前指示の原則をめぐって ── 事前指示の誤解・曲解を避けるために」，『癌と化学療法』，No.36(Supp1)，66-68頁．

岩尾總一郎 (2013)「尊厳死のあり方　リビングウィルの法制化」，『病院』，72巻，4号，270-274頁．

宇都宮宏子 (2015)「最期まで自分らしく"生ききる"ことを支える」，『看護管理』(特集　最期まであなたらしく生きることを支えるアドバンス・ケア・プランニング)，Vol.25，No.1，10-18頁．

植村和正 (2015)「アドバンス・ディレクティブとリビング・ウィル (総論)」，『日本老年医学会雑誌』(特集　Advance directive と living will の特集に寄せて)，Vol.52，No.3，207-210頁．

NHK 国際調査 (「社会や政治に関する世論調査〜 ISSP 国際比較調査 2012年 11月 -12 月」，『放送研究と調査』，APRIL2013，44-58頁．

大井玄 (2015)『呆けたカントに「理性」はあるか』新潮社．

大内尉義 (2003)「末期医療の事前指示と延命医療（生命倫理ケーススタディ (5) 末期医療の在り方──延命治療に関する判断枠組み)」ジュリスト，1251号，99-101頁．

大島伸一 (2015)「長寿社会における医療のあり方」，増田寛也＋日本創成会議編『高齢者

の終末期医療を考える――長寿時代の看取り』生産性出版，8-13頁.

大関令奈 (2012)「アドバンス・ケア・プランニングとは何か？（特集　「もしも…」のことをあらかじめ話し合おう！――アドバンス・ケア・プランニングの実践――）」，『緩和ケア』，Vol. 22，No. 5，404-406頁.

大関令奈 (2015)「さまざまな意思決定支援の場面③代理意思決定者が決まらない時」，『緩和ケア』，Vol. 25，No. 3，197-201頁.

大谷いづみ (2006)「『尊厳死』言説の誕生」立命館大学大学院先端総合学術研究科　博士学位論文.

大谷いづみ (2009)「『尊厳ある死』を望むこと」，『福音と世界』，44-45頁.

大西基喜 (2012)「人工呼吸器外し」，浅井篤・高橋隆雄責任編集，シリーズ生命倫理学編集委員会編『シリーズ生命倫理学 13　臨床倫理』丸善出版，196頁.

大平久美 (2013)「終末期がん患者の療養場所の選択における自己決定」博士論文, 熊本県立大学.

岡村世里奈 (2013)「事前指示をめぐる世界の状況と日本」，『病院』，72巻，4号，281-285頁.

岡本美代子・島田広美・齋藤尚子 (2017)「都市と地方における高齢者の死生観と終活の現状」，『医療看護研究』，13巻，2号，62-69頁.

小笠原信之 (2003)『プロブレム Q&A　許されるのか？――安楽死・尊厳死・慈悲殺』緑風出版.

沖永隆子 (1999)「ターミナル・ケアの確立過程に基づく精神的援助の在り方――二つの緩和ケア病棟の事例を中心に――」京都大学大学院人間・環境学研究科 修士論文.

沖永（中村）隆子 (2000)「患者のこころを支えるために――ホスピスとビハーラにおける宗教的援助の試み」，カール・ベッカー編『生と死のケアを考える』法藏館，247-271頁.

沖永（中村）隆子 (2003)「末期がん患者への宗教的アプローチによるスピリチュアル・ケアの可能性」，『ホスピスケアと在宅ケア』，11巻，3号（通巻 29 号），日本ホスピス・在宅ケア研究会，304-308頁.

沖永隆子 (2004)「『安楽死』問題にみられる日本人の死生観――自己決定権をめぐる一考察」，帝京大学短期大学編『帝京大学短期大学紀要』，24号，69-95頁.

沖永隆子 (2004)「末期がん患者に対するスピリチュアル・ケアの現状と課題」，日本医学哲学・倫理学会関東支部『医学哲学と倫理』，2号，1-4頁.

沖永隆子 (2004)「スピリチュアル・ケアの可能性　ホスピスとビハーラにおけるケアの事例（特集　死の現在）」，国際宗教研究所編『現代宗教 2004』東京堂出版，69-92頁.

沖永隆子 (2005)「終末期医療と生命倫理」，林謙治編　平成 16 年度厚生労働科学特別研究事業報告書『終末期医療における望ましい医療の内容に関するガイドラインの策

定に関する研究』，63-84頁.

沖永隆子 (2005)「スピリチュアル・ケア──末期がん患者へのこころのケア──（特集 臨床倫理の現在）」，『理想 (675)』理想社，70-82頁.

沖永隆子 (2007)「バイオエシックスと死生ケア教育の可能性──死の看取り・ターミナル・ケアを中心に（特集 宗教教育の地平）」，国際宗教研究所編『現代宗教 2007』秋山書店，277-299頁.

沖永隆子 (2009)「バイオエシックスにおける『生と死の教育』の可能性 自己決定権と人間の尊厳の対立から」，日本医学哲学・倫理学会関東支部『医学哲学と倫理』，6号，60-65頁.

沖永隆子 (2010)「患者の権利章典」「ニュールンベルク綱領」「ヘルシンキ宣言」，松島哲久・盛永審一郎編『薬学生のための医療倫理』丸善出版，24-25頁，58-61頁，136-137頁.

沖永隆子 (2012)「患者の権利章典」「尊厳死・安楽死」「世界における安楽死・尊厳死に関する法律」「緩和（医療）ケア」「患者の意思表示（事前指示）」「死ぬ権利」，盛永審一郎・長島隆編『看護学生のための医療倫理』丸善出版，32-33頁，168-169頁，170-171頁，172-173頁，176-177頁，178-179頁.

沖永隆子 (2013) Possibilities in "Education for Life and Death" in Bioethics.『帝京大学総合教育センター論集』，4号，99-117頁.

沖永隆子 (2014)「『いのち』をめぐるバイオエシックス──痛みの隠蔽に抗うために（特集 生命倫理の問い）」，『宗教哲学研究』，31号，31-47頁.

沖永隆子 (2015)「終末期の意思決定支援に向けてのバイオエシックス」，『帝京大学総合教育センター論集』，6号，39-55頁.

沖永隆子 (2015)「生命倫理理論」，塚田敬義・前田和彦編『生命倫理・医事法』医療科学社，15-33頁.

沖永隆子 (2016) Bioethics for Support on End-of-Life Care in Japan.『帝京大学総合教育センター論集』，Vo.7，27-37頁.

沖永隆子 (2017)「人生の最期をどう支えるか──日本のアドバンスケアプランニングの普及をめざして──」，『帝京大学総合教育センター論集』，8号，23-37頁.

沖永隆子 (2017)「人生の終焉をどう支えるか──患者と家族の終末期の希望を実現させるための ACP（事前ケア計画）意識調査から──」，小山千加代編『サイエンスとアートとして考える生と死のケア──第21回日本臨床死生学大会の記録──』(有) エム・シー・ミューズ，85-100頁

沖永隆子 (2018)「日本の事前指示をめぐる諸問題」，『帝京大学 学修・研究支援センター論集』，9号，19-29頁.

沖永隆子 (2018)「いのちと向き合うケア」，『宗教研究』，91巻別冊（第76回学術大会紀要特集），456-457頁.

沖永隆子（2019）「日本の事前指示／ACP に関する文献調査」，『帝京大学　学修・研究支援センター論集』，10号，85-95頁.

沖永隆子（2020）「公立福生病院の透析中止問題から考える『患者の意思確認』」，『帝京大学　学修・研究支援センター論集』，11号，45-58頁.

沖永隆子（2021）「学生と共に考える『コロナ時代の生命倫理』──リベラルアーツ教育に向けた実践報告」，『帝京大学共通教育センター論集』，12号，53-75頁.

沖永隆子（2021）「学生と共に考える『コロナ時代の生命倫理』」，『宗教研究』，94巻別冊（第79回学術大会紀要特集），178-179頁.

沖永隆子（2022）「『生と死』にどう向き合うか──リベラルアーツ教育に向けた実践報告」，『帝京大学共通教育センター論集』，13号，77-100頁.

荻野美恵子（2013）「Editorial　現代における終末期医療とは」，『内科』，112巻，6号，1071-1074頁.

小田利勝（2007）『ウルトラ・ビギナーのための SPSS による統計解析入門』プレアデス出版.

小野康博（1972）「自殺観と自己犠牲」，宗教思想研究会『日本人の死生観』大蔵出版.

カール・ベッカー（1989）「日本人の死にざま」，『仏教──特集＝死をみつめる』法藏館.

カール・ベッカー（1991）「往生──日本の来世観と尊厳死の倫理」，国際日本文化研究センター編『第2回日文研フォーラム』.

カール・ベッカー，柏木哲夫ほか（1995）『潔く死ぬために：〈臨死学〉入門』春秋社.

カール・ベッカー（1997）「日本人の心を考慮したケア改善を目指して（〈特集〉日本人の心身観と医療）」，『医学哲学医学倫理』，15号，137-143頁.

カール・ベッカー（2004）「たましいのゆくえ──日本人の生き方と死に方の道──」，『人間関係研究』，3号，247-275頁.

カール・ベッカー（2006）「日本社会と死生学の役割　次世代のための死生学教育」，次世代死生学論集編集委員会編『次世代死生学論集』，東京大学21世紀 COE プログラム「生命の文化・価値をめぐる『死生学』の構築」，13-31頁.

カール・ベッカー（2009）「SOC の現状とスピリチュアル教育の意味」，カール・ベッカー，弓山達也編『いのち教育スピリチュアリティ』大正大学出版会，101-138頁.

カール・ベッカー（2011）「第七十七回仏教文化講演会記録『日本人の死生観と超越』（創設五十周年記念特集号）」，仏教文化研究所編『龍谷大学仏教文化研究所紀要』，50巻，98-122頁.

カール・ベッカー（2013）「日本人の死生観と癒し（市民公開講座　第23回日本精神保健看護学会学術集会）」，『日本精神保健看護学会誌』，22巻，2号，109-116頁.

カール・ベッカー（2014）「日本人の死との関わり」，『教化研究』，131-150頁.

カール・ベッカー・清家理・江頭真理子・沖永隆子・金田伊代（2016）「ACP 事前要望書の倫理的支援研究」〔平成27年度教員提案型連携研究プロジェクト〕終末期に対

する早期支援（『きずな形成』領域），京都大学こころの未来研究センター報告書，2016年3月.

カール・ベッカー（2018）「研究プロジェクト　終末期に対する早期支援」，『こころの未来』，Vol.19，53頁.

甲斐克則（2003）『安楽死と刑法』成文堂.

甲斐克則（2004）『尊厳死と刑法』成文堂.

甲斐克則（2008）「終末期医療における病者の自己決定の意義と法的限界」，飯田亘之・甲斐克則編『生命倫理コロッキウム　終末期医療と生命倫理』太陽出版，13-67頁.

甲斐克則編（2010）『レクチャー生命倫理と法』法律文化社.

甲斐克則（2012）「日本における人工延命措置の差控え・中止（尊厳死）」，甲斐克則・谷田憲俊責任編集，シリーズ生命倫理学編集委員会編『シリーズ生命倫理学5　安楽死・尊厳死』丸善出版，127-148頁.

香川知晶 (2004)「医学実験と倫理委員会制度」，桑子敏雄編『いのちの倫理学』コロナ社，71-96頁.

香川知晶（2010）『メタバイオエシックスの構築へ　生命倫理を問い直す』NTT出版.

掛江直子（2002）「バイオエシックス」，『生命倫理事典』太陽出版，515頁.

笠置恵子・笠間祐里子（2013）「高齢者の事前指示に関する研究　高齢者の看取りを経験した家族の捉える事前指示」，『医学と生物学』，157巻，6-2号，1197-1202頁.

笠置恵子・笠間祐里子（2013）「高齢者の事前指示に関する研究　高齢者が徐々に食べられなくなった頃の家族の経験」，『医学と生物学』，157巻，6-2号，1197-1202頁.

笠間睦（2011）「時論　事前指示書と終末期医療──療養病床転棟時における終末期意向の変化調査」，『日本医事新報』，No. 4530，107頁.

加藤太喜子（2011）「『医学的無益』はいかなる場面で有効な概念か──医学的無益再考──」，『生命倫理』，Vol.21，No.1，43-51頁.

加藤太喜子（2016）「医学的無益」に関するこれまでの議論紹介」，櫻井浩子・加藤太喜子・加部一彦編『「医学的無益性」の生命倫理』山城印刷出版部，95-112頁.

加藤尚武（1986）『バイオエシックスとは何か』未来社.

加藤尚武（1993）『二十一世紀のエチカ──応用倫理学のすすめ』未来社.

加藤尚武（1994）『応用倫理学のすすめ』丸善出版.

加藤尚武（1996）『現代を読み解く倫理学　応用倫理学のすすめ2』（丸善ライブラリー196）丸善出版.

加藤尚武（2007）「日本での生命倫理学のはじまり」，高橋隆雄・浅井篤編『熊本大学生命倫理論集1　日本の生命倫理──回顧と展望──』九州大学出版会，93-18頁.

加藤尚武（2008）「終末期医療のガイドライン」，飯田亘之・甲斐克則編『終末期医療と生命倫理』太陽出版，119-137頁.

加藤尚武（2016）『死を迎える心構え』PHP研究所.

金森修 (2012)「 4. ベルモント・レポート」, 盛永審一郎・松島哲久編『医学生のための生命倫理』丸善出版, 69-70頁.

亀井隆太 (2015)「患者の事前指示書について――民法との関わりを中心に――」,『千葉大学法学論集』, 30巻, 1・2号, 370(277)-324(323)頁.

川口有美子 (2013)「『生きる力』を支える事前指示書 (リビングウィル) のために」, 浅見昇吾編『死ぬ意味と生きる意味――難病の現場から見る終末期医療と命のあり方』上智大学出版, 191-221頁.

関東医学哲学・倫理学会編 (2013)『新版 医療倫理Ｑ＆Ａ』太陽出版.

木澤義之 (2012)「『もしも…』のことをあらかじめ話しておいたらどうなるか? (特集「もしも…」のことをあらかじめ話し合おう!――アドバンス・ケア・プランニングの実践――)」,『緩和ケア』, Vol.22, No.5, 399-402頁.

木澤義之 (2014)「患者の意思決定を支える アドバンス・ケア・プランニング」,『ホスピスケア』, 25巻, 1号, 1-18頁.

岸学 (2012)『SPSS によるやさしい統計学 第2版』オーム社.

北川昇 (2007)「患者中心の医療の実践 ナラティブな視点から」,『CLNICIAN』, 555号, 27-31頁.

喜熨斗智也・田中秀治・田久浩志 (2013)「一般市民における心肺蘇生の中断およびアドバンスディレクティブの意識についての調査」,『脳死・脳蘇生 (1348-429X)』, 26巻, 1号, 54頁.

木村 由香・安藤 孝敏 (2015)「エンディングノート作成にみる高齢者の『死の準備行動』」,『応用老年学』, 9巻, 1号, 43-54頁.

木村利人・掛江直子・河原直人編 (2008)『いのちのバイオエシックス――環境・こども・生死の決断』コロナ社.

京都女子大学案 (1993)「リビング・ウイル」京都女子大学宗教・文化研究所国際バイオエシックス研究センター・ニューズレター, 8号.

倉岡 (野田) 有美子 (2011)「高齢者医療における代理意思決定とその支援」, 中山和弘・岩本貴編『患者中心の意思決定支援――納得して決めるためのケア』中央法規出版, 11-41頁.

栗原千絵子 (2010)「 4. ベルモント・レポート」, 松島哲久・盛永審一郎編『薬学生のための医療倫理』丸善出版, 64頁.

桑子敏雄編 (2004)『いのちの倫理学』コロナ社.

厚生省・日本医師会編 (1989)『末期医療のケア その検討と報告』中央法規出版.

厚生労働省 (2014)「終末期医療に関する意識調査等検討会報告書」平成26年3月 終末期医療に関する意識調査等検討会. https://www.mhlw.go.jp/stf/shingi/0000041842.html

厚生労働省 (2014)「人生の最終段階における医療に関する意識調査報告書」平成26年

3月　終末期医療に関する意識調査検討会. https://www.mhlw.go.jp/file/05-Shingikai-10801000-Iseikyoku-Soumuka/0000041850.pdf

厚生労働省（2018）「人生の最終段階における医療に関する意識調査報告書」平成30年3月　人生の最終段階における医療の普及・啓発の在り方に関する検討会. https://www.mhlw.go.jp/toukei/list/dl/saisyuiryo_a_h29.pdf

国際連合教育科学機関（ユネスコ）人文・社会科学局　科学・技術倫理部門原著, 浅井篤・高橋隆雄・谷田憲俊監訳『ユネスコ生命倫理学必修第一部：授業の要目, 倫理教育履修過程』医療ビジランスセンター.

児玉聡（2005）「倫理学の基礎」「医療資源の配分」, 赤林朗編『入門・医療倫理Ⅰ』勁草書房, 15-28頁, 287-302頁.

児玉聡（2007）「I 規範倫理学」, 赤林朗編『入門・医療倫理Ⅱ』勁草書房, 9-15頁.

児玉聡（2017）「京都市の『事前指示書』は何が問題なのか」ヤフーニュース　2017年4月30日. https://news.yahoo.co.jp/byline/satoshikodama/20170430-00070336/

児玉知子（2005）「国内動向参考資料」,『平成16年度　厚生科学研究費補助金　厚生労働科学特別研究事業報告書　資料編「終末期における望ましい医療の内容に関するガイドラインの策定に関する研究」』, 114頁.

児玉真美（2013）『死の自己決定のゆくえ──尊厳死・「無益な治療」論・臓器移植』大月書店.

小松美彦（2005）「なぜ『宗教と生命倫理』なのか」, 小松美彦・土井健司編『宗教と生命倫理』ナカニシヤ出版, 3-13頁.

小松恵・島谷智彦（2017）「がん患者緩和ケアにおけるアドバンス・ケア・プランニングに関する一般病棟看護師の認識」,『Palliative Care Research』, 12巻, 3号, 701-707頁.

齋藤有紀子（1994）「自己決定をささえる」, 森岡正博編『「ささえあい」の人間学』法藏館, 25頁.

佐藤武・牧上久仁子（2008）「病状安定期における終末期医療の選択・意思決定に関する啓発活動　主治医による療養病棟および回復期リハビリテーション病棟での介入効果」,『日本老年医学会雑誌』, 45巻, 4号, 401-407頁.

佐藤正英（1992）「日本における死の観念」, 有馬朗人ほか『東京大学公開講座　生と死』東京大学出版会.

Satoru Ishido（バズフィード・ジャパン　ニュース記者）（2018）「『人さまに迷惑をかけるなら安楽死で逝きたい』問題はどこにあるのか」https://www.buzzfeed.com/jp/satoruishido/miyashita?utm_term=.dtY5AK6V7&ref=mobile_share

塩田絹代・角田ますみ（2013）「人生の終末期に視点を置いた利用者本位の意思決定の支援──90歳代夫婦の在宅支援の事例」,『東邦看護学会誌』, 10巻, 29-34頁.

塩谷千晶（2015）「高齢者の延命治療とリビングウィルに関する意識調査　講習会前後の

比較」，『弘前医療福祉大学紀要』，6巻，1号，83-89頁．

品川哲彦 (2014)「尊厳死という概念のあいまいさ（特集　終末期の意思決定――死の質の良さを求めて――）」，『理想 (692)』理想社，111-122頁．

島田千穂・中里和弘ほか (2015)「終末期医療に関する事前の希望伝達の実態とその背景」，『日本老年医学会雑誌』，52巻，1号，79-85頁．

清水昭美 (2001)「本人の真摯な意思と家族の要請――安楽死・尊厳死・自然死・治療中止と末期医療」，『綜合看護』，36巻，3号，75-83頁．

清水哲郎 (1997)『医療現場に臨む哲学』勁草書房．

清水哲郎 (2000)『医療現場に臨む哲学II ことばに与る私たち』勁草書房．

清水哲郎 (2005)「医療現場における意思決定のプロセス――生死に関わる方針選択をめぐって（医療における意思決定）」，『思想 (976)』，4-22頁．http://www.l.u-tokyo.ac.jp/~shimizu/cleth-dls/euthanasia/506siso.pdf

清水哲郎 (2006)「人間の尊厳と死」，医療教育情報センター編『尊厳死を考える』中央法規出版，127-152頁．

清水哲郎 (2012)「本人の意向と人生の物語りという観点での最善――治療の差し控えと中止をめぐって――（特集　「もしも…」のことをあらかじめ話し合おう！――アドバンス・ケア・プランニングの実践）」，『緩和ケア』，Vol. 22，No. 5，407-410頁．

清水哲郎・会田薫子 (2012)「終末期ケアにおける意思決定プロセス」，安藤泰至・高橋都責任編集，シリーズ生命倫理学編集委員会編『シリーズ生命倫理学4　終末期医療』丸善出版，20-41頁．

清水哲郎 (2017)「臨床死生学の射程――『最期まで自分らしく生きる』ために」，清水哲郎・会田薫子編『医療・介護のための死生学入門』東京大学出版会，31-74頁．

ジョンセン・R・アルバート，シーグラー・マーク，ウインスレイド・J・ウイリアム共著 (2006)，赤林朗・蔵田伸雄・児玉聡監訳『臨床倫理学第5版　臨床医学における倫理的決定のための実践的なアプローチ』新興医学出版社．

ジョンセン・R・アルバート著 (2009)，細見博志訳『生命倫理学の誕生』勁草書房．

ジョンセン・R・アルバート著 (2009)，藤野昭宏・前田義郎共訳『医療倫理の歴史』ナカニシヤ出版．

シリーズ生命倫理学編集委員会編 (2012)『シリーズ生命倫理学4　終末期医療』丸善出版．

シリーズ生命倫理学編集委員会編 (2012)『シリーズ生命倫理学5　安楽死・尊厳死』丸善出版．

シリーズ生命倫理学編集委員会編 (2012)『シリーズ生命倫理学13　臨床倫理』丸善出版．

資料集生命倫理と法編集委員会編 (2004)『資料集　生命倫理と法〔ダイジェスト版〕』，239-242頁．

杉野美和・奥山真由美ほか (2016)「高齢者への事前指示書の普及に関する文献的考察」，

『山陽論叢』，22巻，21-27頁.

鈴木隆雄 (2012)『超高齢社会の基礎知識』(講談社現代新書 2138) 講談社.

角田ますみ (2015)「日本におけるアドバンスケアプランニングの現状——文献検討と内容分析から」，『生命倫理』，25巻，1号，57-68頁.

高草木光一編 (2009)『連続講義「いのち」から現代世界を考える』岩波書店.

高草木光一編 (2013)『思想としての「医学概論」いま「いのち」とどう向き合うか』岩波書店.

髙橋里子ほか (2008)「当院 [重井医学研究所附属病院] における CKD (慢性腎臓病) 患者の治療選択の検討 (パート 5) 透析導入後のアンケート調査から」，『腎と透析』，65巻別冊　腹膜透析，284-286頁.

武ユカリ・長尾式子・赤林朗 (2002)「終末期医療における自己決定について (特集　自己決定のプロセスを考える)」，『ターミナルケア』，12巻，5-9頁.

竹内佐智恵・犬丸杏里・坂口美和・後藤姉奈・吉田和枝・出原弥和・辻川真弓 (2015)「Advanced Care Planning (ACP) に関する文献レビュー」，『三重看護学誌』，17巻，1号，71-77頁.

竹下啓 (2012)「北里大学北里研究所病院におけるリビングウィル作成支援の取り組み (特集　「もしも…」のことをあらかじめ話し合おう！——アドバンス・ケア・プランニングの実践　患者の意向を尊重する取り組み)」，『緩和ケア』，22巻，5号，422-424頁.

竹下啓 (2013)「リビングウィルセミナー (終末期の意思決定を支えるには——advance care planning〈ACP〉，事前指示)」，『内科』，112巻，6号，1377-1381頁.

竹之内沙弥香 (2012)「体験が教えてくれたアドバンス・ケア・プランニングの大切さ (特集　「もしも…」のことをあらかじめ話し合おう！——アドバンス・ケア・プランニングの実践)」，『緩和ケア』，22巻，5号，411-415頁.

竹之内沙弥香 (2015)「がん患者への意思決定支援の質を高める：診断時から終末期までの『意思決定支援』と『アドバンス・ケア・プランニング』(特集　がん患者への意思決定支援の質を高める：診断時から終末期までを支える組織的取り組み)」，『看護管理』，Vol. 25，No. 2，125-133頁.

竹之内裕文 (2019)『死とともに生きることを学ぶ　死すべきものたちの哲学』ポラーノ出版.

田中美穂・前田正一 (2014)「米国 50 州・1 特別区の事前指示法の現状分析——終末期医療の意思決定に関する議論の構築に向けて」日本医師会総合政策研究機構ワーキングペーパー No.329．https://www.jmari.med.or.jp/research/working/wr_562.html

田中美穂 (2015)《1》安楽死か尊厳死か　ことばの整理：朝日新聞デジタル (2015 年 10 月 5 日配信)

田中美穂・児玉聡 (2017)『終の選択　終末期医療を考える』勁草書房.

谷本真理子 (2013)「アドバンス・ケア・プランニングとは？──患者にとっての最善を考える（特集　誌上コンサルテーションシリーズ〈2〉実践！エンド・オブ・ライフケア）──（実践に重要な考え方：アドバンス・ケア・プランニング）」,『ナーシング・トゥデイ』, 28巻, 3号, 32-37頁.

丹後俊郎ほか (2011)『統計ライブラリー　ロジスティック回帰分析──SAS を利用した統計解析の実際──』朝倉書店.

辻彼南雄 (2012)「日本の看取り, 世界の看取り調査編『終末期, 看取りについての国際制度比較調査』『末期の医療, 介護と看取りに関する国際比較調査』(〈サマリー〉理想の看取りと死を考える)」(ILC-Japan 企画運営委員会) http://www.ilcjapan.org/study/doc/summary_1101.pdf

津谷喜一郎・光石忠敬・栗原千絵子訳 (2001)「ベルモント・レポート」,『臨床評価』, Vol.28, 559-568頁.

土屋貴志 (1998)「『bioethics』から『生命倫理学』へ──米国における bioethics の成立と日本への導入」, 加茂直樹・加藤尚武編『生命倫理学を学ぶ人のために』世界思想社, 14-27頁.

土屋貴志 (2011)「軍事医学研究はどこまで特殊か　戦争と医学研究倫理」, 玉井真理子・大谷いづみ編『はじめて出会う生命倫理』(有斐閣アルマ) 有斐閣, 293-311頁.

東京新聞 (2009年11月27日) 橋本操「あの人に迫る　死の尊厳よりもまず生きること」夕刊：3面.

東京新聞 (2014年1月12日)「尊厳死法案提出へ　通常国会　延命中止を免責　超党派議連」朝刊：37面.

東京ほくと医療生協「私の医療に関する希望書（事前指示書）簡易版」http://www.t-hokuto.coop/wp/wp-content/uploads/2016/03/jizensiji_kani20120604.pdf

堂囿俊彦 (2005)「その他の倫理理論」, 赤林朗編『入門・医療倫理 I』勁草書房, 69-87頁.

中村（沖永）隆子 (1993)「尊厳死とリビングウィル」, 京都女子大学宗教・文化研究所編『国際バイオエシックス研究センター　ニューズレター』, 8号, 8-11頁.

中村（沖永）隆子 (1996)「医療と文化──第1回世界会議『医学と哲学：科学・技術・価値』の報告から──」, 早川聞多・森岡正博編『現代生命論研究』国際日本文化研究センター「生命と現代文明」共同研究報告（日文研叢書 9）, 101-115頁.

中山和弘 (2012)「医療における意思決定支援とは何か」, 中山和弘・岩本貴編『患者中心の意思決定支援──納得して決めるためのケア』中央法規出版, 11-41頁.

中山研一・石原明編 (1993)『資料にみる尊厳死問題』日本評論社.

奈良雅俊 (2005)「倫理理論」, 赤林朗編『入門・医療倫理 I』勁草書房, 29-52頁.

二井矢ひとみ (2013)「アドバンス・ケア・プランニング：患者の意向を尊重したケアの

実践（特集　緩和ケアベストマネジメント：チーム内での役割を考える）」，『がん看護』，18巻，1号，23-26頁.

西岡弘晶・荒井秀典（2016）「終末期の医療およびケアに関する意識調査」，『日本老年医学会雑誌』，53巻，4号，374-378頁.

西川満則・横江由理子・久保田直美（2013）「慢性呼吸不全（非がんの終末期医療を支えるには）」，『内科』，112巻，6号，1128-1132頁.

西川満則（2014）「特養の看護職が知っておくべきアドバンス・ケア・プランニング（特集　特養での看取りを見据えた意思決定支援）」，『コミュニティ・ケア』，14-19頁.

西川満則ほか（2015）「アドバンスケアプランニングとエンドオブライフディスカッション」，『日本老年医学会雑誌』（特集　Advance directive と living will），Vol.52 No.3，217-223頁.

西田晃一（2012）「患者の意思決定能力」，浅井篤・高橋隆雄責任編集，シリーズ生命倫理学編集委員会編『シリーズ生命倫理学 13　臨床倫理』丸善出版，100-102頁.

二ノ坂保喜（2013）「レット・ミー・ディサイドと ACP：患者の意思決定をいかに支えるか（終末期の意思決定を支えるには――advance care planning〈ACP〉，事前指示）」，『内科』，112巻，6号，1389-1393頁.

日本医学哲学・倫理学会　文部科学省研究成果公開講座（2015）「終末期における治療の差し控えや中止とその倫理的問題――よい死を迎えるために――資料集」.

日本医学哲学・倫理学会　文部科学省研究成果公開講座（2017）「『気づき』からはじまる臨床倫理――治療方針をめぐるよりよい意思決定のために――資料集」.

日本医師会　生命倫理懇談会（2017）第 XV 次　生命倫理懇談会　答申「超高齢化社会と終末期医療」平成29年11月.（http://dl.med.or.jp/dl-med/teireikaiken/20171206_1.pdf）

日本医師会（2018）「終末期アドバンス・ケア・プランニング（ACP）から考える」2018年4月. https://med.or.jp/dl-med/teireikaiken/20180307_32.pdf

服部俊子（2004）「アドバンス・ディレクティヴの倫理問題」，『医学哲学　医学倫理』，22号，27-35頁.

濱田健士（2009）『みまもり家族制度―― 一人暮らしのお年寄りをサポートします』講談社.

林謙治（2005）「平成16年度　厚生科学研究費補助金　厚生労働科学特別研究事業報告書　資料編『終末期における望ましい医療の内容に関するガイドラインの策定に関する研究』」（H16-特別-024）改訂版.

ビーチャム・L・トム，チルドレス・F・ジェイムス（1997），永安幸正・立木教夫監訳『生命医学倫理』成文堂.

ビーチャム・L・トム，チルドレス・F・ジェイムス（2009），立木教夫・足立智孝監訳『生命医学倫理（第5版）』麗澤大学出版会.

樋口恵子（2014）「おまかせデス（死）から自分のデスへ」，樋口恵子編『自分で決める人生の終い方　最期の医療と制度の活用』ミネルヴァ書房，197-205頁.

樋口恵子（2017）「終末期の医療について──揺れる家族と当事者のこころ──」，浅見昇吾編『「終活」を考える──自分らしい生と死の探求』上智大学出版，83-109頁

樋口範雄（2015）「法的側面からの解説（特集　Advance directive と living will）」，『日本老年医学会雑誌』，Vol.52，No.3，211-216頁.

樋口範雄（2017）「終末期医療と法的課題──アメリカとの比較から」，清水哲郎・会田薫子編『医療・介護のための死生学入門』東京大学出版会，197-225頁.

尾藤誠司（2015）「エンド・オブ・ライフケアにおける意思決定の考え方（特集　現場で活用できる意思決定支援のわざ）」，『緩和ケア』，Vol.25，No.3，207-212頁.

平川仁尚ほか（2012）「高齢者の終末期ケアを実践する上級介護職員のためのワークショップの効果」，『ホスピケアと在宅ケア』，19巻，3号，316-323頁.

平川仁尚（2012）「地域の中高年者と介護職員が学びあう終末期学習プログラムの開発」，『ホスピスケアと在宅ケア』，20巻，1号，63-66頁.

藤井可（2012）「患者の利益と無益性」，浅井篤・高橋隆雄責任編集，シリーズ生命倫理学編集委員会編『シリーズ生命倫理学 13　臨床倫理』丸善出版，121頁.

藤本啓子（2016）『いのちをつなぐファミリー・リビングウィル』木星舎.

藤本修平・今法子・中山健夫（2016）「共有意思決定〈Shared decision making〉とは何か？──インフォームドコンセントとの相違」，『週刊日本医事新報』，No.4825，2016年10月.

Fischer, G., Tulsky, J., Arnold,R.（2007）「事前指示と事前ケア計画」，生命倫理百科事典翻訳刊行委員会編『生命倫理百科事典』丸善出版，1258-1263頁.

Berlinger, Nancy., Jennings, Bruce., Wolf, Susan M. 著，前田正一監訳，井上悠輔・及川正範・上白木悦子・中澤英輔・旗手俊彦・横野恵共訳（2016）『ヘイスティング・センターガイドライン　生命維持治療と終末期ケアに関する方針決定』金芳堂.

ホアン・マシア（1985）『バイオエシックスの話〈続〉　生命操作への疑問』南窓社.

保阪正康（1993）『安楽死と尊厳死　医療の中の生と死』（講談社現代新書）講談社.

星野一正（1991）『医療の倫理』（岩波新書）岩波書店.

星野一正（1993）「患者の人権をめぐる諸外国の事情」，『医療 93'』，Vol.9，No.9，46-51頁.

星野一正（1994）「民主化の法理＝医療の場合──本人の意思による死の選択──オランダの場合 1」，『時の法令』，通号 1478，56-63頁.

星野一正（1994）「民主化の法理＝医療の場合──患者の自己決定権」，『時の法令』，通号 1476，61-68頁.

星野一正（1994）「民主化の法理＝医療の場合──本人の意思による死の選択──植物状態患者への栄養補給の停止」，『時の法令』，通号 1488，66-71頁.

星野一正 (1996)『わたしの生命はだれのもの　尊厳死と安楽死と慈悲殺と』大蔵省印刷局.

星野一正 (1997)『インフォームド・コンセント──日本に馴染む六つの提言』丸善出版.

星野一正 (2004)「日本における終末期医療の現状」,『予防時報』, 通号219, 13-17頁.

星野一正 (2004)「民主化の法理＝医療の場合 (113) ターミナルケアと患者の意思表示──リビングウィルをめぐって」,『時の法令』, 通号1726, 53-59頁.

細見博志 (2005)「生命倫理の基礎──多元主義の時代の倫理学」, 坂本百大・青木清・山田卓生編『生命倫理　21世紀のグローバル・バイオエシックス』北樹出版, 28-44頁.

細見博志 (2010)「世界における安楽死・尊厳死に関する法律」, 松島哲久・盛永審一郎編『薬学生のための医療倫理』丸善出版, 172-173頁.

細見博志 (2010)「死ぬ権利」, 松島哲久・盛永審一郎編『薬学生のための医療倫理』丸善出版, 190-191頁.

本田桂子 (2013)「マイ・エンディング・ノート（終末期の意思決定を支えるには──advance care planning〈ACP〉, 事前指示）」,『内科』, 112巻, 6号, 1394-1398頁.

毎日新聞 (2018年9月16日)「終末期医療　延命中止, 意思確認に力点　自民, 新法検討」夕刊：28面.

前田正一 (2005)「インフォームド・コンセント」, 赤林朗編『入門・医療倫理I』勁草書房, 141-158頁.

前田正一 (2013)「終末期医療における患者の意思と医療方針の決定──医師の行為が法的・社会的に問題にされた事例を踏まえて──」, 甲斐克則編『医事法講座第4巻　終末期医療と医事法』信山社, 3-28頁.

町野朔 (2014)「この人に聞く『人生の最終段階における医療』に名称を変更──町野朔氏（終末期医療に関する意識調査等検討会座長）──」週刊社会保障, 68巻, 2773号〔2014. 4. 21〕, 36-37頁.

松田純 (2010)「患者の意思表示（事前指示）」, 松島哲久・盛永審一郎編『薬学生のための医療倫理』丸善出版, 184-185頁.

松田純 (2012)「ドイツにおける患者の事前指示の法制化と医師による自殺幇助をめぐる議論」, 富山大学大学院医学薬学研究部医療基礎学域哲学研究室編『生命倫理研究資料集VI　世界における終末期の意思決定に関する原理・法・文献の批判的研究とガイドライン作成』, 4-18頁.

松田純 (2012)「生の自由を支える事前指示──ドイツの事前指示の法制化と医師による自殺幇助をめぐる議論から──」,『難病と在宅ケア』, Vo.18, No.2, 17-21頁.

松田純 (2014)「特集　終末期の意思決定──死の質の良さを求めて　事前医療指示の法制化は患者の自律に役立つか？──ドイツや米国などの経験から」,『理想』, 692

号，78-96頁．

松田純 (2017)「尊厳死と安楽死――『死ぬ権利』の法制化は『尊厳ある最期』を保障できるか――」，『思想』(「尊厳」概念のアクチュアリティ)，1114号，74-97頁．

丸山英二 (2013)「法的立場から (終末期の意思決定を支えるには――それぞれの立場から)」，『内科』，112巻，6号，1362-1365頁．

三浦靖彦 (2012)「事前指示と DNA」，浅井篤・高橋隆雄責任編集，シリーズ生命倫理学編集委員会編『シリーズ生命倫理 13　臨床倫理』丸善出版，165頁．

三浦靖彦・山田高広・村瀬樹太郎・大野岩男 (2017)「医療処置の選択と中止」(特集　在宅医療臨床倫理〈患者と家族の意思決定支援について〉)，『日在医会誌』，18巻，2号，37-42頁．

三浦久幸 (2013)「Advance Care Planning への取り組み」，『病院』，72巻，4号，286-289頁．

水野俊誠・前田正一 (2005)「終末期医療」，赤林朗編『入門・医療倫理 I』勁草書房，249-266頁．

箕岡真子 (2012)『蘇生不要指示のゆくえ　医療者のための DNAR の倫理』ワールドプランニング．

宮下洋一 (2017)『安楽死を遂げるまで』小学館．

皆吉淳平 (2010)「『バイオエシックスの誕生』はどのように理解されているのか――米国バイオエシックス研究者の歴史認識とその検討」，小松美彦・香川知晶編『メタバイオエシックスの構築へ　生命倫理を問い直す』NTT 出版，41-80頁．

宮坂道夫 (2011)『医療倫理学の方法――原則・手順・ナラティヴ第 2 版』医学書院．

宮本顕二・宮本礼子 (2014)「欧米豪にみる高齢者の終末期医療」，『日本呼吸ケア・リハビリテーション学会誌』，24巻，2号，186-190頁．

宮本顕二・宮本礼子 (2015)「(1) 寝たきり老人がいない欧米，日本とどこが違うのか」，読売新聞の医療サイト「ヨミドクター」https://yomidr.yomiuri.co.jp/article/20150604-OYTEW52562/

宮本顕二・宮本礼子 (2015)『欧米に寝たきり老人はいない　自分で決める人生最後の医療』中央公論新社．

宮本顕二・宮本礼子 (2015)「諸外国の高齢者終末期医療」，増田寛也＋日本創成会議編『高齢者の終末期医療を考える――長寿時代の看取り』生産性出版，26-31頁．

三好弥生 (2012)「胃瘻を造設した終末期高齢者の看取りに関する文献レビュー」，『高知県立大学紀要 (社会福祉学部編)』，61巻，133-144頁．

村岡潔 (2003)「インフォームド・コンセント再考」，佛教大学『文学部論集』，87号，153-163頁．http://archives.bukkyo-u.ac.jp/rp-contents/BO/0087/BO00870R153.pdf

村瀬洋一ほか (2007)『SPSS による多変量解析』オーム社．

森岡正博編（1994）『「ささえあい」の人間学』法藏館.

森川功（1995）「アメリカ合衆国の現状と日本の現状」，『からだの科学』日本評論社，通算181号，16-19頁.

盛永審一郎（2011）「比較：オランダ・ベルギー・ルクセンブルク安楽死法」，富山大学『生命倫理研究資料集Ⅴ』，195-200頁.

横江由理子（2013）「スマイルチームによるアドバンス・ケア・プランニングの実践（特集　誌上コンサルテーションシリーズ〈2〉実践！エンド・オブ・ライフケア）──（実践に重要な考え方：アドバンス・ケア・プランニング）」，『ナーシング・トゥデイ』，28巻，3号，38-42頁.

柳原清子（2013）「家族の『意思決定支援』をめぐる概念整理と合意形成モデル──がん臨床における家族システムに焦点をあてて──」，日本看護協会出版会『家族看護』，Vol.11，No.2，147-153頁.

藪本知二・田中愛子（2015）「アドバンス・ケア・プランニング：選択肢を知らせる」，『山口県立大学学術情報　8号〔共通教育機構紀要　通巻6号〕』，67-74頁.

藪本知二・田中愛子（2017）「死への準備教育のための『終末期の計画とケア』に関するブックレットの有効性についての調査」，『山口県立大学学術情報　10号〔高等教育センター紀要　1号〕』，115-121頁.

由井和也（2017）「自己決定・事前指示を再考する」，浅見昇吾編『「終活」を考える──自分らしい生と死の探求』上智大学出版，122-124頁.

渡辺敏江（2013）「私の生き方連絡ノート（終末期の意思決定を支えるには──advance care planning〈ACP〉，事前指示）」，『内科』，112巻，6号，1383-1388頁.「特集　尊厳死は誰のものか　終末期医療のリアル──生きのびるための女子会　川口有美子・大野更紗」，『現代思想』（2012年6月号）青土社，Vol.40-7，64頁.「特集　現場で活用できる意思決定支援のわざ」・「図1：医療の意思決定に関わる考えの変遷（作図：阿部泰之）」，『緩和ケア』（2015年5月号），Vol. 25，No. 3，172-173頁.「新医療通信　終末期医療における延命治療の是非『延命治療の差し控えと中止』立場表明が意図するものとは」，『シニア・コミュニティ』，2012年7・8月号，10-13頁.

資料一覧

1「私の希望表明書」(日本尊厳死協会)

2「私の医療に対する希望」(宝塚市医師会)

3「私の医療に関する希望書(事前指示書)」(東京ほくと医療生協)

4「『尊厳生』のための事前指示書」(じんぞう病治療研究会)

5「私のリビングウィル 自分らしい最期を迎えるために」(聖路加国際病院)

6「リビング・ウィル(京女案)」(国際バイオエシックス研究センター)

私の希望表明書

私は、協会発行の「リビング・ウイル（終末期医療における事前指示書）」で、延命措置を
受けたくないという意思をすでに表明しています。それに加えて、人生の最終段階を迎え
た時に備え、私の思いや具体的な医療に対する要望をこの文書にしました。自分らしい最
期を生きるための「私の希望」です。

記入日　　　年　　　月　　　日　　　本人署名　＿＿＿＿＿＿＿＿＿＿＿＿＿＿＿＿

希望する項目にチェックを入れました。

1. **最期を過ごしたい場所**（一つだけ印をつけてください）
   □自宅　　□病院　　□介護施設　　□分からない
   □その他　（　　　　　　　　　　　　　　　　　　　　　　　　　　　　）

2. **私が大切にしたいこと**（複数に印をつけても構いません）
   □できる限り自立した生活をすること　　□大切な人との時間を十分に持つこと
   □弱った姿を他人に見せたくない　　　　□食事や排泄が自力でできること
   □静かな環境で過ごすこと　　　　　　　□回復の可能性があるならばあらゆる措置を受けたい
   □その他（　　　　　　　　　　　　　　　　　　　　　　　　）

   ※以下「3」と「4」は、署名者が「ただ単に死期を引き延ばすためだけの延命措置は
   お断りします」という表現では伝えきれない希望や、「止めてほしい延命措置」
   の具体的な中身を明確にするためのものです。

3. **自分で食べることができなくなり、医師より回復不能と判断された時の栄養手段で
   希望すること**（複数に印をつけても迷うときはつけなくてもよいです。）

   □経鼻チューブ栄養　　□中心静脈栄養　　□胃ろう　　　□点滴による水分補給
   □口から入るものを食べる分だけ食べさせてもらう

4. **医師が回復不能と判断した時、私がして欲しくないこと**
   （複数に印をつけても結構ですし、迷うときはつけなくても結構です。）
   □心肺蘇生　□人工呼吸器　　□気管切開　□人工透析　□酸素吸入
   □輸血　　　□昇圧剤や強心剤　□抗生物質　□抗がん剤　□点滴

5. **その他の希望**

   _____

【用語の説明】
＊心肺蘇生：心臓マッサージ、気管挿管（口や鼻から気管に管を入れる）、電気的除細動、人工呼吸器の装着、
昇圧剤の投与などの医療行為。
＊人工呼吸器：自力で十分な呼吸ができない状態の時に、肺に機械ポンプで空気や酸素を送り込む機器。マ
スク装着のみで行う場合もあるが、重症の際はチューブを口や鼻から入れる気管挿管を行う。1〜2週間以上
続ける場合は、のどに穴を開ける気管切開（喉仏の下から直接気管に管を入れる）をしてチューブを入れる。
＊胃ろうによる栄養補給：内視鏡を使い、局所麻酔で胃に管を通す手術を行う。その管を通して栄養を胃に
直接注入すること。

（発行　　公益財団法人　日本尊厳死協会）

私の医療に対する希望

（用紙 2）

（もしも回復困難な病状となり、自分で意思表示ができなくなったとき）

　たとえば万が一の事故などにより、あなたが回復困難な病状となり、かつ自分で意思表示ができなくなった場合などに備えて、あなたの医療に対する希望をお聞きしておきたいと思います。

- そのような状況になったときに受ける医療に対する希望を、あなたご本人が記載してください。
- あなた自身で判断できなくなったとき、主にご家族・主治医の参考になると思われます。
- この希望はいつでも修正・撤回できます。
- 法律的な意味はありません。

1、基本的な希望　（希望の項目をチェックしてください）
　①　痛みや苦痛について　　　□できるだけ抑えて欲しい（□必要なら鎮静剤を使ってもよい）
　　　　　　　　　　　　　　　□自然のままでいたい
　②　終末期を迎える場所について　□病院　□自宅　□施設　□病状に応じて
　③　その他の基本的な希望（自由にご記載ください）
　　＿＿＿＿＿＿＿＿＿＿＿＿＿＿＿＿＿＿＿＿＿＿＿＿＿＿＿＿＿＿＿＿＿＿＿＿＿＿
　　＿＿＿＿＿＿＿＿＿＿＿＿＿＿＿＿＿＿＿＿＿＿＿＿＿＿＿＿＿＿＿＿＿＿＿＿＿＿
　　＿＿＿＿＿＿＿＿＿＿＿＿＿＿＿＿＿＿＿＿＿＿＿＿＿＿＿＿＿＿＿＿＿＿＿＿＿＿

2、終末期になったときの希望　（希望の項目をチェックしてください）
　①　心臓マッサージなどの心肺蘇生　　□して欲しい　　□して欲しくない
　②　延命のための人工呼吸器　　　　　□して欲しい　　□して欲しくない
　③　胃ろう、鼻チューブによる栄養補給　□して欲しい　　□して欲しくない
　④　高カロリー輸液による栄養補給　　□して欲しい　　□して欲しくない
　⑤　抗生物質の強力な使用　　　　　　□して欲しい　　□して欲しくない
　⑥　点滴による水分の補給　　　　　　□して欲しい　　□して欲しくない
　⑦　その他の希望
　　＿＿＿＿＿＿＿＿＿＿＿＿＿＿＿＿＿＿＿＿＿＿＿＿＿＿＿＿＿＿＿＿＿＿＿＿＿＿
　　＿＿＿＿＿＿＿＿＿＿＿＿＿＿＿＿＿＿＿＿＿＿＿＿＿＿＿＿＿＿＿＿＿＿＿＿＿＿
　　＿＿＿＿＿＿＿＿＿＿＿＿＿＿＿＿＿＿＿＿＿＿＿＿＿＿＿＿＿＿＿＿＿＿＿＿＿＿

3、ご自分が希望する医療が判断できなくなったとき、主治医が相談すべき人はどなたですか？

　　氏名＿＿＿＿＿＿＿＿＿＿＿＿＿＿＿　　ご関係＿＿＿＿＿＿＿

記載年月日　　　年　　月　　日

あなたのお名前　＿＿＿＿＿＿＿＿＿＿＿

ご住所　＿＿＿＿＿＿＿＿＿＿＿＿＿＿＿

宝塚市医師会

東京ほくと医療生活協同組合

私の医療に関する希望書（事前指示書）

（簡易版）

私が最期を迎える時には次のようにしてください。

①最期を過ごす場所

□自宅　　□病院 □その他（　　　　　　　　）

②最期をどのように迎えたいか

□１日でも長く生きるために延命治療をしてほしい

□延命はせず、自然でよい。

　　　　　署名日時　　　　　年　　　　月　　　　日

　　　　　　　　　　氏名（　　　　　　　　　　）

　　　　　　　　　立ち会い人（　　　　　　　　　）

＜医療機関の方へのお願い＞　　　　　　　東京ほくと医療生活協同組合

①この希望書を終末期や持続的植物状態（あるいはそれに準ずる状態）以外の方に用いないでください。治る見込みがある場合は治療を優先してください。

②本人の意思確認ができる場合はそちらを優先してください。

③この希望書には法的拘束力はありません。あくまで話し合いの材料の一つとして用いてください。

「尊厳生」のための事前指示書

じんぞう病治療研究会

　私は、自分が考える人間としての尊厳を保ちつつ、自分らしく最期の時を生きたいので、病気あるいは外傷により意思の疎通ができなくなり、回復する見込みがないと判断された時に、私がどのようにして欲しいのかをこの事前指示書に書いておきます。

　この決定に関しては、十分に考え、家族とも相談しましたので、自分で意思表示することができなくなったら、この事前指示書を尊重して、これに従って欲しいと思います。

１．療養場所
　私が不治の疾病にかかったり、高齢などの理由で身の回りのことが自分でできなくなったときには以下のところで療養したいと願います。
（　　　）自宅で療養したい（在宅療養）。
（　　　）病院で療養したい（入院療養）。
（　　　）施設で療養したい（入所療養）。
（　　　）家族の判断に任せたい。
（　　　）（　　　　　　　　　　　　　　　）で療養したい。
　　　　　　　（具体的に記入して下さい）
（　　　）今は決められない。

在宅療養あるいは入所療養を希望された方にお聞きします。
（　　　）私は在宅（入所）療養中に病状に変化があっても、痛みや苦しみをとる以外の治療は希望せず、在宅（入所）療養を継続したい。
（　　　）私は在宅（入所）療養中に病状に変化があったときには、在宅（入所）でできる範囲の検査や治療だけを希望し、在宅（入所）療養を継続したい。
（　　　）私は在宅（入所）療養中に病状に変化があったときには、在宅（入所）でできる範囲の検査や治療を希望するが、全身状態が悪化した場合には入院したい。
（　　　）私は在宅（入所）療養中に病状に変化があったときには、検査や治療のため早いうちに入院したい。
（　　　）私は在宅（入所）療養継続の判断を家族に任せたい。
（　　　）今は決められない。

2． 最期の場所
　私は最期のときを以下のところで生きたいと願います。
（　　）自宅で生きたい。
（　　）病院で生きたい。
（　　）施設で生きたい。
（　　）家族の判断に任せたい。
（　　）最期の時を（　　　　　　　　　　　）で生きたい。
　　　　　　（具体的に記入して下さい）
（　　）今は決められない。

3． 私は各項目について、以下のように希望します。
（1）食事や水分が口から食べられなくなった場合
（　　）栄養補給は受けたくない。
（　　）栄養補給を受けたい。
（　　）水分補給は受けたくない。
（　　）水分補給は受けたい。
（　　）家族の判断に任せたい。
（　　）今は決められない。
　その他に希望することがあれば、具体的に書いて下さい。

（2）血圧が低下した場合
（　　）血圧を上げる点滴は受けたくない。
（　　）血圧を上げる点滴を受けたい。
（　　）家族の判断に任せたい。
（　　）今は決められない。
　その他に希望することがあれば、具体的に書いて下さい。

（3）輸血が必要になった場合
（　　）輸血は受けたくない。
（　　）輸血を受けたい。
（　　）家族の判断に任せたい。
（　　）今は決められない。
　その他に希望することがあれば、具体的に書いて下さい。

（4）自分で呼吸ができなくなった場合

（　　　）人工呼吸器はつけたくない。

（　　　）人工呼吸器をつけたい。

（　　　）家族の判断に任せたい。

（　　　）今は決められない。

　その他に希望することがあれば、具体的に書いて下さい。

（5）上記以外にご希望がございましたら、何なりとご記入ください。

4．現在、透析療法を受けている方にお聞きします。

（　　　）私は透析療法の継続を中止して、最期のときを生きたい。

（　　　）私は透析療法を継続しながら、最期のときを生きたい。

（　　　）私は透析療法の継続と中止の判断を家族に任せたい。

（　　　）今は決められない。

　その他に希望することがあれば、具体的に書いて下さい。

5．この事前指示書を尊重した対応をとるためには、あなたの意思や残されるご家族の気持ちも熟慮し、すべての家族や医療関係者との調整・決定の役割を果たす「キーパーソン」をどなたに担ってもらいたいですか。1名のお名前をお書き下さい。

（　　　　　　　　　　　　　　　　）

6．キーパーソンによる事前指示書の内容変更を認めますか。

（　　　）私は内容変更を絶対認めない。

（　　　）私は内容変更を認めたくないが、やむを得ない。

（　　　）私は内容変更を認めてもよい。

（　　　）私は内容変更を認める。

（　　　）今は決められない。

　この事前指示書は、家族とよく話し合い、私の精神が健全な状態にある時に書いたものです。

患者氏名（ご本人が記入できない場合、ご家族に代筆をお願い致します。）

　　　　　　　　　　　　　　　　　　　　　　　　　　　年　　月　　日

住所

電話番号

　　　＿＿＿＿＿＿＿＿＿＿＿＿＿＿＿＿＿＿＿（署名または記名押印）

ご家族2名

　　　＿＿＿＿＿＿＿＿＿＿＿＿＿＿＿＿＿＿＿（署名または記名押印）
　　　（患者さんとの関係：　　　　　　　）
　　　　緊急連絡先（電話番号）
　　　　1）自宅
　　　　2）携帯
　　　　3）職場

　　　＿＿＿＿＿＿＿＿＿＿＿＿＿＿＿＿＿＿＿（署名または記名押印）
　　　（患者さんとの関係：　　　　　　　）
　　　　緊急連絡先（電話番号）
　　　　1）自宅
　　　　2）携帯
　　　　3）職場

説明者

　　　＿＿＿＿＿＿＿＿＿＿＿＿＿＿＿＿＿＿＿（署名または記名押印）

同席者

　　　＿＿＿＿＿＿＿＿＿＿＿＿＿＿＿＿＿＿＿（署名または記名押印）

　この事前指示書は自己決定の意思表示ですが、事前指示書に記載されたように延命治療を中止し、患者さんが死亡した場合の法的な免責保障はありません。
　自己決定内容は変わることもありますので、この事前指示書を年に1回家族と一緒に見直し、変更があれば新しく書き直して下さい。

聖路加国際病院
St. Luke's International Hospital

私のリビングウィル

自分らしい最期を迎えるために

氏　名	
診察券 ID	
生年月日	

SLIH-2012.5.30-Ver.4.00

私のリビングウィル　自分らしい最期を迎えるために

あなたが病気や事故で意思表示できなくなっても最期まであなたの意思を尊重した治療を行います

「リビングウィル」とは？

リビングウィルとは、「生前に発効される遺書」のことです。
通常の遺書は、亡くなった後に発効されますが、リビングウィルは、生きていても意思表示のできない状態になり、その回復が見込めなくなったときに発効されます。

「私のリビングウィル　自分らしい最期を迎えるために」の使い方

1) まず、ご自身が病気や事故のために意識や判断能力が障害されて、その回復が見込めない状態になった場合を想定してみてください。たとえば、悪性腫瘍や多臓器障害の最期で意識がなくなったとき、高度の認知症になったとき、脳血管障害で植物状態になったとき、事故で高度の脳損傷を受けたときなど。一般にこのような場合は、意識や判断能力の回復はほとんど見込めません。そのような「まさかの場合」、あなたはあくまで延命治療を希望なさいますか。あるいは、もう希望なさいませんか。
2) 冊子の中には、そのような場合に想定される治療の選択肢があります。今、お元気なときに、ご自身の考えに最も近い治療を選んで〇をつけ、そこにご署名ください。
3) 次に、ご家族と当院の医療者(医師、看護師、医療連携相談室、医療社会事業部など)にご自身の考えを話して、ご家族と当院の医療者に署名を依頼してください。
4) ご家族は、ご本人の意思をよく理解、納得されたうえで、ご署名ください。
5) 当院の医療者は、ご本人の意思決定能力を十分に判断したうえで、署名させていただきます。そして当院の診療録(電子カルテ)にも、ご本人の意思(リビングウィル)を記載します。
6) ご自身の考えが変わった場合は、新たなページに記入し、再度ご家族と当院医療者に署名を依頼してください。
7) そして、将来の「まさかの場合」には、医学的判断のもとに、冊子と診療録に記載されたご本人の意思(リビングウィル)を尊重した治療を行います。

「私のリビングウィル　自分らしい最期を迎えるために」によってできること

1) ご本人の意思が確認できない「まさかの場合」、現状ではご家族や医療者の価値観で治療が決められがちです。でもこれを使えば、最期までご本人の価値観を尊重した治療ができます。
2) ご本人の意思が確認できないために生じている不適切な治療を減らせます。たとえば、(ご本人には不本意な?)人工呼吸器の使用や継続的な栄養補給による延命です。
3) あらかじめご自身の最期を考えての準備ができます。それによって、安心して今を生きることができます。
4) ご自身のリビングウィルを元気なときに家族・医療者と共有することによって、ご自身のリビングウィルをより現実的で実効性のあるものにできます。

医学用語の解説

1) **人工呼吸器**

   自分の力で呼吸ができないときに使用する機械です。人工呼吸器を使用するときは、管を口から気管まで挿入(挿管)する必要があります。　人工呼吸器の使用を一度開始すると、呼吸状態が改善するまで器械を外すことは困難になります。

2) **心臓マッサージ**

   心肺蘇生(そせい)法のひとつで、下図のように胸部の圧迫を繰り返す方法です。

～心肺蘇生法とは？～

   心筋梗塞・窒息・脳卒中などにより、心臓・呼吸が停止した際に、心臓・呼吸の活動再開を目的に行う処置です。

   ①心臓マッサージ　②人工呼吸　③電気ショック　④薬剤投与　などを行います。

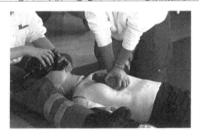

3) **高カロリー輸液(ゆえき)**

   普通の点滴の静脈よりも太い静脈(中心静脈)を使って、十分な水分・栄養補給をして長期間生きることを可能にする点滴治療です。

4) **胃瘻　(いろう)**

   体外から直接、胃に水分・栄養を入れるために皮膚と胃に通した穴(瘻孔)のことです。胃瘻を使った経管栄養によって、長期間の十分な水分・栄養補給が可能になります。

5) **栄養補給と水分補給**

   高カロリー輸液や経管栄養によって栄養補給と水分補給を行えば、口から食べなくても、時には年単位で生きることもあります。栄養補給なしで水分補給だけなら、およそ数週間単位で生きることができます。水分補給もないと数日単位になります。

「私のリビングウィル　自分らしい最期を迎えるために」についてのご質問

当院 1F の医療連携相談室または医療社会事業部にお問い合わせください。

> もし、あなたが病気や事故で意識や判断能力の回復が見込めない状態に
>
> なった場合、どのような治療を望まれますか？

当院では、「患者との協働医療」を実現するため、患者さんの価値観に配慮した
医療を行うことを、基本方針としています。 誰もが必ず迎える最期においても、
できるだけ自分らしい最期を迎えていただけるように考えています。
そこで今、お元気な時に、意識や判断能力の回復が見込めない状態になった
場合をあらかじめ想定していただいて、その際にはどのような治療を望まれるか、
そのご意思（私のリビングウィル）をお示しいただけないでしょうか？
なお、どのような場合でも、痛みなどの苦痛の緩和は並行して行います。
また、ご本人と相談できる場合は、いつでも治療方針について相談させて
いただきます。

> ## 署名・同意される方々へのお願い

■ ご本人へ
　　ご本人の直近のご意思を確認したいと思います。
　　何回でも書き直すことができますから、
　　お考えが変化した時、またはご自身の誕生日等、定期的に更新されることを
　　お勧めします。

■ 同意されるご家族の方へ
　　ご本人の意思を十分にご理解、ご納得された上でご署名ください。

■ 同意される医療職の方へ
　　◇ ご本人の意思決定能力について十分に判断の上、ご署名ください。
　　◇ ご家族がいらっしゃる場合は、ご家族の意思を十分にご確認ください。
　　◇ 署名後に診療録に記録してください。

> もし、あなたが病気や事故で意識や判断能力の回復が見込めない状態に
> なった場合、どのような治療を望まれますか？

下記の 5 つのうち、ご自身のお考えに最も近いものに○印をつけてください。

1. 人工呼吸器、心臓マッサージ等生命維持のための最大限の治療を希望する。

2. 人工呼吸器等は希望しないが、高カロリー輸液（ゆえき）や胃瘻（いろう）など

   による継続的な栄養補給を希望する。

3. 継続的な栄養補給は希望しないが、点滴等の水分補給は希望する。

4. 水分補給も行わず、最期を迎えたい。

5. 治療の判断を（　　　　　　　　　）に委ねます。

6. その他（　　　　　　　　　　　　　　　　　　　　）

　　　　　　　　　　　　　　　　　　　　年　　　月　　　日

本人署名＿＿＿＿＿＿＿＿＿＿＿＿＿＿＿＿＿＿＿＿＿

　　　　　　　　　　　　　　　　　　　　年　　　月　　　日

署名＿＿＿＿＿＿＿＿＿＿＿＿　　続柄＿＿＿＿＿＿＿

署名＿＿＿＿＿＿＿＿＿＿＿＿　　続柄＿＿＿＿＿＿＿

　　　　　　　　　　　　　　　　　　　　年　　　月　　　日

医療者署名＿＿＿＿＿＿＿＿＿＿　職種＿＿＿＿＿＿＿

その他のご希望や条件等、追加することがありましたら、ご自由にお書きください。

「リビング・ウィル（京女案）」
（国際バイオエシックス研究センター）

I. 植物状態の場合:

1) 私が植物状態に陥って医学的に意識を回復する可能性がありえないと二人の医師によって診断された場合には、主治医あるいは担当医は生命維持装置を使用しないでください。もし、使用している時には、直ちに外して、二度と使わないでください。

この延命治療の不履行あるいは中止は、私の医療拒否によるものですので、医師は私からインフォームド・コンセントを得る必要はありません。

2) ただし、水分および栄養物の補給や身体の清拭等は続けてください。

II. 知的精神的判断ができなくなった場合:

1) 私が不治の病で、死が迫っていると二人の医師が診断した場合、死期を遅らせるだけの目的で行う延命治療はしないでください。もし、行っている場合には直ちに止めてください。この際、インフォームド・コンセントを私から得る必要はありません。

2) ただし、水分および栄養物の補給や身体の清拭等は続けてください。

3) もし、私が苦痛を訴えた場合には苦痛緩和のために症状を軽減する対症療法に最善を尽くしてください。

○次の選択肢の項目について、私の意思を、○印を付けて表明いたします。

A. 私が植物状態に陥った場合に、医学的に意識を回復する可能性があり得ないと判断する医師、あるいは終末期で死が迫っていると判断する医師は:

a)医師であれば誰でもよい

b)その時の主治医あるいは担当医であればよい

c)私のリビング・ウィルの実施に同意した次の医師を指名します

（1人ないし2人）

医師の住所・氏名:

医師の住所・氏名:

私が指名した医師の住所が変更した場合あるいは指名医師を変更した場合には、その都度、変更届を添付いたします。

《女性のみ》

B. このリビング・ウィルが発効する時点で私が妊娠している場合:

a)家族が相談して生まれてくる子どもの親権者が決定できた場合においてのみ、本リビング・ウィルを撤回し、私の妊娠分娩に対し最善の医療を施してください。

b)このリビング・ウィルは有効として処理してください。

私は、上記の書面を作成するために、私にとって普通の知的精神的判断能力がある間に信頼できる医師に上記の内容に関する医学的事項について質問をして、十分な説明を受け、理解し納得した上で、自主的に判断をして、自己の意思を決定し、本リビング・ウィルを作成いたしました。

今後もし、書面に明記した自分の意思を自発的に変更したい場合には、その都度、本リビング・ウィルの全文または部分条件を撤回したりあるいは選択肢の変更をしたりする自由を保留いたします。　　　　　以上

京女バイオエシックス星野ゼミ学生:
樫律子・仲谷照代・中村聡子・中村隆子・深井美代子・松田加代子・リーダー宮崎静
指導：国際バイオエシックス研究センター
ディレクター　星野一正教授

《著者紹介》

冲永　隆子（おきなが　たかこ）

1969 年　大阪府生まれ
帝京大学共通教育センター教授　専門は生命・医療倫理学
京都大学大学院人間・環境学研究科博士課程修了　京都大学博士（人間・環境学）

主要業績

・「患者のこころを支えるために——ホスピスとビハーラにおける宗教的援助の試み」，
　カール・ベッカー編『生と死のケアを考える』法藏館，2000 年，247-271 頁.
・「『安楽死』問題にみられる日本人の死生観——自己決定権をめぐる一考察」帝京大
　学短期大学編『帝京大学短期大学紀要』第 24 号，2004 年，69-95 頁.
・「スピリチュアル・ケア——末期がん患者へのこころのケア——（特集　臨床倫理の
　現在）」『理想（675）』理想社，2005 年，70-82 頁.
・「『いのち』をめぐるバイオエシックス——痛みの隠蔽に抗うために（特集　生命倫
　理の問い），『宗教哲学研究』第 31 号，2014 年，31-47 頁.
・「生命倫理理論」塚田敬義・前田和彦編『生命倫理・医事法』医療科学社，2015 年,
　15-33 頁.
・「人生の終焉をどう支えるか——患者と家族の終末期の希望を実現させるための
　ACP（事前ケア計画）意識調査から——」小山千加代編『サイエンスとアートとし
　て考える生と死のケア——第 21 回日本臨床死生学会大会の記録——』エム・シー・
　ミューズ，2017 年，85-100 頁.

終末期の意思決定
——コロナ禍の人生会議に向けて——

2022 年 4 月 20 日　初版第 1 刷発行　　＊定価はカバーに
　　　　　　　　　　　　　　　　　　　　表示してあります

著　者　冲　永　隆　子 ©

発行者　萩　原　淳　平

印刷者　江　戸　孝　典

発行所　株式会社　晃　洋　書　房

〒615-0026　京都市右京区西院北矢掛町 7 番地
電　話　075-(312)-0788番(代)
振 替 口 座　01040-6-32280

装丁　浦谷さおり　　　　　組版　(株)金木犀舎
　　　　　　印刷・製本　共同印刷工業 (株)

ISBN978-4-7710-3571-3